AF590787

DES MAITRES DE PIERRE

ET

DES AUTRES ARTISTES GOTHIQUES

DE MONTPELLIER,

PAR

J. RENOUVIER ET AD. RICARD.

Notre art a puisé sa richesse
Dans les temples de l'Éternel;
Il a pris son droit de noblesse
En posant son sceau sur l'autel.
(Chanson des Compagnons.)

MONTPELLIER
JEAN MARTEL AINÉ, IMPRIMEUR DE LA SOCIÉTÉ ARCHÉOLOGIQUE,
rue de la Préfecture, 10.
1844

SOMMAIRE.

(Extrait du N° 11 des Publications de la Société Archéologique de Montpellier.)

DES MAITRES DE PIERRE

ET

DES AUTRES ARTISTES GOTHIQUES

DE MONTPELLIER.

Notre art a puisé sa richesse
Dans les temples de l'Eternel ;
Il a pris son droit de noblesse
En posant son sceau sur l'autel.
(Chanson des compagnons.)

Tant qu'a duré la proscription des arts du moyen-âge, il ne pouvait s'attacher aucun intérêt à la recherche des artistes gothiques. Alors même que fut faite la réhabilitation de l'architecture, de la sculpture et de la peinture de ce temps, un préjugé d'un autre genre s'était établi sur les hommes des mains desquels ces ouvrages étaient sortis. Comme on ne trouvait pas communément sur la façade des églises, au pied des statues et sur la marge des verrières les noms de leurs auteurs, on crut que ceux-ci étaient absolument inconnus. De-là, beaucoup de conjectures sur l'hiératisme et le mystère auxquels avait été soumise la pratique des arts, sur la modestie et l'abnégation qui avaient distingué les artistes, pendant ces siècles de foi : on arriva à proclamer, comme une loi absolue, l'impersonnalité de l'art chrétien. Il est certain que l'esprit qui a présidé à ces œuvres, dont nous sentons maintenant tout le prix, n'était pas celui qui nous inspire aujourd'hui dans nos travaux publics. Le mobile d'utilité ou les sentiments patriotiques qui président à nos constructions, à l'érection de nos statues, sont très-différents du but élevé et des idées religieuses propres à un temps catholique. La personnalité tenait une place moins considérable dans une société mieux hiérarchisée, et, dans des arts mieux disciplinés, l'amour-propre d'auteur, la renommée contemporaine ou les suffrages de la postérité occupaient peu des hommes travaillant surtout en vue d'une gloire plus haute, et considérant comme leur premier intérêt le Paradis à gagner. Mais ces considérations admises, les artistes chrétiens étaient des hommes, des citoyens; en tenant compte des conditions de publicité nécessairement restreintes dans une société fractionnée, dans des villes isolées, on les trouve à la place qu'ils devaient régulièrement occuper. Leurs noms n'atteignent jamais, il est vrai, à cette célébrité qui s'est attachée depuis la renaissance aux artistes modernes, mais on s'assure qu'ils étaient bien connus des contemporains, cités dans de nombreux titres privés, écrits souvent dans des actes publics et officiels, inscrits sur les monuments mêmes; on n'a eu qu'à y regarder avec soin pour les lire en grand nombre.

L'illusion au sujet des artistes gothiques était d'ailleurs entretenue par la situation où nous voyons les artistes modernes: on cherchait les premiers, là où sont les derniers, dans les ordres privilégiés, ils étaient au milieu du peuple. On s'étonnait de ne pas les apercevoir dans les rangs de ceux que l'histoire célèbre d'ordinaire; il est tout simple qu'ils n'y fussent pas, ce n'étaient que des ouvriers. Une considération qui nous paraît dominante dans l'art au moyen-âge, c'est que l'art et l'industrie n'y sont pas séparés; il n'y a pas alors entre la profession et le métier cette distinction que les idées modernes ont faite. Leur confusion est prouvée par la confusion même des faits et des noms avec lesquels nous avons à composer aujourd'hui l'histoire de cet art, et par le silence relatif des contemporains sur les artistes et les ouvrages qu'ils regardaient comme supérieurs.

L'encyclopédiste du XIIIe siècle, Vincens, dans le *Speculum doctrinale*, comprend tous les arts et tous les métiers, sous le titre général d'art mécanique. La médecine même, bien que traitée avec de grands développements dans des livres particuliers, et la musique, quoiqu'elle soit rattachée à la mathématique sous un autre point de vue, se rapportent au titre général, comme s'exerçant par l'emploi des mains. Dans la langue du moyen-âge, soit savante, soit vulgaire, les mêmes mots s'appliquent à l'art et au métier. *Artifex* qu'on a voulu opposer à *operarius*, rarement employé d'ailleurs, désigne aussi l'ouvrier, comme *artificium* désigne le métier. *Ars* a une signification plus générale, mais ordinairement littéraire. *Artista* veut dire l'homme habile dans les arts libéraux. *Operarius* serait peut-être une expression plus noble, ainsi que *opus*, désignant plutôt le produit du génie de l'homme que le travail de ses mains; mais il est aussi communément employé pour simple ouvrier. *Officium* et un autre mot qui prend quelquefois un sens plus ambitieux, *ministerium* ou *misterium*, s'appliquent également au métier. Les mots *magister*, *scolaris*, *discipulus*, empruntés aux professions littéraires, sont employés pour désigner les maîtres et les apprentis dans tous les métiers. Le dictionnaire esthétique de notre roman présente la même synonymie : *art* ne s'emploie guère que dans le sens d'artifice: *obra*, *offici* ou *ufizi* veulent également dire métier ; *obrier* accompagné souvent de la qualification de *senhor*, *maistre*, *macip*, *aprendis*, *vaylet*, sont employés indifféremment dans tous les métiers et appliqués à ceux auxquels nous donnons particulièrement aujourd'hui le nom d'arts. Il y a donc synonymie constante entre le travail des mains et la production de l'esprit, au moins quant à l'exécution du beau plastique. Par là se manifeste une véritable égalité entre les travailleurs au moyen-âge, que l'art lui-même s'est du reste chargé de figurer et de traduire à tous les yeux; les arts libéraux et les métiers se montrent sculptés au même titre et à des places également honorables sur le portail des cathédrales. Cet esprit d'égalité a de quoi nous surprendre depuis la prépondérance des académies et de la manie de privilége et de distinction qui en est sorti; mais il n'a rien que de conforme à ce que nous savons des sentiments de dévouement religieux et de hiérarchie sociale qui caractérise le moyen-âge. Il n'est pas inouï d'ailleurs dans l'histoire de l'art; à plusieurs époques nous pouvons constater un fait analogue. Ils n'étaient que des ouvriers, ces potiers de Corinthe ou de Vulci, dont les ouvrages font l'admiration des juges les plus difficiles; et Rome, à laquelle nous avons emprunté tant d'éléments de civilisation, comptait au nombre de ses esclaves des architectes, des peintres et des sculpteurs. Au moyen-âge, le travail resta long-temps encore avilissant dans la société civile; mais il avait conservé son égalité. Cette égalité avait été acceptée et servie surtout par la loi religieuse. Les monastères où pouvait se réaliser le mieux la société chrétienne, avaient accueilli sans distinction le travail des mains, celui de l'intelligence et cet autre travail qui suppose un égal exercice de l'esprit et de la main: rappelons-nous saint Eloi, moine, orfèvre et évêque. Dans l'enceinte des villes, les mêmes habitudes s'étaient conservées au sein des corps de métiers qui composaient l'organisation industrielle de la cité. La corporation, la confrérie des travailleurs fit plus que maintenir l'égalité du travail; elle explique sans l'intervention de prétendus types hiératiques dont on n'a jamais pu prouver l'origine, l'harmonie, la constance et la pureté de l'art gothique. Mais ceci est une question que nous ne pouvons pas traiter ici; il suffit d'avoir marqué la place et indiqué l'utilité, dans l'histoire de l'art, des corporations au milieu desquelles nous allons trouver nos artistes. Les éditeurs du *Livre des mestiers d'Etienne Boileau* et du *Rôle de la taille de* 1292 ont publié des documents pleins d'intérêt sur les métiers de Paris, mais ils ont traité trop négligemment ce qui regarde les arts. Ils oublient que sous saint Louis et Philippe-le-Bel l'architecture et les arts qui en dépendent étaient arrivés à leur summum d'expression chrétienne, et que les artistes laïques étaient tous alors englobés dans les corps de métiers.

Il y a quelques années, cinq à six noms formaient toute la biographie des quatre siècles de gloire de l'art français. Depuis l'éveil donné aux études d'archéologie nationale, les noms d'artistes ont surgi de toutes parts. On a découvert les noms des architectes des cathédrales réputées anonymes d'Amiens, de Reims, de Strasbourg, de Rouen, et des artistes de tout ordre, maîtres de pierre, entailleurs d'images, peintres, verriers, orfèvres, brodeurs, etc. Il y a trois ans, M. Didron, ardent promoteur de ces recherches, divulguait déjà cinq à six cents noms tous français. Depuis, le nombre des artistes signalés s'est considérablement accru. Des villes célèbres par leurs monuments gothiques ont fourni chacune son contingent. On connait quatre-vingt-quatorze artistes d'Amiens, quatre-vingt-six de Dijon, cinquante-trois d'Auxerre. Cent douze artistes ont été employés pendant le XIVe siècle aux travaux de construction, de sculpture et de peinture de la cathédrale de Sens (1). Les écoles de Reims, de Troyes, depuis long-temps fameuses, ont des listes considérables. Le catalogue des artistes limousins, depuis le VIIe siècle, comprend quatre-vingt-six noms. Enfin, cette année

(1) Bulletin archéologique, publié par le Comité des arts et monuments, an. 1845.

même, les Annales archéologiques de M. Didron portent à mille sept cent soixante-quatre le nombre des artistes connus.

Le Midi n'a jusqu'ici fourni que peu de noms à cette liste nationale. Dans notre Bas-Languedoc, des recherches déjà longues et des renseignements demandés de toutes parts ne nous avaient encore donné que deux noms : l'artiste de Saint-Pons GILO, trouvé sur la marge d'un bas-relief roman, du portail latéral de l'ancienne cathédrale représentant le soleil, où est écrit : SOL GILO ME FECIT ; et l'architecte de l'église de Saint-Nazaire de Béziers, maistre GERVAIS, signalé dans un vers roman du récit de la croisade albigeoise :

E arz totz lo mostiers que fetz maestre Gervais (1).

Aujourd'hui des recherches plus attentives dans les archives de la commune de Montpellier nous ont livré beaucoup de noms d'artistes, et des renseignements précis sur plusieurs ouvrages qu'ils ont exécutés dans cette ville du XIIIe au XVe siècle : Maîtres des œuvres, Peyriers, Fustiers, Peintres, Veyriers, Imagiers, Argentiers, Fondeurs, etc. Tous ces noms sont humbles et obscurs ; leurs œuvres, confondues avec toutes celles d'une époque humble et obscure aussi, ne peuvent pas le plus souvent être déterminées, et celles sur lesquelles nous avons des notions précises ont depuis long-temps disparu. Le moyen-âge n'a presque rien laissé debout à Montpellier. J'ai dit ailleurs à quels rares débris se réduisait ce que nous pouvons apercevoir de la vieille ville ; mais les édifices religieux et militaires qui l'embellissaient sont célèbres dans son histoire. Le chanoine Gariel les énumère avec complaisance, et Degrefeuille cite souvent leurs détails de construction et d'ornement. Ce sera offrir une espèce de compensation aux habitants de la ville nouvelle pour tant de monuments perdus, de nommer au moins les artistes qui les élevèrent. L'art gothique est d'ailleurs homogène, malgré quelques diversités locales ; la mention des maîtres de Montpellier contribue à la gloire du pays, et la description de leurs modestes travaux sert à faire connaître, dans ses plus intimes proportions, l'art que l'on admire universellement aujourd'hui.

---

(1) Hist. de la croisade contre les hérétiques albigeois, publiée par M. Fauriel, 1837, pag. 38.

CORPS DE MÉTIERS. OUVRIERS DE LA COMMUNE CLOTURE.

Dès le commencement du XIIIe siècle, et suivant une coutume dont on ne retrouve pas l'origine, la population de Montpellier parait organisée en corps de métiers nommant leurs ouvriers, prud'hommes ou consuls (1), et divisée en sept échelles pour concourir, dans cet ordre répondant aux sept jours de la semaine, à la nomination des consuls de la ville, à la garde et à l'entretien des murs et des portes de l'enceinte. Cette dernière fonction, appelée la *commune clôture*, remplissant un rôle fort important dans la cité pendant trois cents ans, et ayant des livres particuliers pleins de détails sur les travaux de construction et d'entretien des remparts, travaux exécutés, du reste, par les ouvriers en commun et sans qu'aucun nom particulier intervienne, doit être ici recherchée, avant qu'il soit traité de l'organisation des corps de métiers mêmes, et des noms des ouvriers qui se sont distingués entre leurs pairs.

Les murs et les fossés de Montpellier sont cités en 1090 ; mais ce n'est qu'au XIIe siècle que son enceinte parait dans cet état de force et d'étendue qui la rendit fameuse. Le droit des citoyens à se fortifier et à garder leurs fortifications est, comme toutes les autres coutumes de la commune, d'une origine ancienne et incertaine, mais confirmé au commencement du XIIIe siècle. Un article des *Coutumes* règle l'élection annuelle dans chaque échelle des *proshomes* chargés de répartir la contribution pour la construction des murs et d'en faire l'emploi (2), et dans une charte du seigneur de 1196, Guillaume, fils de Mathilde, la commune clôture est officiellement convenue. Elle est confirmée et développée bientôt dans une charte du seigneur de 1204, le roi d'Aragon (3); elle nous est enfin bien connue,

---

(1) Il est question des consuls de métiers en 1207 (*Livre noir*, p. 22 v°) : « La plus ancienne corporation de Paris n'est citée, pour ses antiques priviléges confirmés par le roi de France, qu'en 1170. »

Livre des mestiers d'Etienne Boileau, publié par Depping. Paris, 1837 in-4°; introd., pag. 25.

(2) *Petit Thalamus*, pag. 44.

(3) Document I.

comme association ouvrière, dans les livres officiels et dans les chartes de cette œuvre conservées aux archives. Le premier de ces livres intitulé : *Livre des priviléges des ouvriers*, écrit dès 1264, renferme les priviléges de l'œuvre, ses propriétés et ses rentes, l'inventaire des chartes composant son trésor, *escrichas en lescrin de la obra*, le mode d'élection des ouvriers, leurs serments, leurs pouvoirs et leur juridiction (1). Le second : *Thalamus des ouvriers de la commune clôture*, commencé en 1284, contient la charte des fonctions principales de l'œuvre, la série des sept ouvriers nommés chaque année dans chaque échelle, et la relation des principales constructions et réparations faites par ces ouvriers durant leur charge. Nous ne nous proposons pas de faire ici l'histoire de la commune clôture qui mériterait d'être traitée séparément, mais nous ajouterons aux priviléges généraux et aux titres que nous en avons déjà publiés, la charte des fonctions de cette œuvre et l'analyse de ses principaux travaux. Ne nous laissons pas rebuter par les détails infimes auxquels ces pièces descendent quelquefois; elles contiennent d'ailleurs des faits précis et intéressants sur les tours et les tourelles, les portails et les fossés d'une chemise gothique. Il ne s'agit point ici d'art balistique ou d'actions chevaleresques ; mais, même en temps de paix et dans le cours des événements vulgaires, les soins qu'apportaient des citoyens vigilants à la fortification gothique qui protégeait et décorait leur ville, sont précieux à retrouver (2).

Les ouvriers agissant librement et pour remplir leur devoir d'administrateurs de la commune clôture, voulant améliorer l'état des murs, portes et fossés de la ville, rédigent l'an 1284 en latin et en roman, et soumettent aux consuls des réglements auxquels ils s'obligent par serment. D'après ces réglements, on ne doit pas établir d'égout ou de latrine, tenir des immondices ou des amas d'eau sur les murs et les tours, aux portes et ponts, dans les fossés, la tranchée, les douze pans. On doit fermer avec des pierres les archières percées dans les murs, afin que ceux qui ont le droit d'*expleche* sur ces murs ne puissent jeter des eaux ou des ordures dans les fossés. On doit veiller à ce que la terre apportée par des ouvriers zélés au pied des

(1) Document II.
(2) Document III.

murs ne soit pas détournée. Le messager des ouvriers est chargé particulièrement de l'exécution de ces mesures. Il doit faire l'inspection des murs trois fois la semaine et notifier aux ouvriers ce qui avait été entrepris à leur détriment. Le messager ne doit être occupé que des affaires de l'œuvre; quand il reçoit de l'argent pour l'œuvre, il doit l'apporter au clavaire des ouvriers avant de rentrer chez lui. Les ouvriers sont tenus de venir à la maison de l'œuvre et de s'y assembler toutes les fois que cela est nécessaire et sur l'avertissement du clavaire; ils doivent inspecter les murs tous les trois mois; ils ne peuvent vendre et aliéner les revenus de l'œuvre au-delà du temps de leur administration, si ce n'est dans le cas de nécessité et avec l'assentiment des XII consuls. Les ouvriers entrant en charge à la Toussaint font venir les ouvriers de l'année précédente, s'instruisent de l'état des affaires de l'œuvre et de la conduite du messager. Le premier jour de leur assemblée, ils instituent un clavaire sachant lire. Tout l'argent que les ouvriers pourront recevoir doit être employé à construire et à réparer la tranchée des fossés qui ne sont pas encore achevés, ou à compléter et réparer les murs, les portes et les ponts, et non à bâtir des maisons, jusqu'à ce que les murs soient entièrement en état.

On voit qu'à cette date l'enceinte de Montpellier était presque complète. Elle avait 530 cannes de pourtour (1), onze portes surmontées de tours, un chemin de ronde intérieur appelé les *douze pans*, des fossés avec un chemin au-delà appelé *douves*, et une palissade pour enceindre les faubourgs, avec des portalets aux principaux chemins aboutissant à la ville.

La notice des principaux travaux faits à cette enceinte du XIIIe au XVe siècle aura aussi quelque intérêt pour l'histoire de Montpellier. Les mots techniques et les détails de construction qui se rencontrent dans les textes où nous les puisons, fourniront quelques termes inédits à l'archéologie militaire du moyen-âge (2).

Les ouvriers firent bâtir pour l'œuvre, en 1268, trois ouvroirs *(obradors)* au portail d'Obilhon, un contrefort *(pilare)* en pierre de taille, un

---

(1) L'ancienne canne de Montpellier a près de 2 mètres ; le palme, qui en est la huitième partie, 25 centimètres.

(2) Document IV.

parapet *(abvanpiegs)*, une porte, un pont à créneaux, *pontem sive arcum lapideum continentem quinque merletos sive dentelhos*. Ce sont les plus anciennes mentions de leurs ouvrages, et nous les rapportons malgré leur petite importance.

En 1304, ils permettent à un blanquier de bâtir sur une demi-tour qui lui avait été donnée en *acapte*, située près du portail de Legassieu. On lui prescrit de placer des pierres plates *(cadascas)* sur les créneaux *(dentelhos)* de la tour en formant comme des meurtrières *(liminas fenestras)*, et de faire le toit de façon que les eaux pluviales tombent du côté de la rue. On lui permet, en outre, de faire des fenêtres à l'intérieur sans endommager les créneaux.

En 1362 et dans les deux années suivantes, ils firent achever et couvrir le portail de Saint-Jame et les portalets de Saint-Sauveur et de Villeneuve, les tours de la Blanquerie, de la part antique devant la tour du Recteur, et de Sainte-Lucie dans la palissade; ils firent construire les redoutes *(redutz)* du portail des Carmes, réparer la contrescarpe des douves *(escamas de las dogas)*, paver les parapets des murs, et estimer les hausses des tours, des demi-tours et des escaliers, faites par ceux qui les tenaient des seigneurs ouvriers, afin qu'elles demeurassent la propriété de l'œuvre.

Ces constructions assez considérables coïncident avec celles qui furent faites dans toute la province pour résister aux Anglais et aux compagnies, et sur lesquelles nous reviendrons; puis viennent seulement des réparations indispensables et des mesures de conservation.

Les ouvriers firent abattre, en 1392, le portail de Saint-Guilhem avec la tour qui était au-dessus parce qu'elle menaçait ruine, et le firent rebâtir dans la même forme que l'ancien.

Les murs paraissent avoir été fort négligés depuis la fin du XIVe siècle: on n'y faisait plus que les réparations urgentes, décrites très-minutieusement dans les livres.

En 1407, les ouvriers racontent qu'ayant visité jusqu'à trois fois le mur, les portes et tout ce qui intéresse la défense et la conservation de la ville, ayant appelé les consuls, plusieurs peyriers et fustiers, ayant pris conseil de ces honorables citoyens et voulant pourvoir au plus nécessaire, ils firent couvrir la tour située derrière les ouvrages du Pape (c'est ainsi qu'on désignait l'église et le monastère de Saint-Germain, qu'avait fait bâtir Urbain V), et la tour française derrière la cour du sceau, entre la porte de Montpellier et celle de l'évêque; car ces tours, construites récemment et à grands frais en même temps que celle du palais, perçaient l'eau de toutes parts quand il pleuvait.

La même année, ils firent soustraire le premier portail de Montpellieret si antique qu'il menaçait de tomber, et la porte à côté de la cour du petit-sceau, conduisant aux douze pans parce qu'elle était en ruine. Ils firent des portes neuves en plusieurs endroits des douze pans, et fermèrent plusieurs brèches faites à la palissade entre le portail de la Saunerie et celui de Saint-Jaume, par où les gens à pied et à cheval et les bêtes sauvages entraient dans les faubourgs. Ils firent remettre les chaînes d'une maison nouvellement bâtie au coin de la Carbonnerie, devant la tour d'Encanet, ainsi que de plusieurs autres maisons, lesquelles chaînes avaient été déplacées par l'incendie ou la chute des maisons auxquelles elles tenaient.

A la fin du XVe siècle, l'état des murs paraît de plus en plus déplorable, et les réparations mentionnées par les ouvriers, malgré l'emphase avec laquelle ils en parlent, ne prouvent que l'abandon auquel ces murs étaient depuis long-temps livrés. Il paraît même que la caisse de la commune clôture ne suffisait plus à ces dépenses.

En 1477, les ouvriers firent faire, disent-ils, beaucoup de réparations aussi belles qu'utiles, comme le pavé du portail de Montpellieret. Ils firent labourer les murs tout autour de la ville, et enlever soixante cannes des créneaux et du pavé pour extirper des racines d'arbres qui détruisaient la muraille. Ils les firent rebâtir avec l'argent que leur fournirent les consuls.

Enfin, en 1490, et c'est la dernière réparation que nous citerons ici, en toutes lettres même, car elle est en français du nord, devenu alors assez populaire pour être adopté par nos ouvriers : *Le dit an ont fait faire messiers les ouvriers une grant reparacion à la muraille, au portal du Peyron tirant vers Sainct-Guilhem que c'est abbatu une grant partie de la dite muraille que ce fait neufve et faicte la fundamenta dedans tire* XII *pans et tournée bastir jusques à la demye requeste et faict* V *bombardieres....*

Ces textes auraient plus d'intérêt sans doute, si on pouvait les appliquer à une enceinte existant encore; celle de Montpellier a disparu. Une tour seule est restée debout et surmontée de ses mâchecoulis gothiques, et quelques pans de murs s'aperçoivent à peine au milieu des constructions nouvelles qui l'ont envahie, reconnaissables à leur appareil et à quelques rares meurtrières. Près de la porte toute moderne de la Blanquerie, on peut même encore voir sculpté sur un pan de vieux mur l'écusson de la commune clôture. Nous savons que les ouvriers avaient sculpté fort anciennement *(ab antiquo)* les armoiries *(signa)* de la commune clôture sur les murs, sur les portes et sur d'autres édifices. On les trouve aussi modelées sur les sceaux en cire de quelques chartes, et peintes sur plusieurs pages des livres de l'œuvre : une tour crénelée, au milieu de laquelle s'ouvre une porte en plein cintre, munie de sa herse et surmontée d'une meurtrière et de deux fenêtres carrées. On les voyait figurer aussi, sans doute, sur les bannières de la commune clôture, qui, dans les cérémonies publiques, étaient portées à la suite de celles des consuls ; car l'œuvre a été jusqu'au XVe siècle en grand honneur à Montpellier, intimement unie à la commune ; *pour ce que nous et les ouvriers*, disaient les consuls dans une charte de 1512, *n'est que ung corps mistic demourans tous en une maison* (1).

Les livres de la commune clôture ne sont pas les seuls qui témoignent de l'importance des ouvriers de Montpellier. Les grands cartulaires de nos archives et les caisses de chartes isolées ne nous donnent, il est vrai, que peu de renseignements sur nos artistes; mais d'autres recueils non moins précieux, bien que moins connus, nous ont appris leurs noms et leurs travaux. La série de leurs noms, que nous avons vu commencer avec le Thalamus des ouvriers, se poursuit depuis 1352 dans le registre des consuls (2). Nous avons là les noms de tous les artistes et de tous les ouvriers qui s'étaient assez distingués dans leur profession pour être élus consuls par leurs pairs, et pour mériter de figurer sur les listes où le sort du *rutlon* désignait chaque année les consuls majeurs. La notice de leurs travaux est

(1) *Thalamus des ouvriers*, fol. CLXXII.

(2) *Registre dels senhors consols et curials de la villa de Montpellier*. Mst. en 2 vol. in-fol.

disséminée dans les livres des instruments et des notes du notaire et du clavaire du consulat (1), véritables procès-verbaux des délibérations municipales, où ce secrétaire et ce trésorier des consuls et des conseillers de la ville enregistrent avec de grandes formules juridiques, mais avec toute l'exactitude requise, les plus petits travaux ordonnés par les consuls et payés des revenus de la ville.

Les échelles des métiers de Montpellier, telles qu'on les trouve dans les plus anciens textes, montrent confondus non-seulement les arts et les métiers, mais les métiers entre eux. Nous trouvons dans les établissements de la commune et dans les priviléges des ouvriers, les peintres *(penhedors, penheires)*, à l'échelle du dimanche ; les *veyriers*, au lundi ; les orfèvres *(daurадors, aneliers, argentiers)*, au jeudi ; les charpentiers et menuisiers *(fustiers)*, et les maçons et architectes *(maistres de peyra, peyriers)*, au samedi. Cette division toute politique suppose ces corps de métiers organisés, agissant isolément et suivant leurs coutumes propres ; ayant leurs élections, leurs serments ; se constituant en confréries ; célébrant annuellement de grandes *charités* publiques ; établissant dans les églises des chapelles et des autels ; rédigeant, enfin, leurs statuts. Il en est des corps de métiers, dans le Midi, comme des communes ; reconnus féodalement au XIIe ou au XIIIe siècle, ils existaient depuis un temps immémorial. Débris de l'organisation romaine, les corporations s'étaient réfugiées dans l'église, et elles arrivent à la vie publique, à l'indépendance, en même temps que l'ordre se fait entre la commune, la seigneurie et l'église. Si nous ne les trouvons pas avant cette époque, c'est qu'elles sont dans cet état d'enveloppement et d'obscurité où paraissent alors toutes les institutions ; obscurité toute relative et qui tient à l'absence des documents littéraires dans lesquels, par habitude, nous cherchons l'histoire et selon lesquels nous la jugeons, substituant notre vanité au sentiment d'une époque occupée de toute autre chose que du soin d'arranger des phrases.

---

(1) Ces livres variant de titre : *Liber instrumentorum consiliorum domus consulatus*, — *Liber manualis notularum consulatus*, — *Brevetus negociorum et actuum consulatus*, *etc.*, forment environ 180 volumes de divers formats, embrassant une suite d'années interrompues de 1362 à 1499. Trois livres de notes particuliers, de 1293, 1301 et 1342, nous ont aussi fourni quelques renseignements.

Au reste, dans notre époque même si littéraire et si transparente, n'y a-t-il pas encore bien des faits qui passeront inaperçus ; n'y a-t-il pas aussi des faits qui, sans que nous le remarquions toujours, sont comme la reproduction du passé ? Sans aller chercher loin, il nous a semblé que, s'il était possible de retrouver quelque part la condition de l'artiste au moyen-âge, la discipline du corps auquel il appartenait, les procédés de l'art qu'il exerçait, c'est dans le compagnonnage qu'on en pourrait prendre une idée. N'y a-t-il pas lieu de s'étonner, aujourd'hui que la publicité s'est emparée de toutes les méthodes et que la liberté la plus grande règne dans les pratiques, de voir la hiérarchie et le mystère du compagnonnage ? Il y a là, d'ailleurs, au milieu de beaucoup d'abus, d'excellentes conditions de travail. Il suffit d'avoir regardé de près les produits de ces secrets, dont l'importance est d'ailleurs tant exagérée, pour s'assurer que les compagnons doivent aux précieuses traditions de géométrie descriptive et au culte du trait répandus parmi eux, de devenir souvent d'excellents ouvriers, et de fournir à nos entrepreneurs des appareilleurs fort instruits et des tailleurs d'une habileté rare. Les légendes de leur origine, le temple de Salomon, l'architecte primitif Hiram, maître Jacques conducteur de travaux, ou le père Soubise savant dans la charpenterie, ne sont que la tradition altérée des croyances et de l'érudition des constructeurs gothiques. Leurs divisions en passants et étrangers ; leur hiérarchie en aspirants jeunes hommes, compagnons et maîtres, en affiliés, reçus, finis et initiés ; leurs sobriquets emblématiques et leurs usages, l'embauchage, le levage d'acquits, le topage et la conduite, leurs cérémonies, les fêtes patronales, leurs cannes et leurs rubans fleuris, ne sont pas des coutumes nées d'hier. Le chef-d'œuvre, enfin, s'accomplit certainement aujourd'hui comme il y a trois cents ans, hors de tout regard profane, dans une chambre tendue de tapis, jugé avec sévérité, brisé à coups de marteau ou promené en triomphe le jour de l'Ascension, le même jour que nous verrons consacré aux élections et aux fêtes des maîtres de pierre. C'est au milieu de ces rudes compagnons que sont les fils des architectes et des maçons gothiques, et non dans des loges maçonniques qui ne sont que des réunions d'oisifs et de viveurs. Sans doute l'art n'est plus aujourd'hui parmi les compagnons ; il y a long-temps qu'ils se sont laissés envahir par les poncis académiques de l'ordre toscan et de l'ordre composite; mais ils ont gardé, du moins, dans leur vie dévouée et solidaire, et dans leur amour pour leur art, quelque chose de l'esprit de leurs pères.

Les plus anciens statuts, rédigés par nos confréries de métiers dès le commencement du XIVe siècle, ne donnent pour but à l'association que la gloire de Dieu, d'abord, et la levée, l'accroissement et l'administration des aumônes et des contributions avec lesquelles se célébrait, chaque année, le jour de l'Ascension, la *charité* de chaque métier. Mais en réalité, les conditions d'admission, différentes pour les fils de maîtres et les étrangers, les principes de solidarité et de garantie imposés à tous, indiquent d'autres usages de discipline et de maîtrise, trop connus, trop bien gardés pour avoir besoin d'être écrits. Ce n'est qu'au XVIe siècle et dans de nouvelles rédactions que ces statuts deviennent plus explicites; qu'il y est question de l'utilité et de la grandeur de l'art et de la confection du chef-d'œuvre. Les plus anciens textes de ces statuts sont aussi extrêmement sobres de détails techniques; on n'y apprend presque rien sur la pratique et les méthodes gothiques, consistant sans doute en secrets très-bien gardés dans l'intimité du métier et soustraits à toute connaissance profane. Dans les rédactions postérieures à la renaissance seulement, on voit s'introduire des termes d'art et percer des prétentions de science et d'habileté, qui ne servent qu'à prouver que l'habileté et le savoir disparaissaient précisément alors de la pratique, au moins de la pratique commune et de la foule des ouvriers, pour devenir l'apanage d'artistes privilégiés. Tels qu'ils sont cependant et malgré leur laconisme esthétique, ces statuts sont précieux à connaître comme documents officiels de l'organisation des ouvriers et des artistes gothiques. Nous n'avons pas seulement ici les dires d'ouvriers témoignant de leurs coutumes, comme dans le livre d'Etienne Boileau, mais la délibération même des corps de métiers agissant en toute liberté, comme la commune avec laquelle ils forment un corps mystique, et écrivant solennellement leurs antiques coutumes.

MAITRES DE PIERRE.

Les artistes et les ouvriers construisant en pierre sont désignés à Montpellier par les noms de *magister lapidum*, *magister de petra*, *peyrerius*, *lapicida*, dans les titres latins; *maistre de peyra*, *peyrier*, dans les textes en langue vulgaire, et enfin, quand le français s'introduit, *masson* et *architecte*. Ces termes sont employés indifféremment; bien que celui de maître de pierre paraisse généralement plus relevé, celui de peyrier s'applique certainement à l'architecte; nous le verrons donné à des maîtres des œuvres royaux, et tous se rencontrent souvent appliqués aux mêmes individus.

Le réglement des maçons d'Etienne Boileau (1), dans lequel saint Louis donne la *mestrise*, et qui déclare les tailleurs de pierre exempts du guet *très le tans de Charles Martel*, indique déjà qu'il n'est point nécessaire de faire de ce métier une institution exceptionnelle, d'y voir une société plus secrète, un corps plus libre que les autres. Les corps de métiers, tels qu'ils nous apparaissent dans la cité du moyen-âge, ne laissent pas de place pour les francs-maçons. Nous ne voulons pas nier l'association maçonnique de Dotzinger au XVe siècle, la loge d'Erwin de Steinbach au XIIIe et même des associations plus secrètes et plus anciennes; mais quand on les aura dévoilées, ce ne seront encore que des exceptions. Les constructeurs sont d'abord dans l'église, puis dans la commune; c'est dans l'église et dans la commune qu'il faut chercher l'histoire des architectes comme celle des autres artistes.

Les coutumes de la commune de Montpellier n'ont pas d'article pour les maîtres de pierre; celles de Barcelone, avec laquelle Montpellier avait tant de rapports de mœurs, de langue, et qui fut soumise, à l'époque de la rédaction des coutumes, à la même suzeraineté, contiennent un paragraphe sur les architectes, que nous trouvons rapporté par Cancer (2). La confrérie des architectes de Barcelone a le privilége que nul ne peut être maître dans cet art, s'il n'est resté trois ans en apprentissage chez un maître de la ville.

---

(1) *Livre des mestiers*, pag. 108.

(2) *Jac. Cancerii*, *variar. resolut.*, *pars* III, *cap.* XI, § 180.

Dans les statuts des probes hommes d'Avignon, rédigés en 1221, deux articles sont relatifs aux maîtres de pierre (1). L'article 123e règle le salaire des maîtres de pierre dans les controverses où ils sont jurés; s'ils siègent jusqu'à tierce 8 deniers, jusqu'à none 16 deniers, tout un jour 2 sous. Les jours de fête ils peuvent prendre 12 deniers. Deux sous par jour étaient aussi le salaire ordinaire des jurés maçons de Paris en 1293 (2). L'article 145e prescrit aux maîtres de pierre et de bois l'exécution des ouvrages convenus dans le délai voulu, que le prix en ait été réglé ou non, sous peine d'une amende de 2 sous pour chaque jour de retard.

Les statuts de la confrérie des peyriers de Montpellier sont de 1365 (3). Le consul du métier des peyriers pour cette année et quinze autres peyriers dont nous donnerons les noms à leur place, constitués dans la maison du consulat, en présence des consuls de la ville, et protestant ne rien faire de contraire aux droits du Roi, seigneur de Montpellier, et de l'évêque de Maguelone, déclarent s'associer pour la gloire de Dieu et pour l'accroissement des aumônes de la charité de leur office, et stipulent des réglements dont voici le sommaire : Toute personne voulant apprendre le métier de peyrier, n'étant pas fils de maître, paiera à la charité 10 sous tournois par an, et de plus 5 sous d'entrée pour la lampe des peyriers brûlant à l'église de N.-D.-des-Tables. Tout peyrier, chef de maison, paiera une contribution annuelle de 2 sous tournois, et tout jeune ouvrier travaillant à la journée, une contribution de 13 deniers. Les consuls du métier et les lampadaires devront chaque année rendre compte à leurs successeurs, poursuivre tant contre leurs prédécesseurs que contre toutes autres personnes les droits du métier. Ils devront faire une bannière décorée des insignes du métier, selon la coutume, aux frais de tous les maîtres, et cette bannière se tiendra une année dans l'intérieur de la commune clôture et une autre année dans les faubourgs. Dix-huit peyriers adhérèrent la même année à ces statuts.

Il n'y a là rien qui concerne l'exercice du métier. On peut supposer,

---

(1) Document V.

(2) *Livre des mestiers*, pag. 373.

(3) Document VI.

si l'on veut, des statuts particuliers restant secrets et contenant les pratiques de la profession ; mais rien n'indique une de ces associations secrètes, cachant sous des rites géométriques les procédés de leur art, et remontant à l'architecte biblique Iram ; rien ne dénote une de ces loges de francs-maçons comme celle que fonda, dit-on, à Strasbourg Erwin de Steinbach, loges dont on a tant parlé sans les connaître et auxquelles on a attribué tant d'influence et jusqu'à l'origine de l'ogive. Les réglements des maçons de Paris, enregistrés par Etienne Boileau, ne sont pas plus explicites. Le secret du métier y est cependant mieux constaté par l'engagement que prennent les maîtres de ne montrer nul point de leur métier aux aides et *vallés* qu'ils peuvent prendre et qui sont ainsi bien distingués des apprentis (1). Là comme ici, nous trouvons, du reste, des travailleurs libres dans les limites de leur corporation, ayant leurs statuts stipulés vis-à-vis du roi, de l'église, de la commune, et qui depuis long-temps avaient participé aux constructions religieuses, dégagé l'architecture des liens de l'église et largement contribué à l'émancipation de l'art ; mais ils ne paraissent pas constitués autrement que tous les autres corps de métiers.

Nous connaissons la bannière dont il est question dans ces statuts, par la commande qui en fut faite par les consuls peyriers de 1367 à un vitrier demeurant à Avignon, *Le Tengart de Constance*. L'acte de cette commande est resté dans le livre des notes du notaire consulaire de cette année (2). Les figures, les couleurs et tous les accessoires qui devaient entrer dans la composition de la bannière y sont minutieusement expliqués, et, pour plus de sûreté, les peyriers en envoyaient au peintre le projet dessiné sur papier. Le Tengart devait peindre, des deux côtés de l'étoffe qu'on lui fournissait, Dieu assis sur un trône entouré de quatre anges, en bas, la Vierge tenant son fils, accompagnée de deux anges, avec les dais et les ornements indiqués dans le dessin. Il devait employer dans les figures et les dais de l'or de Florence, dans l'armature et le couronnement de l'argent fin, et

(1) *Livre des mestiers*, p. 108.
(2) Document VII.

placer de l'azur d'Acre dans les endroits où cela ferait bon effet, *in locis in quibus bonum cadet.* Il devait, en outre, peindre quatre pennons pour les trompettes et les cornemuses du métier, où serait figuré le marteau des peyriers. Le prix de tous ces ouvrages, sans y comprendre l'étoffe et la parfilure des franges, était fixé à 85 francs d'or (1).

Deux cents ans après la rédaction de ces réglements, les maçons architectes de Montpellier se plaignaient que leurs statuts étant brùlés, perdus et adirés, plusieurs ignorants s'étaient entremis et ingérés d'exercer la maçonnerie et l'architecture au grand dommage du public, l'ouvrage n'étant fait suivant l'ordre de l'architecture: et Henri III, qui dans son édit de 1581 avait donné le réglement le plus général sur les maîtrises, confirma et octroya, en 1586, les nouveaux statuts qu'ils avaient rédigés et soumis à la cour de son gouverneur à Montpellier (2). Il n'est plus question ici de charité le jour de l'Ascension et de lampe à N.-D.-des-Tables, mais de la sublimité de l'architecture et de l'érudition. L'art est encore confondu avec le métier, comme au moyen-âge, mais il est loué dans des termes appartenant à la langue de la renaissance. On établit dans ces statuts les conditions de l'apprentissage et du compagnonnage, la confection et la réception du chef-d'œuvre ; on fixe des cotisations et des amendes, applicables moitié au roi, moitié à la boîte du métier, destinée à assister les pauvres maîtres et compagnons souffreteux ; on pose les règles de l'élection des prévôts qui tiennent la boîte du métier et font l'inspection des ouvrages de maçonnerie exécutés dans la ville, pour s'assurer qu'ils sont faits suivant l'art d'architecture. Ces réglements tout civils ne se confondaient pas, du reste, avec les réglements de la confrérie, qui étaient gardés dans l'église de Saint-Guillem et qui furent produits alors devant la cour du Gouvernement. Les édits de Henri III sur les corporations ont été diversement interprétés.

(1) Sous Charles V, le franc d'or vaut 20 sous ou une livre, d'après Le Blanc et d'après nos chartes; plus loin, on le verra valant 22 sous 6 deniers. On taillait 63 fr. au marc, qui, à 24 carats, vaudrait aujourd'hui, au poids de l'or, 843 fr. Donc, la valeur actuelle du franc serait de 13,38, et le prix de notre bannière de 1097 fr. 30 c. On pourra, d'après les tableaux de Le Blanc, faire le même calcul pour toutes les sommes données ici.

(2) Document VIII.

On a voulu y voir d'abord l'établissement des maîtrises et jurandes, et cette erreur a été suffisamment réfutée (1), puis on y a trouvé un commencement d'affranchissement des travailleurs. Les statuts de Montpellier n'indiquent que la continuation et la confirmation d'anciennes coutumes, avec des mesures plus fiscales, le roi prenant la moitié des amendes imposées, et avec des allures plus gênées, les banquets de métier étant défendus par ordonnance, l'homologation d'une cour et toutes les formalités juridiques qui l'accompagnent étant exigées pour des statuts tout intérieurs que la corporation délibérait librement autrefois avec les consuls de la ville. Nos plus anciens statuts, ceux des fustiers, en 1304, se passent même, comme nous le verrons, du concours des consuls.

Voici maintenant nos peyriers. La place considérable qu'ils occupent sur les listes du registre consulaire, les élections multipliées qui honorèrent plusieurs d'entre eux, les commandes, les traités, les prix faits et les devis qu'ils obtinrent du consulat, montreront bien que ce n'étaient pas de simples ouvriers, mais des maîtres, des chefs d'atelier, les créateurs et les exécuteurs de ces édifices gothiques dont la hardiesse et la grâce sont comme des secrets aujourd'hui perdus.

1201. Bertrandus. C'est le plus ancien de nos artistes ; il figure dans un état des censives de la rue Blanquerie et y est désigné : *Bertrandus, fai la peira* (2). Un *Guillelmus*, porté dans le même état comme *cayronerius*, n'est qu'un maçon inférieur travaillant seulement le moellon ou les pierres de petite dimension appelées dans le pays *cairons*.

1244. Paul Olivier, *maistre de peira* (3). Dans une charte de 1264, le même maître *Paulus Doliverio, magister de petra*, fait une reconnaissance aux ouvriers de la commune clôture d'un terrain aux XII pans. Il est nommé encore, en 1269, dans le Livre des priviléges des ouvriers pour une rente de 12 deniers qu'il paie pour le service qu'il prend sur les murs de la ville.

1254. G. Berengari, *magister lapidum*.

---

(1) Wolowski, De l'organisation industrielle avant Colbert (*Rev. de législ.*, 1843).

(2) *Mémorial des nobles*, fol. 101, v°.

(3) *Livre des priviléges des ouvriers.*

1254. P. Aymieutz.
P. Duranti.
Durantus Colery.
P. Enguineutz.
Joh. Amaury.
P. de Fisto.
G. Doais.
B. Duranti.
P. de Juhom *juvenis*.
Durantus Gaudoni.

Ces dix noms figurent sous le titre de *maistres de peira*, dans une suite de représentants de divers corps de métiers prêtant serment entre les mains des consuls (1) : ce serment est inédit, mais il ne contient rien de particulier aux maîtres de pierre.

Deux d'entre eux, *Aymieutz* et *Doais*, figurent comme consuls de leur métier en 1265 et 1269 dans le Livre des priviléges des ouvriers, qui, en 1258, commence à donner le tableau des ouvriers nommés pour chaque échelle. Mais, jusque vers 1320, la profession n'est pas indiquée à la suite du nom ; on ne peut l'induire que de l'échelle où il se trouve placé. Comme l'échelle du samedi comprend, outre les peyriers, les fustiers et quelquefois d'autres métiers, nous n'avons voulu donner de ces noms que ceux dont la profession de peyrier nous était connue par quelque autre texte.

1273. Guillelmus d'Alestra, *magister lapidum*. Témoin dans une charte.

1273. Petrus Malcaussani. Dans une charte de cette année, les ouvriers de la commune clôture cèdent à ce maître de pierre le fumier des fossés, à condition qu'il réparera la demi-tour qui est au-dessus du portail neuf, la couvrira d'une couche de mortier *(batut)* épais de quatre doigts, y fera deux gouttières et réparera de même l'escalier de pierre adhérent au mur de cette tour (2).

(1) *Grand Thalamus*, fol. 90.
(2) Document IX.

1284. Johannes Rocols, *lapicida.*

1288. Peire Oliver, *peyrier*, consul de son métier.

1290. Johan Valerie, *lapicida.*

1293. Bernardus Emeutz, *lapicida.*

Durantus Fornerii, *lapicida.*

Jacobus de Conranicis, *lapicida.*

Arnaldus Molinerii, *lapicida.*

1293. Daude Arnaut, *Deodatus Arnaudi* ou *Arnaldi.*

Guillelmus Arnaudi.

Ces deux derniers artistes, qui furent plusieurs fois consuls de leur métier dans les dernières années du XIIIe siècle, sont qualifiés de *peyrier* et de *maistre de peira;* ils étaient frères. Daude est encore consul en 1323, Guillem en 1325. Nous avons d'eux un prix fait pour la construction de deux salles voûtées en croisée d'ogive (*volta crosheria*) avec des fenêtres à meneaux croisés et chamfrainés (*croseriis chamfranatis*) qu'ils firent au rez-de-chaussée (*sutulo*) d'une maison rue du Four-de-l'Espinas (1).

1294. Jacobus de Argileriis, *lapicida.*

1304. Johannes Liurani, *magister lapidum.*

1305. Duran Arnaut, consul. Il l'est de nouveau en 1322.

1309. Johan Casanova, *peyrier.* Il construisit, en 1375, le campanile de la maison du consulat. Le 7 août de cette année, les consuls lui adjugèrent, à l'extinction des feux, l'ouvrage du campanile qui était resté long-temps aux enchères, aux clauses contenues dans le pacte en roman joint à l'acte d'adjudication (2).

Le campanile aura 5 palmes d'épaisseur, en y comprenant la muraille vieille, que l'on liera avec la muraille neuve; les pierres seront assises sur leur lit et posées alternativement à plat et de champ (*1 fil de cartiers et autre de cadascas*). La porte vieille de la salle sera changée de manière à ce que les deux piliers des deux pieds du campanile aient une égale dimension. La porte neuve qui se fera dessous sera ouvragée comme la porte centrale du consulat, sauf qu'il n'y aura pas des sculptures d'animaux ou

(1) Document X.

(2) Document XI.

de feuilles *(bestious ni folhadura)*, mais des moulures toutes plates. Quand le clocher sera élevé à la hauteur où doit être la cloche, on placera trois consoles *(boquets)*, ornées de moulures *(simas)*, de la largeur de 5 palmes, pour sonner cette cloche. Le clocher second qui touchera à la cloche, sera fait dans la forme de celui des Frères-Mineurs et élevé à la volonté des consuls. On emploiera la pierre de Pignan, à l'exception de l'ouvrage *(obradura)* de la porte (qui doit être sans doute d'une pierre plus fine). Le peyrier qui prendra cet ouvrage à la canne carrée, y compris le changement de la porte, l'ouvrage de la seconde porte, les consoles à mâchecoulis, le tout canné plein et vide, devra donner de bonnes cautions et garantir l'ouvrage pendant dix ans.

Jean Casanova le prit au prix de 5 fr. 1/2 d'or la canne carrée (71f 60c).

1321. SISCLE CATALAN, consul pour les peyriers et de nouveau en 1328.

1329. BERNAT DE LA FON.

1331. PETRUS SALAS, consul pour les peyriers en 1337.

1332. JOHAN CATALAN.

1334. PERI DASPANHAYC, *maistre que hobra al pont de Castelnou.*

Le *cabinet doré* (1) de nos archives contient un petit livre des dépenses faites par les consuls pour la réparation du pont de Castelnau, où ce maître de pierre est seul nommé. La note de chaque jour porte le salaire des *maîtres mages*, des maîtres de pierre, des peyriers et des manœuvres ; des maîtres fustiers, des simples fustiers et des femmes employées à cet ouvrage ; les honoraires des inspecteurs que les consuls y envoyaient ; enfin, le prix des diverses fournitures, du bois des pilotis, des outils, et même de la nourriture des ouvriers. Les *maîtres mages* sont payés 3 sous par jour, les maîtres de pierre 2 s., les peyriers 22 deniers, les manœuvres 12 deniers. Un des articles porte 4 s. 6 d. *per los molles de lagulha del pont*. Des peyriers de Pignan, *P. Bonier, R. Olier, R. Daniel et Johan Bans*, qui ne sont probablement que des traceurs, fournissent, pour cette construction, des pierres *(cadascas)* longues de 4 palmes, larges d'un palme et quart, extraites de la carrière de Vendargues, au prix de 16 deniers chaque.

(1) N° 7 de la 7e liasse.

Nous n'avons trouvé que dans ce document la mention des *maîtres mages*, et l'indication bien marquée de la hiérarchie des artistes maçons.

1335. ESTÈVE BONI, élu de nouveau en 1342.

1342. G. CAUSSAN. Ce peyrier construisit une maison pour l'hôpital de Sainte-Marie, que les consuls administraient. Elle était située près du pont et du moulin de *Sautrayranicis*, sur le Lez. On voit, par l'acte qui nous en est resté (1), qu'il s'agit d'une simple maison, où on n'indique pas même la forme des portes et des fenêtres. Nous y remarquerons seulement que les murs sont fortifiés de piliers dans le milieu et aux deux extrémités, que ces derniers sont appelés *tête et queue (testa coha)*, et que sur la façade la porte est encadrée dans deux piliers réunis par un arceau. Il y est ensuite question de murs *lazanherii*, de *bodio* et de cairons *poncherii*, termes locaux se rapportant aux divers appareils alors en usage, que nous tâcherons d'expliquer dans un glossaire technique, à la suite de nos documents. Le prix stipulé de cette maçonnerie est de 36 livres 10 sous petits tournois (2).

1348. P. RIQUET. En 1352, il fut nommé consul majeur. Il figure, à dater de cette époque, neuf fois jusqu'en 1377, dans le registre des consuls. Il fut un des adhérents aux statuts de 1365. En 1367, il travailla aux réparations faites au monastère de Saint-Gilles, et fit plusieurs quittances pour ces travaux qui furent payés 100 florins d'or (3). En 1377, il assista à une expertise faite derrière la maison du consulat (4).

1351. G. GINIEYS.

1352. JACME SATGIER, porté quatorze fois et jusqu'en 1377 sur le tableau des consuls. Il fut chargé, en 1365, des réparations à faire à la maison du consulat, qui venait d'être transférée de la place de l'Herberie

(1) Document XII.

(2) Il s'agit ici, sans doute, de la livre d'argent. Cette somme, en donnant au marc la valeur de 13 livres, équivaudrait à 77 fr. 50 c. Il faut ensuite tenir compte de la dépréciation de l'argent. Les calculs de M. Géraud (*Paris sous Philippe-le-Bel*, p. 560 et 5) établissent qu'il faut quintupler une somme d'argent prise à la fin du XIIIe siècle pour avoir sa valeur actuelle.

(3) Le florin vaut un quart de moins que le franc, 15 sous.

(4) *Liber manualis notarum*. 1367 et 1377.

au parvis Notre-Dame. Ces constructions ne sont pas considérables; mais le devis que nous avons retrouvé (1), désignant les principales pièces de la maison du consulat, témoigne combien leur disposition était extérieure et populaire. Les consuls avaient acheté une maison particulière qui avait coûté 4200 florins d'or (2). Ils avaient fait peindre la chapelle et élever le grand autel (3). Voulant ensuite disposer les salles de délibération, ils démolirent d'abord les murs intérieurs de deux chambres pour former une grande salle à ciel-ouvert, et y pratiquèrent deux grands arceaux donnant sur la place, vers le portique de Notre-Dame. Le devis explique qu'il faut faire deux arcs à deux pieds-droits et à deux reprises (4), établir des bancs de pierre tout autour de la nouvelle salle et l'orner de cimaises et de consoles en pierre de Saint-Genieys. Suit le prix fait de tous les matériaux et de la main-d'œuvre se portant à la somme de 206 florins, de laquelle on déduit le prix des matériaux restant de la démolition, et Jacme Satgier se charge de l'ouvrage pour le prix de 136 francs (2067 fr. 21 c.).

Deux ans après, les consuls traitaient avec un plâtrier, *R. Rasor, geysserius*, pour revêtir la nouvelle salle d'un enduit de plâtre et de chaux au prix de 22 liv. 7 s. 6 den. (5). L'enduit et le badigeon ne sont pas, comme on voit, une découverte moderne. Cette grande salle *(sala, aula)* servant de lieu d'assemblée, la claverie où se tenait le notaire et où étaient les archives et la caisse, et une chapelle dont il est souvent question dans nos actes, composaient les parties principales de la maison du consulat. Nous verrons qu'en 1375, Johan Casanova y ajouta un campanile.

Nous trouvons encore deux mentions de Jacme Satgier. En 1365, il travailla à des réparations faites au palais; en 1371, il répara la maison du consulat de mer à Lates, et reçut, pour les fournitures et la maîtrise de cet ouvrage, 31 liv. 1 s. 8 d. (6).

1352. Pons Gervays, consul seize fois jusqu'en 1383, un des peyriers

(1) *Grand Thalamus*, fol. 359.

(2) Document XIII.

(3) *Petit Thalamus*, publ. par la Soc. arch., pag. 362.

(4) Voy. au glossaire le mot *Repreza*.

(5) *Lib. man. not.* 1366.

(6) *Lib. man. not.* 164 et 1371.

qui figurent aux statuts de 1365. En 1381, il construisit, en société avec un autre peyrier, Durant Amilhau, la palissade ou seconde enceinte de la ville, embrassant les faubourgs depuis le portalet de Villeneuve jusqu'à la tour la plus proche du côté du portalet de Saint-Sauveur. Ils y font des merlets et une tourelle; on leur paie la maîtrise et la main-d'œuvre, sans rien fournir et sans creuser les fondements, un franc d'or la canne carrée (1).

1352. Ramon Martelenas, porté vingt-cinq fois jusqu'en 1387. Il figure aux statuts de 1365. En 1357, il fut chargé des constructions nouvelles faites à l'hôpital de N.-D. de Saint-Aloy (2). Il y est peut-être question d'un cloître, par ces mots : *Far los pilars de sus los corredors.* La dépense totale, telle qu'elle est portée dans le Livre de la claverie, fut de 484 liv. 9 gros.

En 1365, il fit avec Jacme Satgier des réparations au palais dont nous avons déjà parlé. En 1367, il reçut 32 florins pour avoit fait cinq fenêtres au monastère de Saint-Gilles. La même année, il fut un des jurés experts chargés d'estimer des tables de changeurs, situées sur le parvis de Notre-Dame-des-Tables, et décida de quelle manière une de ces tables devait être reconstruite (3). Nous apprenons là quelles étaient la valeur et la forme de ces comptoirs publics de nos banquiers gothiques. Une de ces tables est estimée 250 florins, une autre 100 florins. La table à reconstruire, placée près d'un pilier de l'église, a une canne de large et six palmes de saillie.

Martelenas fut encore chargé, en 1381, des réparations faites à une école située dans le district de Sainte-Eulalie, où lisait le docteur de décrets Pierre Blase. La délibération consulaire qui eut lieu sur l'état de délabrement de cette école et sur la nécessité de favoriser des leçons qui attiraient un auditoire nombreux, ainsi que le traité qui suivit entre le maître de pierre et le changeur, propriétaire de cette école, n'ont pas d'importance comme devis de maçonnerie; mais, comme c'est un document inédit pour l'histoire de l'enseignement du droit à Montpellier, et même

(1) *Lib. mun. not.* 1381.

(2) *Libre de la clavaria*, 1357.

(3) Document XIV.

le seul texte connu sur les bâtiments de ces écoles qui étaient groupés aux environs de la tour de l'Université, dont Degrefeuille constate la célébrité architecturale (1), nous les publierons *in extenso* (2). Cette réparation ne comprend du reste aucun ouvrage d'art. Il ne s'agit que d'un mur à rebâtir en cairons, avec des piliers ou contreforts montant jusqu'au toit. Le prix ne s'éleva qu'à la somme de 70 fr. d'or.

1353. PIERRE SADORLI, *Sadorlin*, *Sadornin*, *Savornin*, *Petrus Saturninus*, nommé dix-sept fois jusqu'en 1395. En 1363, il fut pris comme arbitre entre les consuls de Montpellier et le prieur du monastère de Sainte-Marie de Roncevaux en Navarre, pour procéder à l'estimation de pierres provenant d'une maison que ce prieur possédait à Montpellier, détruite par l'effet de la guerre. Ces pierres avaient été employées aux travaux de la palissade (3). Sadorli stipula comme consul les statuts de 1365. Il travaillait encore en 1396. Nous trouvons son nom le premier de quatre peyriers employés cette année-là à la construction du béal *(esclafitorium)* d'un moulin à Pont-Méjan, qui coûta 25 fr. d'or (4).

1353. P. ALEXI, renommé en 1367, figure aux statuts de 1365.

P. MATGER, *Pontius Magistri*, y figure également.

1354. BERNAT BONI. En 1357, il répare des fours publics à la rue des Bains et à la dougue des Peliciers (5). La journée d'un peyrier, pour les ouvrages ordinaires comme celui-ci, n'est que de 3 gros; celle d'un manœuvre, 2 gros.

1354. FÉLIP POIOL.

1355. JAC RAOLS adhère aux statuts de 1365. En 1374, il traite avec les ouvriers de la commune clôture, et de concert avec Casanova, pour la construction d'une tour dite *dels Patuts* à la palissade. La charte latine où nous trouvons cet ouvrage, l'appelle *Jacobus Radulphi;* Satgier et Sadorli y figurent comme témoins.

1355. ESTÈVE SOLGRAS. En 1364, il compléta la construction de

(1) Degrefeuille, *Hist. de Montp.*, II, 365.

(2) Document XV.

(3) *Lib. man. not.* 1365.

(4) Document XVI.

(5) *Libre de la clavaria*, 1357.

l'aquéduc de la fontaine du chemin de Lates. Dans l'acte passé à ce sujet entre lui et les consuls de mer (1), il doit canaliser, épauler et couvrir cet aquéduc, l'enduire d'un ciment à l'huile, et réparer de même la fontaine et l'abreuvoir qui y est joint. Le prix stipulé pour le travail, la maîtrise et le ciment, les consuls devant fournir les pierres, la chaux et le sable, est de 35 florins d'or. Solgras fut aussi un des adhérents aux statuts de 1365.

1355. Peyre Olivier, nommé quatorze fois jusqu'en 1384, adhère aux statuts de 1365.

1356. Johan Gili, nommé vingt-quatre fois jusqu'en 1396. En 1357, il construisit un grand portail pour les ouvriers de la commune clôture, du côté de la rue du Courau. Le traité passé pour cet ouvrage, transcrit en langue laïque dans la charte latine, est un de nos documents les plus curieux par les détails de construction militaire (2). Ce portail doit avoir une tour ronde de chaque côté et une herse (*porta coladissa*). Le mur doit avoir six palmes d'épaisseur, des jouées en meurtrières (*gantals*), des archières, des piliers, des mâchecoulis et des merlets. L'appareil doit être cet appareil alterné que nous voyons constamment aux murs de Montpellier (*de cartiers et de cadascas*). Celui qui prendra l'ouvrage sera tenu d'avoir ses taillants, ses truelles, tous les fers et les échafaudages nécessaires à la construction ; il donnera bonne caution et devra faire bonne œuvre reconnue de maîtres peyriers. Les seigneurs ouvriers fourniront la pierre, la chaux, le sable et l'eau. On mesurera vide et plein. Le prix stipulé est de 60 sous petits tournois la canne carrée.

Gili construisit en 1366 une chapelle ajoutée à l'église de l'hôpital de Saint-Guillem, et fit plusieurs réparations à la maison claustrale qui en dépendait (3). Il ne reçut pas d'argent pour cet ouvrage ; mais on lui céda un vacant près du jardin de l'hôpital, dans une partie duquel fut élevée la nouvelle chapelle. Quelques années après, il fit quelques menues réparations au marché et à la fontaine de Saint-Bertomieu (4).

---

(1) Document XVII.
(2) Document XVIII.
(3) Document XX.
(4) *Libr. de la clavaria*, 1371.

En 1385, nous avons de notre peyrier un travail plus important. Il fut chargé par les ouvriers de Notre-Dame-des-Tables de revêtir toute la nef, ou les voûtes hautes de cette église, en bonnes pierres de Saint-Genieys (1). Le devis de cet ouvrage porte que l'on emploiera des cartiers de pierre ayant trois palmes de long, deux de large et un d'épais; que de chacun de ces cartiers on fera quatre dalles ou pierres plates, et qu'on les placera chevauchant l'une sur l'autre de deux bons doigts. Il faut, en outre, que les pierres recouvrant les nervures aient trois palmes de longueur, deux de largeur, et que les joints soient cimentés en bon mortier. Gili fit marché de cet ouvrage au prix de 3 fr. la canne carrée, ou 56 sous 3 den. tournois, le franc d'or pris alors pour 22 sous 6 den.

Enfin, en 1397, Gili figure encore le premier dans une expertise d'architectes avec Casanova que nous connaissons déjà, et Bosquet que nous trouverons plus tard (2). Il s'agissait, entre les consuls et les ouvriers de la commune clôture, de la reconstruction de la tour du palais. Les maîtres peyriers consultés déclarèrent, que l'ancienne tour existant au palais était tombée en ruine par défaut de fondement, et qu'il leur paraissait qu'il suffisait d'élever la nouvelle à la hauteur de trois cannes, y compris les machecoulis et les merlets, pour qu'elle fût comme l'ancienne. Ils ajoutèrent que, si on l'élevait plus haut, à partir de la dernière assise du mur, que les quatre assises placées sur la fenêtre qui a un jour direct sur le portail du Peyrou, ce serait plus dangereux que commode. Gili ajouta que, si on élevait la tour de plus de trois cannes, il faudrait faire une autre voûte à l'extrémité, ce qu'elle ne pourrait probablement pas supporter. Leur avis fut donc unanime, et l'acte en fut passé devant la tour même.

1356. Frances del Pueg.

1358. Arnaut del Pueg stipule aux statuts de 1365.

1360. P. Clemens adhère aux statuts.

1361. Johan Garnier adhère aux statuts.

1362. Johan Manizi.

Arnaut del Solier, nommé dix fois jusqu'en 1398.

---

(1) Document XXI.

(2) Document XIX.

1363. R. Solgras, renommé en 1366, 1370 et 1373.

Polinia.

P. Vaquier, renommé sept fois jusqu'en 1382, adhère aux statuts.

1365. Berengar Sivadel.

George Faynard.

Pierre de Fontaniel.

Jean de Combes.

Jacques Brolhet.

Johan Salvator.

André Ebrard.

Johan Molinas.

Johan Mayssan.

Les neuf peyriers précédents sont nommés comme parties dans les statuts de l'an 1365, mais ils ne figurent pas sur le registre consulaire. Les neuf suivants sont des adhérents aux mêmes statuts.

Pierre Talhard.

Guillaume Natal.

Johan Cassuolh.

Guillaume Bade.

Johan Castel.

Johan de Chaumont.

Johan Capelle.

Jacques Karole.

Pierre Malquier.

1365. Pierre Brunel. Cet artiste n'est pas de Montpellier, mais il a droit à une mention toute spéciale comme ayant rempli une fonction officielle que nous trouvons ici pour la première fois. Il était maître des œuvres royaulx de la sénéchaussée de Beaucaire et de Nîmes, dans la juridiction de laquelle Montpellier était placé. Il occupa cette charge sous les rois Jean et Charles V. Les archives de la préfecture de l'Hérault nous ont fourni deux titres le concernant. Le premier est une lettre royale de 1364, par laquelle Charles V le confirme dans la charge de maître des œuvres du roi, que Jean-le-Bon son père l'avait jugé capable d'occuper, et lui en conserve les gages et les émoluments (1). Le second est un devis que fit Brunel en 1369, pour la construction des portes et des murs de Villeneuve-lez-Avignon (2).

Quel voyageur descendant par les *vapeurs* du Rhône n'a admiré, aux approches d'Avignon, ces édifices militaires apparaissant sous des aspects si grandioses, variant à chaque sinuosité du fleuve, et dressant sous un beau ciel de Provence, des deux côtés de l'île verdoyante de la Bartalasse, leurs murs jaunes et dentelés? Au midi et sur la rive droite, où commence le Languedoc, l'œil est attiré surtout par une tour carrée, appareillée à bossages, munie de màchecoulis en ogive, surmontée d'une tourelle et d'une échanguette très-élevée. Plus loin, le mamelon sur lequel cette tour se détache est couronné par une enceinte de fortifications crénelées : c'est la tour et le fort de Villeneuve. Quoique le style des édifices militaires soit plus difficile à déterminer que celui des églises, et que dans leurs instructions MM. Merimée et Lenoir se soient prudemment abstenus de donner des divisions chronologiques bien précises, aucun antiquaire n'avait hésité à rapporter au XIVe siècle les murs de Villeneuve. Le document que nous publions servira de vérification; mais un intérêt plus puissant s'attache à ces constructions depuis qu'on en connaît l'architecte. Le devis de Brunel, que nous ne pouvons appliquer précisément à aucune des parties existantes de l'enceinte de Villeneuve, aujourd'hui complétement dénaturée, sert à les faire connaître toutes. Les dimensions, la forme et tous les détails d'une porte, d'une tour et d'un mur fortifiés, y sont amplement expliqués. Tout sera fait de pierre de taille *de fil esclapée*, et semblable à l'enceinte d'Avignon. Les portes, pratiquées dans des tours carrées, ayant deux cannes en tout sens, seront plus hautes que les murs de deux cannes. Les murs hauts de 5 cannes seront garnis de consoles (*boques*), d'une courtine (*avant-pieds*), de merlets et d'archières à bancs voûtées. A chaque angle formé par l'enceinte, et de 50 en 50 cannes, ils seront munis d'une tour carrée mascherolée, semblable à celle du portail. Entre chaque tour, il y aura en outre un pilier ayant 4 palmes de saillie portant une

(1) Document XXII.
(2) Document XXIII.

gaischière mascherolée dépassant les murs d'une canne. PIERRE FABRE, autre artiste du pays, se chargea de cet ouvrage au prix de 5 florins et un quart la canne carrée, pour les tours et les portails, et de 4 florins et quart pour les murs.

Au XIVe siècle, les Valois s'occupèrent beaucoup du Bas-Languedoc. Philippe VI, Jean et son fils le comte de Poitiers, Charles V et son frère Louis d'Anjou, vinrent fréquemment dans la province et séjournèrent le plus souvent à Villeneuve, que Philippe-le-Bel avait acquise du monastère de Saint-André ; ils y assemblèrent à plusieurs reprises les communes de la sénéchaussée. Il s'agissait pour eux d'assurer à la France la possession d'une province où ils avaient fait récemment de si importantes acquisitions, celle de Montpellier entre autres, de résister aux Anglais qui la menaçaient et l'avaient déjà envahie par plusieurs endroits, de tenir tête aux compagnies qui, à la faveur des désordres amenés par la guerre, désolaient les populations. La défense du sol, la fortification des villes sont la grande occupation de ce temps, *où on ne se fiait guère qu'aux murailles*, comme dit M. Michelet. Les villes de Languedoc, démantelées depuis les capitulations imposées par les vainqueurs des Albigeois, se fortifiaient de toutes parts : les murs de Toulouse étaient de 1346, ceux d'Avignon de 1361. En 1354, Jean, par un acte daté d'Avignon, ordonnait à son sénéchal de Carcassonne de faire travailler aux fortifications de tous les châteaux de sa juridiction (1). En 1360, le comte de Poitiers faisait visiter toutes les places de la sénéchaussée de Beaucaire avec ordre de les fortifier pour résister aux Anglais (2). Les bords du Rhône, limites de la France par le traité de Bretigny, furent surtout protégés comme plus exposés aux attaques des ennemis du dehors et du dedans. Nous savons maintenant par les lettres de 1369, que le roi confiait les ouvrages militaires à exécuter dans l'étendue de la sénéchaussée à un maître des œuvres. Cet artiste avait la surintendance de tous les ouvrages des villes faits aux frais du roi, avec les deniers donnés par son trésorier ou par le receveur de sa recette ordinaire dans chaque ville. A Montpellier, les réparations pour la construc-

---

(1) *Histoire de Languedoc*, IV, 282.
(2) *Ibid.*, IV, 304.

tion, les ornements, les meubles, et même les livres de la chapelle du palais, ne pouvaient être faites que sur l'ordonnance du maître des œuvres royaux ou de son représentant désigné par le gouverneur (1). Ainsi, lors des réparations faites au palais par les peyriers Satgier et Martelenas, que nous avons déjà citées, le trésorier du roi refusa de les faire exécuter avant d'avoir l'avis du maître de la sénéchaussée de Beaucaire, qui était alors précisément notre Brunel (2). Nous trouverons d'autres maîtres des œuvres du XVe siècle, rédigeant des devis de construction, et des peyriers de la ville portant le titre de lieutenant du maître des œuvres. Ils paraissent appelés toutes les fois que le receveur du roi ou les Etats fournissent au paiement de l'ouvrage. Nous pouvons donc regarder Brunel comme l'auteur, non-seulement des fortifications de Villeneuve, mais aussi des constructions militaires exécutées en Bas-Languedoc, dans ce même style, conforme à celui que les papes avaient adopté pour Avignon, comme il est marqué dans notre devis, et procédant d'Aigues-Mortes, dont les murs, commencés sous saint Louis, et sans doute par l'architecte qui le suivit en Palestine, Eudes de Montreuil, offraient le plus pur modèle. Ce sont des murs en appareil moyen et des tours carrées à bossages, munies de mâchecoulis en tiers point, retombant sur des boques ou des consoles à quatre degrés, percées de meurtrières en croix et d'archières carrées garnies de bancs latéraux. Telle est, en effet, la forme des tours et des murs du XIVe siècle, qui sont encore debout dans nos montagnes et sur nos côtes. La belle tour de Montmajor, près d'Arles, bâtie précisément en 1369, est du même genre. Le monastère de Saint-Germain, à Montpellier, élevé vers la même époque par Urbain V, et relié aux murs de la ville, offrait, dans ses murs extérieurs, un système tout pareil, comme on peut le voir encore à la muraille mascherolée qui reste entre l'Ecole de médecine et le portail de l'église, malgré les réparations barbares auxquelles elle a été soumise.

1366. Johan Bartolmieu.

1367. Johan Cueyas, renommé vingt-cinq fois jusqu'en 1419.

---

(1) Degrefeuille, *Histoire de Montpellier*, II, 254.

(2) *Lib. Consil.* 1363.

1368. Johan Maura, renommé trois fois jusqu'en 1392, adhère aux statuts.

1368. Johan Salvayre, consul six fois jusqu'en 1406.

1370. R. Boyer. Celui-ci ne fait pas partie des corporations de Montpellier. Il était de Clermont en Lodevois; il devait avoir une certaine réputation comme fontenier, car les consuls de mer le chargèrent de réparations assez considérables à la fontaine du chemin de Lates. Selon la convention et le devis qui ont été conservés (1), Boyer fit les conduits en pierre depuis le champ des héritiers de Guillem, apprêteur, et en suivant le côté gauche jusqu'au pont (appelé aujourd'hui des Aiguerelles) près des abreuvoirs. Il fit un arc nouveau sur lequel devait passer l'eau, et le long de ce pont l'aquéduc jusqu'à la tour de la fontaine qu'il récrépit et décora d'un griffon. Le prix fait pour les outils et la maîtrise seulement se porte à 60 florins, et il répondait de tous les accidents survenus par sa faute pendant 12 ans. Quelques mois après, le même peyrier construisait une voûte sous la tour, et revêtait trois chambres de l'aquéduc souterrain pour la somme de 36 livres tournois (2).

Cette fontaine, que nos contemporains ont vu couler, n'est pas tellement détruite qu'on ne puisse apercevoir encore le pont et l'aquéduc bâti par Boyer. On a pu pénétrer aussi dans plusieurs chambres pratiquées à différentes distances du cours souterrain de la source, aux environs de la Villa-Mion; elles sont voûtées les unes en plein cintre, les autres en croisée d'ogive (3). Leur importance prouve que cette fontaine était avant la construction de celle de Saint-Clément une des eaux principales qui alimentaient la ville. Les autres étaient la font Saint-Bertomieu, la font de l'hôpital Saint-Esprit ou du Pila-Saint-Giles, la font de Saint-Côme et la font Putanelle. Nous trouverons souvent la note des réparations auxquelles furent soumises les fontaines de Lates et de Saint-Bertomieu: celle du Pila-Saint-Giles, à laquelle on attribue généralement une origine

---

(1) Document XXIV.

(2) Document XXV.

(3) M. Vionnois, juge, membre de la Société Archéologique, possède un plan détaillé de cet aquéduc.

fort ancienne, ne fut découverte qu'en 1465. Nous avons retrouvé la licence donnée cette année-là par les consuls à deux habitants de la rue du pilier Saint-Giles, d'employer les pierres d'une ancienne fontaine du Pont-Juvénal à la construction d'une autre fontaine qui venait d'être découverte derrière l'hôpital du Saint-Esprit. La font Putanelle (*fons Putanella, aliàs Argenterii*) fut faite en 1444 et coùta 185 francs 12 sous. Son second nom lui vient, comme on sait, de l'argentier du roi, Jacques Cuer, qui l'avait fait construire ou restaurer, mais qui tomba en déconfiture avant de l'avoir payée, comme il appert de la requête d'un receveur des tailles de 1457.

1371. Pons Maystre, quatre fois consul jusqu'en 1390.

Johan Gualhart, sept fois consul de 1378 à 1405. En 1371, il répara la voùte de la claverie; peut-être même ne s'agit-il ici que d'un regrattage, délit qui n'est pas particulier, comme on voit, aux maçons de notre temps: *Repiquet la vouta de la clavaria* (1). En 1396, il travailla à la fontaine du chemin de Lates et à l'*esclafitorium* du Pont-Méjan (2).

1373. Duran Amilhau (*Demilhau*), nommé vingt-deux fois jusqu'en 1418, travailla avec Gualhart au moulin du Pont-Méjan.

1376. Johan Maguet.

1377. Johan Garnier, renommé en 1392.

1380. Johan Bosquet, Bosc (3), nommé dix-sept fois jusqu'en 1418. Cet artiste, que nous avons vu déjà assister à une expertise avec *Gili* et *Casanova*, et qui était certainement un de nos peyriers les plus habiles, construisit, en 1393, la flèche du clocher de Notre-Dame-des-Tables. Nous avons le traité qu'il passa avec les ouvriers de la fabrique, autorisés par les consuls et par le prieur de cette église (4). Ce traité contient un devis de tout l'ouvrage à exécuter : le peyrier démolira l'ancienne aiguille, et la reconstruira en plaçant d'abord huit pans (*lundas*) de bonne pierre de la

---

(1) *Libre de la clavaria*, 1371.

(2) Document XVI.

(3) Il est nommé *Bosquet* jusqu'en 1402; il perdit alors probablement son père, et prit sans diminutif son nom de famille *Bosc*.

(4) Document XXVI.

longueur de 12 palmes, d'une hauteur et d'une épaisseur convenables, assemblés avec de bons liens de fer. La hauteur totale de l'aiguille, à partir du pied des premières pierres de l'octogone jusqu'au sommet, sera de 12 cannes. La pierre sera prise dans la carrière de Pignan (carrière peu pratiquée aujourd'hui, mais connue pour la solidité de sa pierre), bien maçonnée et assemblée avec de bons liens de fer fixés au plâtre; on pourra cependant employer les pierres provenant de l'ancienne aiguille. Le peyrier pratiquera à cette aiguille huit fenêtres, une sur chaque pan, et placera au-dessus de chacune un des bas-reliefs de pierre (*ymagines*) existant dans l'ancienne aiguille, à moins que ces figures ne soient brisées dans la démolition; mais il lui est recommandé sur sa conscience de prendre toutes précautions pour qu'un tel accident n'arrive pas. Au XIVe siècle, l'âge de la bonne sculpture gothique était déjà passé, les tailleurs alors étaient généralement moins habiles qu'au XIIIe; ce n'est pas sans intérêt qu'on trouve, dans un devis de 1393, cette marque de considération pour les sculptures des plus anciens auteurs de Notre-Dame. Le devis porte encore que l'architecte placera à l'extrémité de l'aiguille une boule, et au-dessus une autre boule plus petite, et qu'il élèvera une assise de *cartiers* dans les deux fenêtres, où viendront s'appliquer les têtes des sommiers portant la grosse cloche. Johan Bosquet devait fournir les pierres, la chaux, le sable, le fer, le plâtre et la maîtrise; la fabrique fournissait les boules qui étaient certainement de métal. La charpente était l'ouvrage d'un autre ouvrier, d'un fustier, dont nous trouverons aussi le devis. L'ouvrage devait être fini dans huit mois, et on le payait 540 francs d'or.

Cette flèche ne resta pas long-temps debout. En 1412, dix-neuf ans après sa construction, le tonnerre y tomba, et les consuls la firent reconstruire par le même artiste. Le devis (1) porte qu'il enlèvera du clocher tout ce que la foudre a endommagé, c'est-à-dire trois ou quatre assises au-dessous de la cage (*gabia*) de l'aiguille, et plus si c'est nécessaire, et qu'il les reconstruira comme elles étaient auparavant, avec cette différence qu'il enlèvera la cage et ne la remettra pas, et qu'à la place des huit fenêtres qui étaient dessous, il n'en fera que quatre petites, assez grandes

(1) Document XXIX.

toutefois pour qu'un homme y puisse passer. Cet ouvrage lui était payé cent écus d'or; ensuite, et pour un autre prix fait de cent écus, Johan Bosc devait réparer les quatre ouïes *(auzidas)* du clocher carré que la foudre avait aussi endommagé, y mettre un bon appareil de pierres assez grosses pour que deux fissent l'épaisseur du mur, et, sur cette assise, placer un appareil appelé parpaing *(perpezaus)* ; enfin, pratiquer à chacune de ces ouïes une petite fenêtre par où la voix des cloches puisse être entendue. Ce traité était fait le 22 avril, et l'ouvrage devait être fini à la fête de la Magdelaine.

1381. Johan Aresquier adhère aux statuts de 1365.

Guillem Lop *(Loup)*, nommé onze fois jusqu'en 1405, travaille en 1396 au moulin de Pont-Méjan.

1382. Johan Duran, *aliàs Lenfan*, renommé en 1387 et en 1396.

1383. Huc Destrueiols, renommé en 1385.

Johan Molinas, renommé en 1387, 1391 et 1402.

1384. P. de Mostiers, nommé treize fois jusqu'en 1407. En 1403, il répara le pont de Castelnau. Nous avons un compte de dépenses se rapportant à cet ouvrage. Il ne relate aucun détail de construction intéressant; c'est pourtant un document utile pour établir le prix de la main-d'œuvre à cette époque. La journée de maçon valait alors 3 gros, la journée de manœuvre 7 mailles (1).

1384. Johan Mamer.

1385. P. Berengarii. Celui-ci n'est pas consul; il est cité dans le Livre des notes.

1386. Johan de Milhac, renommé en 1415.

1387. Johan Vaquier, renommé en 1403.

1388. P. Lecot.

1389. Johan Blaquier. Il est appelé en 1410 au conseil de ville.

1391. Bartolmieu Johan.

1393. Bartolmieu de Mostiers.

Raimond de Combis. Il n'est pas sur le registre consulaire;

---

(1) Document XXVII. — Il y a 16 gros au franc, 14 mailles au gros.

mais il figure comme témoin dans le devis de *Bosquet* pour la construction du clocher de Notre-Dame.

1396. Jacme Carles.

1398. Franc Fontanilhas. Il n'est pas consul ; c'était un peyrier de Viols, qui répara pour les consuls la manse de Caravètes dans le bois de Valène (1).

1399. Peire Girard, nommé cinq fois jusqu'en 1412.

Nous le voyons assister comme peyrier, et avec quelques autres artistes qui ne sont pourtant pas nommés comme lui, à une opération intéressante faite en 1410, pour s'assurer si l'eau de la fontaine de Saint-Clément pouvait être amenée à Montpellier (2). Ce fut un citoyen de Narbonne, Estève Salvador, niveleur *(anivelator)*, qui vint faire ce nivellement ; il se transporta jusqu'à quatre fois sur les lieux avec plusieurs peyriers et fustiers de Montpellier, et relata devant les consuls que l'eau de Saint-Clément pouvait arriver aux ouïes du parapet du clocher de Notre-Dame, qu'il en pouvait venir la quantité d'un palme et demi carré, et qu'il y avait de la source au Palais la distance de 5,000 cannes. Salvador reçut, comme honoraires pour cette opération, la somme de 9 livres tournois.

1400. Johan d'Assas. Il n'est pas sur le registre consulaire, mais on le trouve cité dans le Livre du notaire du consulat.

1401. Dionisi Satgier, nommé onze fois jusqu'en 1416. Il demeurait aux Carmes.

1402. Jacme Ayfre *(Aufre)*, nommé treize fois jusqu'en 1429. En 1402, il se chargea, avec son frère qui était fustier, de l'érection des barrières servant à la distribution du pain de charité le jour de l'Ascension. Cet ouvrage, qui se renouvelait tous les ans, coûtait 15 livres tournois (3). En 1427, il a le titre d'expert dans le métier d'argenterie, et il témoigne en cette qualité dans un procès fait aux argentiers.

1403. Johan Odet. Il est nommé seulement dans le Livre du clavaire pour une réparation faite à l'hôpital de Sainte-Marie (4).

---

(1) *Lib. not.*, 1398.
(2) Document XXVIII.
(3) *Liber not.* 1402.
(4) *Liber clavarie*, 1403.

1412. Johan lo Ajuran.

1413. Guillem de Casanova, renommé en 1417. Il demeurait au Poids-de-l'Huile.

1414. Fremin Cueyas (*Crueyas*). Il est nommé trente-sept fois et jusqu'en 1460 sur le registre des consuls. Nous ne connaissons pas beaucoup de travaux auxquels cet artiste ait été employé ; mais nous trouvons assez de traces de la longue carrière qu'il suivit pour juger combien elle fut honorable. En 1432, il reçoit 10 moutons d'or pour les visites faites cette année-là et l'année précédente à la tour de l'horloge alors en construction, et pour avoir ordonné le mode selon lequel elle était faite (1). Il est le premier d'une liste de peyriers qui, en 1446, firent une expertise sur le Pont-Juvénal qui menaçait ruine; cette expertise dura jusqu'en 1448. Plusieurs avis furent donnés : il est question d'abattre deux piles, de deux arches d'en refaire une seule, d'y planter des pilotis, etc. Nous renvoyons aux *Documents* pour les détails de ce travail (2). En 1450, Cueyas construisit un pilier à la maison du poids du blé (3). Il mourut en 1460 étant consul majeur, et le scribe du registre consulaire, qui avait si souvent porté son nom sur ses listes, s'est fait un devoir de mentionner sa mort et les belles funérailles qui lui furent faites: *A* XXVII *de septembre, anet daquesta vida en lautra lo s. Fermy Cueyas, e lendeman que fon dimergues fon soteirat a San Guilhem autorn tres horas apres miech jorn, et y feron al soteira* IV *s. consols et los obriers, et fon portat per las egleizas, so es Nostra Dona de Taulas et St. Firmin, et los s. consols y feron portar lo drap am* VI *torchas am las armas del consolat, e su lo dit drap avia las dichas armas, e los* IV *s. consols* 1 *obrier et lo notari del consolat tenien la man al drap quant lo portavan per villa* (4).

1415. Johan Rac.

1416. Johan Sadet, renommé en 1418. Il demeurait au Puits-des-Esquilles.

---

(1) Document XXX.

(2) Document XXXI.

(3) *Brevetus not.* 1450.

(4) *Registre dels senh. consols*, fol. 349.

1417. PEYRE BERNAT ALO, renommé en 1419 et 1420.

1418. PEYRE PITAU, renommé en 1433 et 1437.

ANDRIEU DEL FORN.

JOHAN LEGIER, renommé en 1425.

1419. JOHAN ADNURANT.

MATHIEU NOVETI, nommé dans le Livre du notaire.

1420. ESTÈVE DEL FORN.

ANDRIEU JULIAN.

URBAN GIRART, nommé sept fois jusqu'en 1438. Il fit partie des experts du Pont-Juvénal en 1446.

1423. THOMAS DE RAION, nommé six fois jusqu'en 1450.

1427. GUILLAUME PELET, nommé vingt fois jusqu'en 1468. Nous le trouvons sur une liste de peyriers convoqués au consulat en 1447, avec le titre de *lieutenant du maistre des obras*. De 1443 à 1461, il travailla à des réparations faites à la manse de Caravètes et à l'hôpital Saint-Eloi ; il assista à l'expertise du Pont-Juvénal, et fut chargé avec un autre peyrier de changer et de bâtir des setiers *(sesterals)* de pierre à l'orgerie antique de Montpellier (1).

1427. BERTRAND VITAL *(Vidal)*, *aliàs del Rosier*. Son nom n'est pas sur le registre des consuls, mais nous le trouvons attaché à deux travaux importants. En 1427, le tonnerre avait derechef ruiné en partie la flèche du campanile de Notre-Dame-des-Tables, celle-là même qui avait été reconstruite en 1390 et en 1412. Les consuls, jugeant sa chute imminente, firent publier au son de trompe, par la ville, l'adjudication du travail à faire pour la démolir jusques au pavé de la cage et la rebâtir suivant la teneur d'un devis qui s'est perdu.

Bertrand Vital se rendit adjudicataire de cet ouvrage pour le prix de 78 livres tournois (2). L'autre ouvrage de Vidal fut un ouvrage militaire. Les ouvriers de la commune clôture eurent recours à lui en 1443 pour une réparation des murs d'enceinte. La tour située derrière la cour du Sceau s'était écartée du mur de plus de deux pans et menaçait ruine. Vidal démolit

(1) *Lib. not. et cl.* — Document XXXII.

(2) Document XXXIII (1 et 2).

la tour, répara la brèche jusqu'à la hauteur du mur, et éleva au milieu un pilier de 6 pans d'épaisseur surmonté d'une échanguette semblable à celles du portail de Lates. Cette réparation fut payée, pour la main-d'œuvre seulement, 106 livres (1).

1429. JOHAN DE VILLIERS, *majer*.

JOHAN FERRANDO, *aliàs* PROFFAREM, nommé quinze fois jusqu'en 1458 et demeurant à Saint-Germain. Il fit partie des experts du Pont-Juvénal et travailla en 1453 à la fontaine de Saint-Bertomieu.

1432. YMBERT DE RAYON, renommé en 1444, 1447 et 1451, assiste à l'expertise du Pont-Juvénal.

1432. BLAISE CALMÈTE. Celui-ci n'est pas consul, mais il fut employé par les consuls à la construction d'une tour nouvelle, ajoutée à l'église N.-Dame-des-Tables, appelée la Tour de l'horloge. Il reçut d'abord 140 moutons d'or pour l'avoir élevée de 4 cannes au-dessus du massif, et puis 10 autres moutons pour 2 palmes et trois quarts de hauteur ajoutés. Les mesures furent déterminées par Firmin Cueyas. On avait employé à cet ouvrage de la pierre des carrières de Pignan et de Saint-Genieys, et de plus des pierres provenant d'une église de Saint-Blaise près du Lez, dont la destruction avait été ordonnée (2). Calmète fut aussi un des experts du Pont-Juvénal.

1434. PETRUS HOSPITALIS. (*Lib. not.*)

1435. JOHAN PLANTHE, nommé onze fois jusqu'en 1452. En 1436, il fit une expertise pour les consuls. Nous trouvons aussi son nom dans l'expertise de Pont-Juvénal, et dans un travail commandé en 1476 par les consuls qu'il exécuta avec un *Anthoni Tremolet*, peyrier qui n'est nommé que là ; il s'agissait de réparations assez considérables au pont de Castelnau. Le prix en fut de 94 livres (3).

1437. ANTHONI GUILHO.

1442. ESTÈVE GRASSIN, renommé en 1443, 1444 et 1445. Il fait un

(1) Document XXXIV.

(2) *Liber clavarii*, 1452.

(3) *Ibid.*

pilier à l'orgerie neuve, qu'on lui paie 5 livres 10 sous tournois (1). Il assiste à l'expertise du Pont-Juvénal.

1442. PEYRE VITAL, il n'est pas consul. Il travaille à des réparations faites au Pont-Juvénal en 1442 et à l'hôpital Saint-Eloi en 1443 (2).

1444. ANDRIEU BONICY, *demora a Santa Cros*. En 1452 et les années suivantes, il est employé à des réparations faites au mur de la ville. Nous donnons une des notes relatives à cet ouvrage (3).

1447. *Maistre* SYMON. Il n'est pas certain que celui-ci fût un artiste de Montpellier. C'était le maître des œuvres royaux de la sénéchaussée de Beaucaire et de Nîmes; il visita le Pont-Juvénal, et rendit une ordonnance sur la nécessité de sa reconstruction partielle, qui est un véritable devis plus explicite encore que l'expertise des peyriers de Montpellier au sujet du même pont, que nous avons déjà donnée (4). Le nom de famille de ce maître est laissé en blanc sur notre livre. Son prénom, semblable à celui d'un peyrier de Montpellier souvent cité, pourrait faire croire que c'est le même artiste qui figure ici comme maître des œuvres, et dans nos registres comme consul. Cependant, comme le premier n'est cité qu'une fois et que le second ne porte jamais le titre de maître des œuvres, on ne peut guère les confondre. Le devis rédigé en français indiquerait aussi un artiste étranger à Montpellier. Quelques années après, nous trouvons le maître des œuvres cité pour avoir accompagné les consuls et les ouvriers, dans une visite qu'ils firent aux tours et aux portails, pour juger de la nécessité de leur réparation; mais cette fois son nom n'est pas donné.

1447. ANDRIEU FLORENTI.

JOHAN POLINET,
LE PETIT PEYRE,
JOHAN DE LION,
JOHAN DORLHEANS,
JOHAN DE BERRY.

} Ces noms ne se trouvent que dans un billet de convocation pour l'expertise du Pont-Juvénal.

---

(1) *Ibid.*
(2) *Ibid.*
(3) Document XXXV.
(4) Document XXXVI.

6

1448. JACQUES LONGRE travaille à des réparations à l'hôpital Saint-Eloi.

1450. JOHAN MANUEL.

1452. ESTEVE BISSAT travaille aux remparts. (*Brevetus not.*)

1453. JACQUES CYPRIAN travaille à des réparations faites à l'hôpital Saint-Jaume.

1454. SIMON GUILHAMINOT, *Guilheminot*, nommé vingt et une fois jusqu'en 1489. Nous connaissons de ce maître un ouvrage important : c'est une réparation au clocher si souvent refait de Notre-Dame-des-Tables. Elle lui fut adjugée, en 1471, à l'extinction de la chandelle, pour le prix de 400 liv. tourn. D'après le prix fait, on doit commencer la réparation à la souche (*soque*), au-dessus du beffroy (*bauffroy*), et placer des encastres composés de quatre sommiers, au bout desquels seront placées des barres de fer traversant la muraille et serrées au-dehors avec des clefs. On mettra ensuite en état le premier plancher et on rejointoiera toutes les parois. Arrivé à l'aiguille, le peyrier placera trois encastres à sommiers croisés attachés aussi avec des clefs de fer; on bâtira tous les trous et toutes les fentes de l'aiguille à l'épaisseur des cairons actuels, et on remettra les crochets (*bordes*) en leur premier état. Enfin, au pied de la cage, on remettra à neuf les pierres plates qui la soutiennent et les balustrades (*barandas*) qui les garnissent (1). Dans les deux années qui suivent, nous trouvons Guilheminot employé à des travaux faits aux murs de ville et au Pont-Juvénal. A la même époque, il figure dans deux expertises qui prouveraient si cela ne résultait pas déjà des documents rassemblés ici, que nos peyriers étaient réellement des architectes, les seuls architectes du temps. La première fut faite en 1472 avec un autre peyrier, Jaume Bosquet, que nous rencontrerons bientôt, sur un ouvrage d'un de leurs collègues que nous aurons aussi à enregistrer, une vis alors en construction à Notre-Dame-des-Tables (2). La seconde, en société avec le peyrier Nicolas Marie, eut pour objet de visiter des travaux faits au Pont-Juvénal : ils vérifièrent l'état des ouvrages et prescrivirent plusieurs dispositions, afin que

---

(1) Document XXXVII.

(2) Document XXXIX.

leur exécution fût conforme au prix fait qui avait été imposé, comme de compléter le parapet et de placer des gardes-fous à la tête du pont (1).

En 1478, Guilheminot exécuta quelques petits travaux à la maison de Moliége et à une tour près du portail de Saint-Giles (2). En 1493, nous le trouvons encore donnant son avis au sujet d'une fenêtre que les consuls voulaient faire à Notre-Dame, et dont il sera question plus tard.

1454. PEYRE BON VAYLET, renommé en 1458, 1459 et 1461.

1455. JAUME BOSQUET, nommé seize fois jusqu'en 1484. Il demeurait à Sainte-Croix. Dans l'expertise de la vis de Notre-Dame, où il figure avec Simon Guilheminot, il prend le titre de lieutenant du maître des œuvres. L'année même de cette expertise, il répara la contre-escarpe des fossés, trois arcs et les merlets du mur de ville, entre le portail du Peyrou et celui de Saint-Guillem. Le prix fait et les reçus du clavaire portent à la somme de 80 livres ce travail, qui fut, comme tous ceux de cette époque, obtenu après criée publique et à l'extinction des feux (3).

En 1470 et 1473, il fut employé aux travaux du Pont-Juvénal. En 1478, il fit de nouvelles réparations aux murs de ville du côté des portes du pilier Saint-Giles et de la Blanquerie, et la même année il fut employé avec d'autres peyriers aux travaux faits à Notre-Dame pour changer l'autel majeur et réparer la chapelle majeure. Les divers reçus du clavaire portent ces réparations à la somme de 24 liv. 7 s. 6 d. pour les ouvrages de maçonnerie seulement; nous verrons que beaucoup d'autres ouvriers y furent employés.

1456. P. REGI.

1457. JOHAN LAMBERT, renommé en 1462 et 1463.

1459. PEYRE RANIER, *aliàs de Fores*, nommé onze fois jusqu'en 1482. Il travailla avec *Bosquet* au Pont-Juvénal, au mur de ville et à Notre-Dame. En 1478, il reçoit du clavaire 25 livres pour de nouvelles réparations qu'il avait faites seul aux murailles. Il fut fidéjusseur de *Copiac* pour l'ouvrage de la vis de Notre-Dame.

---

(1) Document XXXVIII.
(2) *Lib. clav.*
(3) *Lib. not. et clav.* 1472.

1460. JOHAN DEL PRAT, renommé en 1465 et 1476. Il fit quelques petits travaux à l'hôpital Saint-Eloi.

1460. GILE MERCIER. Son nom ne se trouve que dans le Livre des notes.

1461. ANTHONI DAVID.

PEYRE AGULHON, renommé en 1475, 1480 et 1481.

JOHAN COLHART, *aliàs de Lorrena*, travaille à Caravètes.

GLAUDE ALERI.

1462. JOHAN CHANCEAU, *aliàs lo Negre*, *aliàs lo Majer*, renommé en 1470. Il travaille au Pont-Juvénal en 1473. Il fut caution de *Copiac* pour l'ouvrage de la vis de Notre-Dame.

1463. GILIBERT MERCHANT, nommé seulement dans le Livre du notaire.

1464. JOHAN DE SAVOYE.

ESTÈVE D'AOST.

1465. JOHAN VALOPELIER (*Velipelieira*, *Valpelières*), *aliàs dAlvernhe*, renommé en 1472. Il figurait déjà en 1460 sur le registre consulaire, sous le simple titre de *compaignon*. On voit par là que les compagnons arrivaient quelquefois au consulat de leur métier.

1469. PEYRE COPIAC, nommé onze fois jusqu'en 1493. C'est un de nos bons maîtres du XVe siècle. Il fut employé comme un grand nombre de peyriers du même temps aux réparations du Pont-Juvénal de 1470 et 1473, qui coûtèrent 190 livres tournois. On lui doit deux ouvrages célèbres de ce temps : la flèche du clocher de Saint-Firmin et la vis de Notre-Dame. Le premier fut obtenu, après criée publique et adjudication à l'extinction de la chandelle, au prix de 880 livres tournois. Il fut exécuté en 1471, sur un devis d'où nous tirerons quelques détails (1). Le peyrier est tenu de réparer la souche du clocher, assez bien pour qu'elle puisse porter l'aiguille qu'on doit y élever. Il doit renforcer les coins et donner aux contreforts l'épaisseur de la muraille, au lieu de deux fenêtres n'en faire qu'une, et cela à tous les étages. Il doit charpenter cette souche en façon d'éperon avec de bons sommiers de bois bien ferrés, y pratiquer un escalier montant jusqu'au plus haut du carré de la souche avec les balustrades nécessaires, la couvrir, la paver et y faire une balustrade à claire-voie. Copiac devra en-

(1) Document XL.

suite élever l'aiguille de la hauteur, de l'épaisseur et en la forme de celle de Notre-Dame-des-Tables, avec les sculptures et les gargouilles nécessaires, semblables à celles de Notre-Dame. Il pratiquera au-dedans de cette aiguille deux étages de bons sommiers et traverses, avec les escaliers suffisants pour monter au plus haut, et placera enfin au sommet la cage et la pomme de la même forme qu'à Notre-Dame, et par-dessus la croix qui lui sera baillée.

Nous connaissons moins bien l'ouvrage de la vis de Notre-Dame-des-Tables; le prix fait ne comportait pas tant de détails. Il n'y est question que de la vis pour monter à l'horloge et du couvert de la voûte avec les balustrades nécessaires (1). La somme est de 319 livres tournois. Cette construction, exécutée en 1472, au flanc de l'église du côté de la loge ancienne, donna lieu à une expertise dont nous avons déjà parlé. On rapporta aux consuls qu'elle pourrait bien entraîner la chute des murs du côté où elle était bâtie, de la tour de l'horloge et d'une partie de la voûte. Les consuls ordonnèrent qu'elle serait visitée par plusieurs bourgeois ouvriers de l'église, et par Jacques Bosquet et Simon Guilheminot, peyriers experts. Ceux-ci, après avoir visité l'ouvrage, assurèrent qu'il ne pouvait résulter aucun danger de sa construction (2).

Nous savons que Copiac travailla encore en 1478 avec ses compagnons à la chapelle de Notre-Dame-des-Tables, et en 1480 aux escammes des fossés; mais nous n'avons que quelques quittances pour ces ouvrages.

1470. VIDAL MIQUEL.

IMBERT GRAND. Ce peyrier était venu du diocèse de Gap s'établir à Montpellier, et il fut employé à une réparation assez considérable de la fontaine de Saint-Bartolomieu. Le devis ne contient pas de particularités à signaler, si ce n'est peut-être l'obligation qui lui est imposée de poser de distance en distance des pierres marquées des armes du consulat, afin qu'on puisse suivre l'aquéduc souterrain et le réparer au besoin (3).

---

(1) Document XLI.
(2) Document XXXIX.
(3) *Brevetus not.* 1470.

1470. Johan Marco. Il n'est pas consul à Montpellier, mais nous voyons qu'il fit deux arcs de pierre au portail de Lates.

1472. Peyre Martin, *aliàs de Lyon*, renommé en 1476 et 1477. En 1476, il bâtit la muraille près du portail de Montpellieret. En 1486, il reçoit 10 livr. pour des réparations diverses à Notre-Dame et ailleurs.

1472. Vidal Rodilh travaille au mas de Caravètes (1).

1473. Anthoni Plombieira.

1474. Johan Floquet.

Glaudo de Laudon.

1475. Peyre Borgonhon *(lo Borgonhon)*, nommé dix-sept fois jusqu'en 1498. Il dirige comme maître d'œuvre, exécute comme maçon, ou visite, comme lieutenant du maître des œuvres au pays de Languedoc, de nombreux ouvrages en construction à la fin du xv° siècle. Nous citerons les principaux : en 1478, 1491 et les années suivantes, il fut préposé à des réparations exécutées à Notre-Dame-des-Tables, aux tours et aux portes de l'enceinte, à des hôpitaux et à des fontaines de la ville. Les travaux considérables exécutés pendant ces années furent payés du produit de la *blanque*, impôt particulier sur le sel, établi par lettres-patentes du roi depuis 1470 ; ils sont consignés dans un livre spécial des quittances du receveur de cet impôt. On y voit figurer tous les ouvriers, fustiers, serruriers et surtout peyriers qui y furent employés. Ces quittances, passées toujours au nom du chef d'atelier, portent le salaire du maître maçon à 5 sous par jour, celui des simples maçons à 3 sous 9 deniers (2), et plus tard à 4 s. 2 d. : ce dernier prix fut établi en avril 1493. Borgonhon était venu déclarer aux consuls qu'il ne pouvait plus trouver des maçons pour besogner aux murailles, sinon au prix de 4 sous ; ceux-ci, après s'être informés du salaire que l'on payait ailleurs, et considérant, en outre, que les jours du mois d'avril étaient les plus grands de l'année, se résignèrent à payer le prix demandé (3).

Les travaux de Pierre Borgonhon à Notre-Dame furent principalement des

(1) *Lib. clav.*

(2) Document XLII.

(3) Document XLIII.

chapelles, des autels, un tabernacle et des travaux de restauration. Aux murailles, ils consistèrent à adouber les pieds-droits et les voussures de plusieurs portes, et à poser en plusieurs endroits les armes du roi et de la reine. Les devis qu'il dressa en 1492 et 1494, comme lieutenant du maître des œuvres, des réparations à faire aux murailles de la ville, sont beaucoup plus détaillés que les simples quittances où nous puisons les renseignements qui précèdent. Mais nous avons assez insisté sur les fortifications de Montpellier pour n'y pas revenir. Nous pourrions citer encore plusieurs ouvrages où il fut employé, comme le Pont-Juvénal, le pont de la fontaine de Lates; des contestations sur des constructions où il figura en qualité de juré, des services dont il fut chargé pendant plusieurs années, tels que l'entretien des fontaines de Lates et de Saint-Bertomieu; nous nous bornerons à comprendre dans nos documents les deux visites des portes et des tours de la ville, dans lesquelles il assista les consuls avec quelques autres peyriers et fustiers (1). Ces pièces compléteront la revue que nous avons faite, au point de vue de l'art, de l'enceinte gothique de Montpellier. On y verra confirmé ce que nous avons dit de l'état de délabrement où cette enceinte était arrivée à la fin du xve siècle; mais il ne tint pas à nos maîtres des œuvres qu'elle ne fût rétablie dans son ancienne force.

1475. Nicolas Marie, nommé treize fois jusqu'en 1499. Dès 1470, les consuls le firent travailler, d'abord à un bureau, sous l'escalier du consulat et aux bancs de pierre contre l'église Notre-Dame; puis au Pont-Juvénal, au couvert de Notre-Dame, et à un autre ouvrage qui indique qu'il n'était point un maçon ordinaire, le bénitier de Notre-Dame. Lorsque cette église, compromise peut-être par la construction successive de tours et de flèches, eut besoin d'être consolidée par des contreforts, Nicolas Marie fut le chef de cette œuvre, et reçut le salaire ordinaire des maîtres, 5 sous par jour (2). Il est ensuite employé comme architecte, et reçoit, en 1493, 30 sous pour ses visites à Notre-Dame, à la maison du consulat et ailleurs. Les années suivantes, il exécute à prix fait, et pour 200 liv., la chaussée *(peyssieira)* du Merdanson; il fait une voussure au

(1) Document XLV.
(2) Document XLVI.

portail de Lates; il assiste, comme P. Borgonhon, aux visites de l'enceinte et à plusieurs expertises; il travaille avec lui, et aussi comme maître, au clocher de Notre-Dame (1); il est, enfin, comme lui chargé, pendant plusieurs années, de l'entretien des fontaines de Lates et de Saint-Bertomieu. Ce service était payé 3 liv. par an. En 1493, les consuls faisaient réparer à Notre-Dame le mur de la chapelle Saint-Blaise, du côté de la Petite-Loge; ils consultèrent cinq maîtres maçons pour savoir si on ne pourrait pas, sans dommage, pratiquer une fenêtre ou verrière pour donner jour et clarté sur l'autel de Saint-Blaise. Nicolas Marie fut le premier de ces maîtres et donna un avis favorable à la réparation (2).

1477. Glaudo Azart.

Johan Blanc, *aliàs* d'Auvergne.

1479. Peyre Bodran, *demore a la Valfere.*

Johan de Banes, *demore en lostal de maistre Peyre del Palays, peyrier.* Ce *Peyre* est Pierre Borgonhon qui demeurait, en effet, au Palais, et Johan de Banes était son apprenti.

1480. Anthoni Marie.

Pierre Losguillon.

Anthoni Tonnelier, travaille à la fontaine Saint-Bertomieu.

1481. Mondon Borgonhon, nommé six fois jusqu'en 1501. Ces Borgonhon, peut-être frères, sont certainement venus de Bourgogne à Montpellier; mais ils y sont si bien établis et y ont si bien travaillé, que nous pouvons bien les prendre comme nôtres. Celui-ci moins célèbre que Pierre est pourtant connu comme ayant travaillé au portail des Carmes, au pont des Augustins que le Merdanson avait emporté, et pour avoir *adoubé la croix de pierre appelée la croix des Aumassargues, au chemin allant de Montpellier à Saint-Marcel.* Ce dernier ouvrage fut payé 1 livre 10 sous (3). Il travailla aussi à N.-D. en 1479, il répara le toit que les figuiers avaient envahi, et, en 1482, il fit pour 30 sous une fenêtre de pierre à la chapelle majeure où se plaçait le corps du Christ (4). Consulté pour la fenêtre de

---

(1) *Livre des quittances, etc.*

(2) Document XLVII.

(3) *Livre des quittances*, 1493, 1495.

(4) *Lib. clav.*

Saint-Blaise, Borgonhon fut d'avis de ne pas faire la réparation : c'était peut-être par respect pour l'ancienne décoration.

1482. Pierre Laban, autre élève de Borgonhon et demeurant chez lui.

1483. Jehan de Cormon, aliàs de Paris, nommé cinq fois jusqu'en 1498. Cet artiste n'était pas encore consul de son métier et était sans doute nouvellement établi à Montpellier, quand il y obtint, en 1472, après criée et sur adjudication, la construction de la sacristie de N.-D.-des-Tables. Le prix fait, la criée et le devis de cet ouvrage (1) forment un spécimen complet du mode d'entreprise des ouvrages publics de Montpellier, mode qui avait surtout pour but, alors comme aujourd'hui, d'obtenir les conditions les plus économiques, mais qui n'excluait pas aussi complétement sans doute la beauté. Ce devis contient, au milieu de quelques détails qui nous révèlent l'élégance de l'architecture flamboyante, un grand nombre de coupures et des suppressions de piliers qui prouvent que le vandalisme n'est pas un symptôme particulier à notre temps. On doit remarquer, à la décharge des artistes de Montpellier, que Cormon n'était qu'un fils adoptif de la ville. Il était venu de Paris ajouter un peu brutalement à la vieille église l'appendice dont aucune église ne se passait alors. Le même prix fait comprend le renouvellement des neuf degrés par où l'on montait du plan du consulat à l'église. L'ouvrage entier fut payé 65 livres 12 sous et 6 deniers. On sait quelques autres travaux de Jehan Cormon : en 1491, il reçut 25 sous *pour avoir parfait les armes du roi, lesquelles doivent être mises sur les murailles ;* en 1492, il fit un contrefort au consulat. Il fut aussi l'un des maîtres consultés sur l'opportunité de la verrière de la chapelle Saint-Blaise, et comme Nicolas Marie il opina pour le changement.

1485. Bernard Desmazes, nommé huit fois jusqu'en 1498. Il fut l'un des maitres-maçons le plus souvent employés aux réparations de Notre-Dame-des-Tables depuis 1479, soit à journées, soit à prix fait. Une des quittances indique qu'il travailla en 1491 à la grande verrière. Un prix fait porte qu'il se chargea, pour 31 livres 5 sous, d'une grande réparation au

(1) Document XLVIII.

couvert de la même église, qui était en dalles de pierre (1). Il travailla aussi aux parapets des fossés et à la fontaine de Saint-Bertomieu.

1485. Laurens Laurens.

1486. Guilhaume Cremasies *(Cremailher, Cramoissy, Cremanoc, etc.)*, nommé cinq fois jusqu'en 1492. Il travaille aux murailles.

1486. Peyrot Bousquet.

1488. Ponset Compte.

1489. Peyre de Banon.

Guillet Mossart, *serviteur de Me Borgonhon.*

1490. Bertolomieu Robert, compagnon, renommé en 1500. Il travaille sous P. Borgonhon aux murailles du Peyrou, à N.-D. et au portail de Montpelliéret. Il loue *les cordes et les poulies qui ont servi faisant les arcs de nouvellement faicts en léglise Nostre Dame et les bastiments faicts tant au cousté de lautier N. D. qui git que du cousté de lautier de Saint Pierre et de Saint Marcel.*

1491. Jehan de Laudo, compagnon.

1491. Guillaume Macabre. En 1490, il travailla, en même temps que Nicolas Marie, et comme chef d'atelier donnant les quittances pour lui et ses compagnons, à la construction des contreforts de Notre-Dame-des-Tables; en 1493, il fut employé aux murailles avec P. Borgonhon.

1492. Jehan Duplés.

Vidal Trencat. Il figure dans les travaux de la fontaine Saint-Bertomieu et des murailles du *boulevart du portal neuf de Saint Jaume.*

1494. Jehan de Seraux, *aliàs* de Berry, consul 18 fois jusqu'en 1523.

Anthoni Ribaton, renommé en 1500 et 1503. Consulté dans l'enquête de la verrière de Saint-Blaise, il opina pour qu'on ne la fît point.

1495. Anthoni Paris. Il fut un des soumissionnaires des ouvrages du Pont-Juvénal.

1497. Etienne Macabre.

1500. Mathieu Laze. Ce peyrier, le dernier de notre liste, est encore consul en 1527. En 1495, il passa *quittance de la somme de* vi *livres tournois pour prix fait à lui baillé pour maçonner lung des costés sur la nau*

---

(1) Document XLIX.

de léglise Nostre Dame pour fere la couverture dicelle. Ce ne fut qu'un à-compte ; il y a d'autres reçus pour le même ouvrage.

En étudiant les devis et les prix faits des trois grands ouvrages d'architecture auxquels la commune fit travailler : l'enceinte, le consulat et Notre-Dame-des-Tables, nous avons regretté plus d'une fois que ces devis ne fussent pas accompagnés de plans. Plus d'un détail de construction, resté obscur dans nos *Documents*, en aurait été éclairci. Les procès-verbaux des notaires du consulat, quelquefois si minutieux et si prolixes, ne supposent point ces plans. Une fois seulement ils parlent du dessin de la bannière des peyriers commandée au peintre Le Tengart, et une autre fois de la *notice* d'un portail (1). Le plus souvent, les consuls qui ordonnent l'ouvrage, se bornent à désigner un édifice connu comme modèle : c'est ainsi qu'ils prescrivent à Casanova de faire le campanile du consulat semblable à celui des Frères-Mineurs, et à Copiac de se conformer dans la construction de la flèche de Saint-Firmin à celle de Notre-Dame-des-Tables. Nous avons vu aussi le maître des œuvres Brunel indiquer comme modèle des murs de Villeneuve les murs d'Avignon. Nous croyons cependant que les maçons gothiques ne se passaient pas de plans ; mais, tracés sur des murs ou sur papier par le maître de l'œuvre, ces plans n'étaient connus que des ouvriers ; les coupes et profils restaient cachés dans le corps de métier comme un produit de méthodes secrètes, et préservés avec jalousie des regards profanes. Ces dessins ne reçurent aucune publicité, et l'on ne doit pas s'étonner qu'il en soit si peu venu jusqu'à nous. On ne connaît guère que les épures tracées en grand sur les dalles de la cathédrale de Limoges, les palimpsestes de Reims et les dessins sur parchemin de la cathédrale de Strasbourg. Il n'en a été publié qu'un seul à notre connaissance, celui de la chapelle du Saint-Lait à Reims. Cette circonstance nous a engagés à joindre à ce mémoire, d'ailleurs tout local, l'élévation d'un portail flamboyant, *fac simile* d'un dessin original sur vélin trouvé à Paris parmi de vieux papiers (2). Quand on regarde de loin l'ar-

(1) Document LI.

(2) *Voy.* la planche ci-jointe : M. Vionnois, à qui ce dessin appartient, a bien voulu en permettre la publication.

chitecture exubérante du XVe siècle, il semble qu'un tel fouillis de ciselures ne pouvait être que l'effet du caprice de chaque ouvrier. Long-temps on a cru que l'ordre du gothique fleuri n'était que du désordre. Le dessin que nous publions montre clairement ce que les amis de l'art gothique, aujourd'hui si nombreux, savaient bien déjà, la patience, la délicatesse et la pureté avec lesquelles cet art était étudié ; on y voit aussi avec quelle habileté les architectes gothiques se servaient du compas et de la règle pour tracer ces *orthographies* et ces *scénographies* dans lesquelles ils combinaient l'*eurythmie* (1) d'un édifice. D'autres pourront relever le mérite graphique et géométrique de ce dessin ; nous ne voulons qu'en faire ressortir le mérite esthétique, remarquer l'humilité des moulures horizontales, la finesse des petites bases prismatiques, l'élancement de tous ces petits fûts, l'élégance de ces lobes multiples, de ces pinacles et de ces crochets. L'œil peut à peine suivre les nervures entrecroisées de cette arcade composée, où les diverses courbes ogivales, la courbe en anse de panier, la courbe en tiers point et la courbe à talon se combinent avec tant d'harmonie ; mais on s'arrête avec complaisance sur ces consoles et ces dais des voussures pour admirer l'infinie variété de leur découpure. Il faut presque les regarder à la loupe pour apercevoir que le tracé de leurs lobes et de leurs fleurons varie à chaque membre. Quelques personnes ont cru, en voyant le contour en perspective des bases, que ce dessin n'était que la reproduction d'un monument et non un projet d'artiste. A nos yeux, cette circonstance, ainsi que le relief des crochets et des dais, n'indique que la fantaisie de l'artiste voulant ajouter à l'effet de son dessin. Les distances des filets toujours exactement rendues, l'intersection des moulures et des détails saillants des voussures, le soin infini de mille petits traits indiquent, sans qu'il puisse y avoir lieu d'hésiter, une composition inspirée sans doute par quelque monument, mais originale, et un dessin exécuté d'après les règles propres non écrites et non publiées de l'architecture gothique. Il resterait à savoir par qui et pour quel édifice ce dessin fut tracé. Il porte pour toute indication : *A. D. Cest un desseing de la face dun*

(1) Termes empruntés à Vitruve par Vincens de Beauvais (*Speculum doctrinale*, *lib.* XI, *cap.* 14).

portal des Carolles au dessus des vitres et du pignon avec leurs enrichissements, ceste feuille cousue avec celle marquée B. C. Nous apprenons seulement par-là que c'est une feuille détachée d'un projet d'église, contenant un portail latéral extérieur, des chapelles autour du chœur plus haut que le transept. Le mot *Carolles,* du latin gothique *carola,* prend, dans les phrases citées par Ducange et Charpentier, divers sens dont le plus vulgaire est *chorea, danse.* Il nous paraît qu'il faut y voir, dans l'architecture gothique, cette suite de chapelles qui entourent le chœur, comme un *chœur* de vierges chantant les louanges de Marie (1), ou dans lesquelles il est enchâssé comme une pierrerie dans son *chaton* (2). D'après cette interprétation, notre portail devait être placé à l'endroit du chevet qu'occupe à Notre-Dame de Paris la porte rouge.

FUSTIERS.

Vincens de Beauvais, définissant l'armature une des subdivisions de la mécanique, y comprend l'architectorie, qu'il divise en maçonnerie et charpenterie (3). La science associait dans l'art des constructions les charpentiers et menuisiers aux maîtres de pierre, et nous les trouvons associés aussi dans les échelles des corporations de Montpellier. Dans les élections pour la commune clôture, qui se faisaient au moyen de cinq rouleaux *(rutlons)*, dont un désignait l'ouvrier nommé, trois de ces cinq rouleaux étaient dévolus aux fustiers comme formant une corporation plus nombreuse, et les deux autres aux peyriers : c'est pour cela que nous avons trouvé leurs noms confondus pendant les premières années de la rédaction du Thalamus des ouvriers.

Quelle que soit à nos yeux l'importance de la fusterie gothique, à laquelle on doit les belles charpentes de nos anciennes églises, les hardis beffrois auxquels les architectes les plus classiques n'ont pu refuser leur admiration, les poutres sculptées des vieilles maisons, et tant de travaux

---

(1) *Dictionnaire de Jean de Garlande*, verbo *Chorea*, publ. par M. Géraud, dans *Paris sous Philippe-le-Bel.*

(2) *Gloss. ad script. med. lat.* verbo *Carola.*

(3) *Speculum doctrinale, lib.* XI, *cap.* 13.

de petite cognée, dans les huches et les bahuts, si recherchés aujourd'hui, nous nous dispenserons de donner ici la nomenclature de nos fustiers. Cette corporation très-considérable comprenait plusieurs confréries habitant divers quartiers de la ville; leur catalogue fournirait plusieurs centaines de noms. Nous laisserons aussi de côté les différents statuts de leur métier, dont nous avons rencontré des rédactions en 1514 et en 1581 (1). Nous nous bornerons à en donner la version la plus ancienne et à mentionner quelques-uns des travaux qu'ils exécutèrent à Montpellier.

Les statuts des fustiers, rédigés en 1304, sont les plus anciens que renferment nos archives et en même temps les plus concis (2). Pierre Massilhan, Guillaume Ferrier, Berenger Martinenq et Raimond Marsial, fustiers de Montpellier, consuls de la fusterie du portail du Peyrou et du portail neuf, ordonnèrent ces statuts qu'on nomme vulgairement *qarta dels escolas de la qaritat*, et cinquante-quatre fustiers habitant au même quartier y souscrivirent. Considérant la grande aumône qui se célèbre le jour de l'Ascension sous le nom de *charité*, et voulant contribuer de toutes leurs forces à son accroissement, ils imposent à tout maître recevant un écolier pour lui apprendre le métier de fusterie, une contribution de 5 sous; les fils de maître en sont seuls exempts.

Les fustiers, habitant principalement près de deux portes de la ville, le portail du Peyrou par où arrivaient les bois de montagne, et le portail d'Obilhon ou de Lates par où arrivaient les bois par la voie d'eau, avaient souvent besoin, pour l'entrepôt de leurs bois, des fossés de l'enceinte; ils figurent souvent aussi dans les transactions avec les ouvriers de la commune clôture. Nous ne citerons ici que celles qui ont quelque rapport avec leur art.

En 1248, les fustiers du portail d'Obilhon traitent avec la commune clôture pour la construction d'un portail contre la tour et à côté de la porte d'Obilhon. Il s'agit ici, en effet, d'un portail latéral; ils doivent le faire assez élevé pour que les bêtes de somme et les charrettes chargées de poutres et de pierres puissent passer et entrer dans le fossé, sans en-

(1) Manuscrit provenant de la bibliothèque de l'évêque de Mirepoix.

(2) Document L.

dommager la tour ; il sera formé d'un arc plein cintre, avec un linteau de bois. Ils construiront, en outre, sur le passage voûté *(buada)*, bâti dans le fossé et qui va du mur à la tranchée, une muraille en pierres de taille, avec des piliers hauts de 10 palmes. Ces ouvrages seront soumis à la décision du maître de pierre qui donnera le plan *(noticia)* pour la construction du portail. Pour subvenir aux frais de cet ouvrage, on établit une taxe temporaire sur les matériaux que les fustiers pourront entreposer dans les fossés : poutres carrées *(cairatus)*, bille *(billonus)*, planches et solives *(jazena)* (1).

Pierre Salvanh, fustier, traite, en 1363, pour la construction du toit de l'hôpital de Sainte-Marie, au faubourg de Lates (2). Ce devis indique que nos charpentes gothiques n'étaient guère plus élancées qu'aujourd'hui et ne formaient pas pignon sur la rue, comme dans le Nord. Il n'y est question que des tirans, des chevrons et du sommier, pièces très-simples qui composent nos charpentes domestiques ; mais on y marque que les soliveaux doivent dépasser le mur, être revêtus dans cette partie de planches peintes en blanc et en noir, et même sculptées en feuilles. Le prix fixé est de 6 livres 5 sous tournois la canne carrée. En 1367, le même fustier reçoit du consulat 20 florins d'or pour les bois de la porte qui est au haut de l'escalier de la maison consulaire, et pour ceux du balcon au-dessus des voûtes de l'entrée (3).

Pierre d'Ayric, fustier en 1363, fait marché avec les consuls et le prieur de Notre-Dame-des-Tables pour la confection d'un tour à sonner la grande cloche du campanile de cette église. Il pratiquera des engins de bois, au moyen desquels la cloche, dont le mouvement exigeait la force de cinq ou six hommes, pourra être sonnée facilement par un homme ou deux tout au plus. On lui paie cette machine 60 florins d'or (4).

Durant Fabre exécuta, en 1393, la charpente de la flèche de Notre-Dame-des-Tables, que nous avons vu relevée par Jean Bosquet. Le devis

(1) Document LI.
(2) Document LII.
(3) *Lib. not.* 1367.
(4) Document LIII.

du charpentier (1) n'est pas moins curieux que celui du peyrier; et si la question du bois employé dans les charpentes gothiques est encore controversée pour un grand nombre de cathédrales, on verra qu'à Montpellier le chêne blanc avait toujours la préférence. Notre fustier doit faire venir le bois de Quillan (c'est une ville du département de l'Aude, connue par les épaisses forêts qui l'environnent), ou de Nyson. Si l'on eût voulu du châtaignier, il eût été plus facile de le faire venir des Cévennes où il était très-commun. Il emploiera six fûts de chêne blanc, bons et sains, coupés et équarris pendant la lune vieille d'octobre, ayant au moins 5 cannes 3 palmes de long. Les deux chênes qui porteront la grosse cloche auront au moins 2 palmes de tout côté, et les quatre autres, 2 palmes de haut et un palme et demi d'épais. Nous n'analyserons pas ce devis, qui reproduit plusieurs détails que nous avons déjà trouvés dans celui des maîtres de pierre relatif à la construction du même clocher; remarquons seulement qu'il y est encore question des bouts de sommiers portant *candelas* et *empazas* et soutenant les gros sommiers où s'enchâssent les cloches, et rapprochons-le d'un article du devis du peyrier, qui présentait quelque obscurité, celui où il était question de faire *voyrimenta lampadarum capitonum saumenorum que exhibunt extra parietem taliter quod capita dictorum saumenorum non possint balneare*. Nous avons d'abord cru qu'il s'agissait de bouts de poutre dépassant le mur, abrités de la pluie et propres à porter un système d'éclairage extérieur destiné aux illuminations de certaines solennités, système usité encore dans quelques églises (2); mais il paraît plus simple d'y voir décrit en termes de charpente, dont la signification est devenue obscure, l'assemblage de poutres horizontales et verticales au milieu desquelles sont disposées les cloches. Le prix de cette charpente fut de 100 francs d'or.

Pierre de Puy construit, en 1402, pour les ouvriers de la fabrique de Notre-Dame-des-Tables, un encastre de bois pour la sonnerie *(sceni-*

(1) Document LIV.

(2) Gariel parle encore du phare qui, avant les guerres de religion, brillait sur l'aiguille de N. D. (*Idée de la ville de Montpellier*, 2e part., pag. 15.)

derium) des cloches du campanile (1). Le prix de cet ouvrage, stipulé plus tard, est de 425 livres.

Johan Ayfredi fit pour les consuls, en 1419, divers ouvrages dont le mémoire signé de lui contient quelques particularités. Ce sont, d'abord une charpente en chêne, assemblée à tenons et mortaises, et montée au moyen d'une grue au clocher de Notre-Dame; ensuite diverses tables portées à la Salle-l'Evêque pour l'assemblée des Etats qui y fut tenue par le dauphin fils de Charles VI, et une clôture en planches du lit de ce prince (2).

Symon Domenjot fit, en 1461, une chapelle de bois dans l'église de Saint-Germain, pour la célébration des obsèques du roi Charles VII. Ce catafalque fut fait dans la forme décrite et dessinée sur un papier qui fut mis sous les yeux du menuisier. Il devait élever sur quatre pieds arrondis une chapelle faite à la manière d'une voûte de pierre ou d'une *longière* arrondie et croisée dans le milieu à une certaine hauteur. On lui paya pour cet ouvrage 21 livres tournois. Mais, après la cérémonie, les consuls, aussi bien que le sacristain et les religieux de Saint-Germain, voulurent que cette chapelle restât dans le monastère pour en perpétuer le souvenir, et ils payèrent, les consuls 3 livres 10 sous, et le sacristain 2 livres 10 sous, à Domenjot pour les bois qu'il avait employés. Un autre fustier, Micquel Canorgua, travailla pour la même cérémonie. On paya à celui-ci 16 livres tournois, tant pour la chapelle de bois que pour la bière et pour les bois disposés au chœur de l'église pour placer les cierges (3).

Nous pourrions citer encore plusieurs menuisiers employés par le consulat : Pierre Colombier, qui fit un tour pour la grosse cloche de N.-D. (4); Johan Huym, qui fit un parquet et des fenêtres à la salle du palais où s'assembla le parlement (5); Bertrand de Fenera, qui fit l'affût *(cavalet)* de deux couleuvrines ou serpentines (6), et un grand

(1) *Lib. not.* 1402.
(2) Document LV.
(3) Document LVI.
(4) *Lib. not.* 1454.
(5) *Ibid.* 1467.
(6) *Lib. clav.* 1472.

nombre d'autres ouvriers employés aux réparations de N.-D.-des-Tables ; PIERRE SALES, qui fit les portes de la vis (1), les formes *(cathedras cum suis marchepieds)* et les torcheres *(tenedors de torches)* dans la chapelle majeure (2); JACQUES VIGUIER, qui changea le tabernacle de l'autel de Saint-Michel, arrangea le buffet d'orgues (3). Nommons enfin JOHAN PASCALIS, qui fit en 1498 les bancs de chêne pour les consuls (4); P. AUGIER, qui fit les boiseries pour les armes du consulat ; et JOHAN DE BALMES, qui fut l'un des fustiers le plus souvent employés aux réparations de la fin du XVe siècle.

Mais le fustier le plus considérable de ce temps est certainement BERAUD CALHIER. Depuis 1468 jusqu'à la fin du siècle, il fut chargé d'un grand nombre d'ouvrages de charpente aux tours (5), au Pont-Juvénal, à la Grande-Loge, à Notre-Dame-des-Tables. Dans plusieurs de ces travaux, il est même maître de l'œuvre et fournit les engins nécessaires à la construction. Une fois il reçoit 1 liv. 10 sous pour ses visites aux murs, aux églises et aux fontaines de la ville. Il paraît, enfin, que l'office de maître des œuvres n'appartenait pas toujours à un peyrier: car, en 1493 et dans la démarche qui fut faite auprès des consuls pour l'augmentation du salaire des maçons, Beraud Calhier est nommé avant P. Borgonhon, et porte le titre de *maistre des œuvres es baronies de Montpelier et Homelas.* C'est la seule fois cependant où nous voyons l'art de la charpenterie prendre le pas sur celui de la maçonnerie. Il ne paraît pas que ce titre de maître des œuvres ait survécu à la renaissance : à la fin du XVIe siècle, l'architecte chargé avec plusieurs maçons et menuisiers de Montpellier d'une expertise des constructions de Notre-Dame, est qualifié *ingigneur pour le roy en Languedoc* (6).

En voilà assez sur nos charpentiers. Les termes spéciaux dont ils se

(1) *Lib. clav.* 1475.
(2) Document LVII.
(3) Document LVIII.
(4) *Lib. clav.* 1491.
(5) Document LIX.
(6) Pièce manuscrite de 1595, N° 19 de la liasse G du Cabinet doré.

servent dans leurs devis seront donnés ailleurs (1). Il ne faut pas oublier, en interprétant ces termes de charpente, qu'il est question de combles plats et surbaissés, portant des tuiles creuses, qui ont toujours été usités dans nos pays, et qui sont plus facilement rapprochés des descriptions de Vitruve que des combles à la Mansard des architectes modernes. On doit d'autant plus le remarquer, que l'usage de ces charpentes, voulues par le climat, n'imposant aux toits qu'elles supportent qu'une très-faible inclinaison, est certainement une des causes principales du peu de développement qu'a reçu dans le Midi l'architecture ogivale.

PEINTRES, IMAGIERS, VEYRIERS, VITRIERS, ETC.

Après la maçonnerie et la charpente, nous pouvons maintenant placer ces professions, qui se rangeaient alors après l'architecture et concouraient si bien par leurs ouvrages de détails à la prospérité de l'art du moyen-âge. L'humble place qu'occupent les peintres et les sculpteurs dans les annales de Montpellier, la rareté des ouvrages venus d'eux, et la foule d'ouvriers au milieu desquels nous les trouvons mêlés, ne doivent pas influer sur l'estime à prendre pour leurs travaux, sur le rang à donner à leur nom. Nous savons aujourd'hui que l'inspiration partie de l'Eglise et largement comprise par le peuple arrivait alors jusqu'aux derniers travailleurs, et que le plus mince ouvrage de bois ou de métal participait de cette beauté qui rayonne à sa plus haute puissance dans une nef ogivale.

Sept noms de peintres seulement ont pu être recueillis par nous pour le XIIIe siècle, dans le *Mémorial des Nobles*, le *Grand Thalamus*, le *Livre noir*, et dans les chartes particulières de nos archives :

1201. BERNARDUS, *pictor*.
BARTOLOMEUS, *pictor*.
1207. PONTIUS, *pictor*.
1224. GUILLELMUS, *pictor, qui vocatur Gillimonus*.
1254. NICHOLAU, *penheire*.
THOMAS, *penheire*.

(1) *Voy.* le glossaire des termes d'art employés dans nos *Documents*.

1270. Raimund de Rinac, *pictor*. Une donation de cet artiste nommé ici *R. Dernihac, penheire*, est citée dans un inventaire du Thalamus des ouvriers, sans date, mais qui peut être rapporté à la fin du XIIIe siècle.

1293. Guillelmus de Mirabello, *pictor*.

Petrus Sabbaterii, *veyrerius*.

Nous pourrions ajouter à ces artistes un certain nombre de Limousins établis à Montpellier, et désignés dans les censives du *Mémorial des nobles* et du *Livre noir;* mais bien qu'il nous paraisse probable qu'il s'agit des artistes qui y faisaient l'ouvrage de Limoges, comme le titre d'émailleur ne suit aucun de ces noms, nous nous sommes fait scrupule de les consigner ici. On sait pourtant que Montpellier fabriquait alors en grand nombre ces peintures incrustées sur métal, aux reflets métalliques, aux couleurs chatoyantes dont l'éclat fait pâlir les œuvres plus correctes de Léonard. Ces ouvrages figurent souvent sur les inventaires des trésors de nos églises, et nous verrons plus tard nos argentiers en fabriquer aussi. Les historiens de Languedoc (1) ont mentionné une ordonnance de 1317, relative à une manufacture d'émail en or et en argent établie à Montpellier; malgré toutes nos recherches, il nous a été impossible d'en retrouver le texte, et d'y puiser quelques renseignements sur une fabrique que nous ne connaissons que par cette citation.

Nous avons un plus grand nombre de noms et quelques documents de plus sur les artistes des siècles suivants; mais nous sommes forcés de réunir ici des arts divers, comme ils sont réunis dans nos *Documents*. Ce sont d'abord quelques imagiers. On appelle ainsi *ymaginatores, ymagerarii*, les sculpteurs taillant sur bois et sur ivoire des statues, des bas-reliefs religieux, et même des ustensiles de luxe domestique, comme drageoirs, coffrets, etc., objets, il est vrai, presque toujours coloriés. Avant la gravure et l'imprimerie, qui distribuent aujourd'hui si facilement les images dont se repaît le goût public, c'étaient les figures taillées du Christ et des Saints qui remplissaient le même rôle, et les imagiers se chargeaient de les fournir aux églises les plus riches aussi bien qu'aux demeures du pauvre. Dans le *Livre des métiers* d'Etienne Boileau, les *ymagiers et tailleres* de crucifix, de

(1) *Hist. gén. de Languedoc*. IV, 167.

manches à couteau, etc., étaient exempts de guet et de taxe, *quar leurs mestiers napartient a nulle ame fors que a sainte yglise et aus princes et aus barons et aus autres riches homes et nobles* (1). C'est peut-être pour un motif semblable qu'ils ne sont pas mentionnés dans le livre de la commune clôture qui était le guet de Montpellier; ils ne figurent même pas dans le registre consulaire, ou ne s'y trouvent que sous le titre de peintres. Seulement dans le xve siècle et dans les livres de charité nous verrons nommer les tailleurs d'images. Après les imagiers paraissent les peintres et les veyriers. Le registre des consuls, où nous sommes réduits à puiser des noms isolés, porte de 1353 à 1355 des consuls pour les peintres et des consuls pour les veyriers à l'échelle du dimanche. A dater de 1356, on y trouve joints les vitriers. Les veyriers ont alors leurs consuls séparés à l'échelle du jeudi, mais ils cessent de figurer au commencement du xve siècle. Cet art était alors tout-à-fait tombé à Montpellier. Nous apprenons, en effet, par une ordonnance d'union de la charité des merciers et chandeliers de suif, de 1410, que les veyriers se réunirent alors à cette charité, parce que le métier des veyriers se composait d'un seul membre et ne pouvait faire charité, *attendut que en loffici de veyriés non y avia mays una persona et per se non podia far caritat* (2).

Il n'est pas toujours facile de fixer exactement les attributions des trois métiers ainsi réunis, peintres, veyriers et vitriers; les statuts et ordonnances de leur réception et de leur charité, qui nous sont restés, sont loin de donner à cet égard tous les renseignements suffisants.

Les statuts des veyriers de Montpellier sont de 1365 (3). Les consuls de métier de cette année les rédigèrent d'après d'anciennes coutumes consignées dans des écritures authentiques qui avaient été brûlées dans un incendie récent, et les stipulèrent en présence des consuls pour tous les veyriers qui voudraient y adhérer. Il y est ordonné que quiconque voudra lever un laboratoire de veyrier paiera, pour son entrée, aux consuls de la charité 10 sous tournois, et que tout maître ou chef de maison paiera

(1) *Livre des métiers*, p. 157.

(2) Titre séparé dans la bourse du *Lib. not.* 1410.

(3) Document LX.

chaque année 2 sous 2 deniers. Aucun habitant de Montpellier ne peut étaler du verre hors de sa maison, ni en transporter par la ville, excepté dans la semaine précédant la Noël, temps pendant lequel on peut en étaler sur la place de la maison consulaire. Aucun maître ou apprenti veyrier ne peut porter par la ville de verre garni de paille ou de foin. Les autres clauses sont relatives à l'observation des fêtes, à la cérémonie des funérailles des maîtres et à la bonne tenue des comptes de l'œuvre. Cette année et les suivantes, plusieurs veyriers adhérèrent à ces ordonnances. En 1368, on y ajouta une clause portant à 5 sous la contribution des vendeurs de verre ambulants, avec faculté aux consuls majeurs de modérer cette somme, selon leur conscience, pour ceux qui, par pauvreté, ne pourraient pas les payer. Les veyriers avaient associé à leur charité les chandeliers de suif, qui ajoutaient à leur industrie la vente du verre en détail : c'est principalement eux que regardent les clauses des statuts sur cette vente ambulante, interdite, comme on voit, aux maîtres et apprentis veyriers.

Bien que ces statuts ne nous apprennent rien sur la pratique de l'art de la verrerie, la distinction qui y est établie entre les maîtres travaillant le verre et les marchands, indique qu'il faut prendre les premiers pour des ouvriers habiles, pour des artistes fabriquant ces bouteilles légères aux formes originales, aux couleurs mêlées, ces gobelets sveltes, ces hanaps ciselés, ces miroirs taillés en biseau et tous ces objets fragiles qui, par leur rareté et leur élégance, paraissent dignes aujourd'hui de figurer dans nos collections de curiosités. Les plus beaux produits de cette fabrication, que l'on n'imite aujourd'hui qu'à grands frais, s'intitulent verres de Venise; mais on en faisait certainement dans plusieurs de nos villes, et Montpellier, dont les relations directes avec Venise sont connues, n'avait pas été la dernière à lui emprunter cette jolie industrie. Ces objets sont désignés dans nos leudes et péages des XIIIe et XIVe siècles : *veyre obrat*, *veyre de miralhs*, *veyre de vieyrial*, etc. L'usage des ustensiles de verre était, du reste, si restreint à la fin du XIIIe siècle, que Le Grand d'Aussy (1) a remarqué qu'il n'est pas question de bouteilles dans les inventaires de cette

(1) *Hist. de la vie privée des Français*, 1792, tom. III, pag. 185.

époque ; elles étaient pourtant bien connues ; le rôle de la taille de Paris, en 1292, nomme un fabricant de bouteilles. Quoi qu'il en soit, si ce ne sont pas là encore les peintres sur verre, nous les trouverons certainement parmi les vitriers, qui ne forment qu'une charité avec les peintres, et qui sont aussi appelés souvent *veyriers*.

Les vitriers seront singulièrement relevés à nos yeux, si nous les considérons comme fabriquant ces vitraux plombés et coloriés qui formaient le plus bel ornement de nos églises et décoraient d'une manière fort élégante les manoirs particuliers. On sait d'une manière certaine que les vitriers gothiques pratiquaient la peinture sur verre. Le dernier de nos vieux peintres de vitraux, qui a écrit l'histoire de son art quelques années avant la Révolution, Le Vieil, nous dit que, de son temps encore, *quoique les maîtres vitriers portent le titre de peintres sur verre, ils ne s'adonnent plus à ce genre de peinture qui immortalisait leurs pères et anoblissait leur état ; ils sont presque tous restreints à pratiquer la vitrerie* (1). Il constate ainsi, par les traditions d'un art qu'il voyait s'éteindre sous ses yeux, les titres des vieux vitriers à la considération. Nous ne devons plus nous étonner de trouver qu'ils avaient avec les peintres des statuts communs (2).

Les statuts des peintres et des vitriers sont rédigés et stipulés en 1400 par le consul particulier de l'office des peintres, et par douze autres peintres ou vitriers, toujours pour la gloire de Dieu, l'accroissement de l'aumône et de la charité de l'Ascension, et pour la procession. Tout maître tenant boutique paiera 4 sous 4 den. par an ; tout valet prenant des gages, 2 sous 2 den. L'apprenti paiera d'entrée 5 sous. Tout maître aura dans sa boutique une boîte fermée à clef, sur laquelle seront peints des pinceaux en couleurs fines pour insignes du métier, et où se mettra le Denier-Dieu que donnent les personnes faisant faire quelque ouvrage. Les clefs de ces boîtes seront entre les mains du consul, qui les ouvrira la veille du jour où la charité doit se célébrer. Les guirlandes (*garlandas*) d'argent, qu'on a coutume de porter (3), ne seront jamais portées par quelqu'un du métier,

---

(1) *Art de la peinture sur verre et de la vitrerie*. Neufchâtel, 1781, in-4°, p. 356.

(2) Document LXI.

(3) Il s'agit ici sans doute des fleurs d'argent que les ouvriers portaient à leur

mais seront converties à la charité. Les fouaces, qu'on a coutume de donner, ne seront pas données avant d'être appliquées à l'aumône. Quant à la procession du jour de la Sainte-Hostie, tout maître, fils, frère et neveu de maître, âgé de 14 ans, et tout valet recevant salaire de 6 fr. et plus, devront s'y rendre avec leur torche. Quiconque y manquera paiera une amende de 5 sous, à moins qu'il ne soit malade, ou en prison, ou dehors pour ouvrage. Quand un maître, la femme, le fils ou la fille d'un maître, ou même un valet, viendront à mourir, tous les maîtres, jeunes hommes et apprentis seront tenus d'accompagner le corps à la sépulture, et au retour, les parents à leur maison.

Cinquante ans plus tard, des métiers ayant encore quelque rapport avec les peintres et les veyriers, employés comme ceux-ci à la décoration des églises, aux meubles de luxe, aux vêtements sacerdotaux, et dont l'art s'inspirait des mêmes traditions gothiques, s'alliaient officiellement avec eux. Nous avons un acte d'union de la charité des brodeurs, tapissiers, chasubliers, peintres et veyriers, rédigé en 1458 (1). Dix ouvriers pris dans ces divers métiers, deux brodeurs, quatre peintres, deux tapissiers, un chasublier et un veyrier, s'intitulant *maistres de lart de brodaria, pincturaria, tapissaria et veyraria*, stipulent, comme à l'ordinaire, devant les consuls et dans la maison du consulat, pour la gloire de N. S. Jésus-Christ omnipotent, la glorieuse Vierge Marie, sa mère, saint Luc, évangéliste, et toute la Cour céleste, et pour l'avantage de la charité de leurs métiers, des ordonnances à peu près semblables à celles que nous avons déjà transcrites, avec cette injonction de plus : que tout maître et compagnon doivent, le jour de l'Ascension, accompagner le pain de leur charité depuis l'endroit où on le prend jusqu'à celui où on le met en tas.

Une contestation survenue en 1495 nous apprend aussi comment ces divers métiers défendaient avec jalousie leurs prérogatives : *Sur la question estant a cause des caritats entre les pinctres, veyriers, tapissiers, brodayres et penheyres dune part, et ung apellé Ardol tixeran de toylles qui se entre-*

---

boutonnière les jours de solennité, des rubans fleuris dont se parent encore aujourd'hui les compagnons.

(1) Document LXII.

mettoit fere bancals avec ramages ainsi qu'il a apparu par exhibicion dudit bancal, a esté appointhe par les seigneurs consuls payeroit tant qu'il s'entremectroit de fere les dits bancaulx a ramages et autres touchans lart de tapisserie a la caritat des dits pinctres et tapissiers dix den. tornois (1).

Enfin, en 1495, et sur les livres particuliers des consuls de métiers, où depuis 1416 on trouve écrits les noms des consuls de chaque échelle devenus trop nombreux pour figurer sur le registre général, nous voyons s'ajouter modestement à l'échelle du dimanche, à la suite des peintres, veyriers, tapissiers et chasubliers, les batteurs de feuilles *(oripelliers)* et les tailleurs d'images.

Il nous reste à écrire soigneusement les noms de ces artistes.

1302. Laurentius Sabbaterii, *veyrerius.*

1331. Jehan Alaman, *ymaginator.* Il porte ce titre dans une charte, mais dans le registre des consuls on le retrouve avec le titre de *penheire*, appelé quelquefois *Lalaman.* Il est porté huit fois de 1354 à 1388, et sa demeure est indiquée *en l'Agulharia.* Le même nom revient en 1413. On doit voir là, nous le croyons, deux artistes du même nom, peut-être le père et le fils, pour ne pas prolonger la vie du premier au-delà du terme ordinaire.

1331. Henri Alaman, *ymaginator.* C'était une famille d'artistes venue sans doute d'Allemagne, comme son nom l'indiquerait. La charte où nous trouvons son nom n'a malheureusement rien de relatif à son art. En 1365, nous avons aperçu encore le nom de Jehan ; mais c'est seulement pour un emprunt qu'il avait fait sur quarante florins d'or que lui devaient les consuls (2).

1331. Johan de Vergi, *veyrerius* (charte).

1342. Jo. Bichia, *veyrerius* (3).

Jo. Borgondionis, *pictor* (4).

1353. *Maystre* G. de Grabels, *penheire*, consul de son métier. Le

(1) *Lib. not.* 1495.

(2) *Ibid.*, 1365.

(3) *Memorialia not.*, 1342.

(4) *Ibid.*

titre de *maystre*, prodigué plus tard à beaucoup d'ouvriers, est, dans les premieres années du registre, réservé aux peintres; les autres noms sont précédés de la simple particule *sen*.

1353. Daude Versobs, *penheire*, nommé encore en 1361.

Johan Blanc, *veyrier*.

An. Olier, *veyrier*, nommé de nouveau en 1359.

1354. Miquel de Florenssa, *penheire*, renommé en 1359 et 1368. Voici un artiste italien; ils sont assez rares parmi nos ouvriers pour que nous le remarquions. Vasari cite au nombre des élèves de Giottino, mort comme on sait en 1359, un *Michelino*. Giotto qui était resté de 1305 à 1316 à Avignon, où il avait été amené par Clément V; ses élèves continuèrent à y être attirés par la cour des Papes; Giottino y exécuta plusieurs ouvrages. Est-ce une conjecture trop hasardée que de faire de notre consul le *Michelino* même de Vasari ?

1354. Johan Gervays, *veyrier*, consul encore en 1357, 1358 et 1368. Il figure en cette qualité aux statuts de 1365. Il est appelé une fois Gervays-le-Gros.

1354. Hugo de Bossargues (*Huc*, *Huguet*), *veyrier*, nommé six fois jusqu'en 1392.

1355. Guillaume Cotel, *veyrier*, renommé en 1362 et en 1377, assiste aux statuts.

1355. Johan Costa, *veyrier*, renommé quatre fois jusqu'en 1380.

1356. Guillaume Ratif (1).

Guillaume Bergonho.

1357. Frances Rey, *penheire*. Cette année-là il peignit les dossiers (*tradossas*) et fit les armoiries (*senhals*) des stalles neuves du consulat. En 1370, il fit les écussons aux dossiers de la loge du consulat (2).

1358. Firmin Abelha, *veyrier*.

1359. R. Orguelh, *veyrier*, consul de nouveau en 1366, adhère aux statuts en 1368.

---

(1) Ceux dont nous ne donnons pas la profession figurent sans désignation à l'échelle des dimanches et sont ou peintres ou veyriers, ordinairement le premier peintre et le second veyrier.

(2) *Libre de la clavaria*, 1357, 1370.

1360. Guiraut Gaucelme *(Gaucelin)*, *veyrier*, consul huit fois jusqu'en 1393, assiste aux statuts de 1365.

1360. Jacme Gualaup, *penheire*, nommé quatre fois jusqu'en 1391. Il peignit pour le consulat, en 1357, des armoiries et des torches (1).

1360. P. Fabre, *veyrier*, consul huit fois jusqu'en 1390, adhère aux statuts. Il demeurait *à Saint-Jac.*

1361. Johan Rey, réélu en 1366.

G. Michel, *veyrier*, réélu cinq fois jusqu'en 1392.

P. del Boys, *veyrier*.

1362. P. de Copiac, *vitrier*. Il servit de caution à Le Tengart d'Avignon, qui peignit, comme nous avons vu, la bannière des peyriers.

1362. Johan Abelha, *veyrier*, *à Saint-Anna*, renommé en 1371.

1363. Daude delz Orts, *à Saint - Salvayre*, consul cinq fois jusqu'en 1384.

1363. Johan Blanquier, *veyrier*.

Hugo Simon, *veyrier*, consul de nouveau en 1366, adhère aux statuts de 1365.

1364. Gili, *à la peyra*.

G. Ressonel, *veyrier*.

1365. P. Godard, *penheire*, revient en 1369, 1374 et 1383.

Hugo Johan stipule, comme consul des veyriers, les premiers statuts; renommé en 1369.

1365. Guillaume Abelha jeune. Johan Costa.	Ceux-ci ne sont pas dans le registre consulaire, mais figurent aux statuts des peintres et veyriers.

1367. Bartolomé Robiac, *ymaginator*. Il fut caution pour le peintre d'Avignon, Le Tengart, qui fit la bannière des peyriers.

1370. Laures Guitard, *veyrier*, renommé en 1374 et 1376.

1377. Peyre Gauthon, consul six fois jusqu'en 1417, figure dans les statuts de 1400. Il peignit en 1390 un rétable et un escabeau pour l'église Saint-Jacques. Cet ouvrage ne dut pas paraître exécuté suivant les conditions; car deux autres peintres, *Johan Lingue* de Montpellier et *Johan de*

(1) *Libre de la clavaria*, 1357.

Juviac du diocèse de Laon, habitant Avignon, intervinrent comme experts et décidèrent que Gauthon sera tenu de peindre les cimaises de l'escabeau en or bon et fin, d'enlever les étoiles peintes sur le rétable et l'escabeau, de peindre de nouveau ces meubles couleur de bon azur d'Acre, passée sur l'ancien azur, et de les parsemer de nouveau d'étoiles en or bon et fin. Le peintre recevra pour ce supplément de travail deux francs d'or (1). Le prix de l'ouvrage entier n'est pas rappelé, et nous n'avons pas retrouvé l'acte du traité primitif.

1377. Ancelin Molinier, *veyrier*, consul de nouveau en 1382 et 1388.

1378. R. Mandino, *veyrier*.

1380. P. de Vernede, renommé en 1386 et en 1421.

P. Guadert.

Duran Perolet, *veyrier*, renommé en 1384.

1381. Heliet Chalma, *veyrier*.

1382. Raimon Martelenas, *penheire*, *en l'Argenteria*, figure aux statuts de 1400; consul de nouveau en 1416 et 1420; membre du conseil de ville en 1423.

1382. P. Lampreza (*Lampadis*), *veyrier*, renommé en 1387, 1390 et 1393.

1386. Mondon lo Trimeleur, *veyrier*.

1387. G. Galhart, *penheire*, partie aux statuts de 1400, témoin dans une note en 1402.

1390. B. de Versobs, *penheire*. Il était de Pont-de-Camarès, diocèse de Vabres, et quand il s'établit à Montpellier on l'affranchit des tailles pour trois ans (2).

1400. Michel Johan, *penheire*, stipule comme consul les statuts de cette année.

1400. Johan Lingue. Nous l'avons vu figurer dans l'expertise d'une peinture de Gauton.

1400. Johan Gualaup, *à la Saunaria*, consul pour les peintres et veyriers en 1415.

---

(1) Document LXIII.

(2) *Lib. not.* 1390.

1400. Bernard Popian.

Peyre Cabassut, *à Latas*, consul en 1417.

Johan Fizas, *en l'Argentaria*, consul en 1414, 1418 et 1420.

Johan Micalhet.

Bernard Fanabregol, *à la Saunaria*, appelé comme *pictor* dans le conseil de ville en 1410; consul en 1415.

1400. Johan Raimond.

Dominique Terrissa.

Les onze noms qui précèdent figurent dans les statuts de 1400 comme peintres ou veyriers.

1412. Hugonin Brodador, *peyntre*. C'est le même artiste sans doute que nous retrouvons, en 1416 et 1421, sous le nom de *Hugonin Petit lo brodayre*.

1414. Guillem Triador, renommé en 1419.

1416. Albertus de Drea de Pefore, *en la Fabraria*.

1417. Henriet, *gendre de* Martelenas.

1421. P. Vernet, *peyntre*.

1443. Guillaume Bladnovel, *scriptour de lettra formada*, écrivain de lettre formée. C'était comme beaucoup de scribes gothiques un miniaturiste. Les consuls lui firent exécuter les armes du consulat sur un livre qu'ils venaient d'acheter (1). Cette même année, ils restaurèrent un des plus beaux livres de nos archives, le *Mémorial des nobles*, et firent peindre sur un de ses feuillets leurs armes. Cette jolie miniature, où l'écu d'argent au tourteau de gueules, sceau du consulat, paraît inscrit dans un quadrilobe pointu, et porté par deux anges à robe d'argent, à ailes polychrômes, d'une expression charmante, sur un champ rouge, treillissé, fleurdelisé d'or et encadré de fins arabesques, est certainement l'ouvrage de Bladnovel. Nous pouvons donc compter notre scribe au nombre des bons miniaturistes du XVe siècle. Il était certainement de Montpellier, car nous trouvons son nom plusieurs fois, et jusqu'en 1472, inscrit sur les livres du clavaire, mais non pour des travaux d'art. Notre artiste n'était pas riche; les consuls lui payèrent pendant plusieurs années, comme à beau-

(1) Document LXIV.

coup d'autres ouvriers de Montpellier, la nourriture d'un de ces enfants abandonnés dont l'entretien retombait à la charge de la ville, et qui figurent chaque année si nombreux dans les dépenses de la claverie sous le nom de *bâtards du consulat*. Nos chefs d'atelier prennent encore quelquefois, comme apprentis, des enfants de l'hôpital. Bladnovel apprenait certainement à celui qu'il avait recueilli l'art qu'il pratiquait avec tant de succès.

1443. Johan Beulaygua. C'était encore un écrivain, mais moins connu que Bladnovel. Nous voyons seulement qu'il reçut deux moutons pour la copie de l'inventaire des reliques et joyaux du monastère de Saint-Germain (1).

1444. Christian Frederic, *veyrier*.

P. Annelh, *penheire*.

1450. Johan Remusat, *brodeur*. Il broda les manches du costume de livrée des mimes du consulat. Il figure dans les statuts de 1458.

1450. Nicas de la Ruelle, *tapissier*. Il était de Ganges et fabriqua pour le consulat un bancal vert, sur lequel étaient tracées les armes de la ville, qui coûta 6 livres tournois (2).

1458. Johan Larnede (*Larnaude*). Il figure le premier dans les statuts de 1458, et est encore consul en 1472. En 1461, il exécuta les peintures ordonnées par les consuls pour la célébration, au monastère de Saint-Germain, des obsèques de Charles VII. Elles lui furent payées 6 liv. 8 sous 4 deniers tournois. Il fut pendant de longues années le peintre ordinaire du consulat, charge que l'on ne payait guère que 20 sous par an, et en 1468 il fut confirmé dans cet emploi par un pacte dans lequel les consuls l'exemptaient de toute taille pour une vigne et une maison dont il était propriétaire, à condition qu'il ferait tous les ans et sans frais les peintures ordinaires du consulat, aussi bien que celles qui seraient à faire pour l'entrée ou pour les obsèques de quelque personne du sang royal. Il était convenu, en outre, que toutes les fois qu'il y aurait quelque peinture extraordinaire à exécuter, Larnaude en serait tenu aussi à ses frais, sauf qu'on lui fournirait les étoffes et les couleurs (3).

(1) *Lib. clav.* 1443.

(2) *Brevetus not.* 1450.

(3) Document LXV.

1458. Barthomolieu Castalan, *peyntre*.

Marc de la Tour, *peyntre*.

Peyre Gauton, *peyntre*, consul en 1472. Cette année-là il est peintre du consulat, et affranchi des tailles aux mêmes conditions que Larnaude.

1458. Gerardin Rapin, *peyntre*.

Johan Bardet, *brodeur*.

Galhart Delmas, *chasublier*, consul en 1460.

George de Vaulx, *tapissier*.

Johan Muret, *tapissier*.

Jaume del Prat, *veyrier*, consul en 1486 et 1491.

Les neuf ouvriers qui précèdent stipulèrent les statuts de 1458.

1460. Esteve Villa, *peyntre*.

1466. P. Peligra, *veyrier*.

G. La Pia, *veyrier*.

1472. Guillem Ramadier.

Johan Terondel, *capelan*. On nous permettra de placer ici un clerc qui était relieur. Les consuls lui payèrent 1 livre 10 sous pour avoir relié et réparé le livre des miracles de Notre-Dame, et le livre où s'enregistrent les noms des consuls, des ouvriers et des électeurs de la ville. Ce dernier livre est sous nos yeux ; c'est précisément celui qui nous a fourni la nomenclature de nos artistes. Il a malheureusement changé d'habit, et nous ne pouvons juger du talent de *mossen* Terondel sur la reliure. En 1473, il relia encore le psautier de Notre-Dame-des-Tables (1).

1477. Peyre de Narbona, *brodeur*.

1477. Nicholas Leonard, *peintre*, consul de nouveau en 1479. En 1478, il fit les peintures de la chapelle majeure de Notre-Dame-des-Tables. Nous trouvons deux reçus pour cet ouvrage : l'un de 5 livr. 10 s., l'autre de 8 livr. ; ce ne sont que des à-compte.

1479. Tessier, *brodeur*.

1482. Denis Panys.

1484. Anthoyne, *pinctre*.

---

(1) Document LXVI. — *Lib. clav.* 1473.

1484. GUILLAUME GUILLEMIN, *pinctre*. Renommé en 1485, 1489, 1495 et 1508, demeure près de Saint-Firmin. Il coloria la statue de la vierge du portail de Montpellieret.

1484. JEHAN DE BRUN, *veyrier, à la cort du Bayle.*

1486. PIERRE LEMERCIER, *peintre du consulat*. Cette année il reçoit 20 sous pour les peintures accoutumées.

1486. JEHAN DU PUY, *pintre et veyrier*. Consul cinq fois jusqu'en 1508. En 1492, il est peintre du consulat, et fait les ouvrages ordinaires et extraordinaires aux conditions accoutumées, à savoir d'être exempt des tailles. Nous connaissons de cet artiste plusieurs ouvrages dont la notice mérite tout notre intérêt. Il peignit sur le cadran de l'horloge de Notre-Dame-des-Tables le soleil et les lettres marquant les heures, et coloria les armes du roi et de la reine mises au-dessus du portail. Il fit plusieurs verrières de la même église, l'une sur la grande porte regardant les changes, une sur l'autel de Saint-Blaise, une autre au-dessus des orgues. Aux quittances de tous ces ouvrages, donnant leur dimension et leur prix (1), nous pouvons même joindre un petit compte de sa main, qu'on lira avec curiosité malgré sa modestie.

Comte de ce que je Jehan du Puy pinthre ay faict en la eglise Nostre Dame des Tables.

Primo la variere nova que je fet au dret des horegus tire X pans et demi vaut le pan.................................. III soz IX d.

Je adoube la variere qui et desus la chambre des quapellans qui monte.................. .... V soz.

III°. Ay adoube una au dret du quor qui val..... V soz.

Monte tout.......................... quarente IX soz IIII d.

Nous le trouvons encore faisant six verrières dans la maison du consulat, peignant le tableau des statuts de l'art de draperie appendu dans la grande loge, les armoiries du collége des médecins, et dorant même la pomme et la croix du clocher de Notre-Dame. C'est à l'exactitude des comptes de nos clavaires dans les dernières années du xve siècle que nous devons de si précises notions des travaux d'un de nos bons artistes. Il

(1) Document LXVII.

n'est pas douteux que la plupart de ceux dont le nom seul nous est resté se recommandaient par de semblables ouvrages.

1489. Esteve Besse, *chasublier*. Il était déjà consul en 1482 ; en 1489, il fit la broderie des robes de livrée des mimes du consulat ; en 1493, il broda encore les écussons des mimes et le pavillon des consuls (1).

1491. Jehan Espinose.

1495. Pierre Brucy *(Bracin)*, *de Bruxelles*, *tailleur d'images*. Voici encore un artiste dont nous pouvons connaître de curieux ouvrages. Il était de Bruxelles, mais n'obtint certainement le consulat à Montpellier qu'après un long exercice de son art : il tailla en pierre trois écus aux armes du roi, surmontés d'une couronne et portés par deux anges. Ces écus furent placés sur les trois portes de Lates, de la Saunerie et de Saint-Gile. On les lui paya 10 livres tournois la pièce. Ils ne furent pas sculptés sur place, car nous avons la quittance du porte-faix qui les porta de l'atelier de l'artiste à la porte de Lates. Il sculpta une statue de la Vierge de deux pans et demi de long, qui fut placée sur le portail de Montpellier ; c'est celle que Guillemin peignit. Le salaire du sculpteur et du peintre fut de 5 livres tournois. Il reçut enfin, en 1498, 14 livres pour avoir sculpté les armoiries des médecins *(talhando pitafla sive las armas dominorum medicorum)*. Ces armoiries, que Du Puy coloria, étaient placées sur la porte de l'université ou d'un des colléges de médecine, dont Degrefeuille a remarqué les fenêtres et les inscriptions gothiques (2). Nous savons, par un passage des statuts du collége de Mende conservés aux archives de la préfecture, qu'elles se composaient principalement de l'écu chef-denché d'Urbain V et de cette inscription : Hic est collegium medicorum Montispessulani fundatum per sancte memorie dominum Urbanum papam quintum. Elles avaient été déjà réparées par un peintre en 1446 (3). Brucy dut les restaurer dans le goût du xve siècle.

1495. Gerard Lalleman, *pinctre*.

Esteve Bessieyre, *veyrier*, consul de nouveau en 1499.

---

(1) *Lib. not.*

(2) *Hist. de Montp.*, part. II, pag. 397.

(3) *Statuta colleg. medic.* Mst. fol. 126.

1496. GERAUD SIJAN, *pintre*. Celui-ci n'est pas sur le registre consulaire; mais nous savons qu'il fut chargé de colorier les sculptures de la porte de Notre-Dame-des-Tables. Il restait encore douteux si les belles sculptures de nos portails gothiques avaient toujours été rehaussées de couleurs. Une citation récemment reproduite a rendu la chose certaine pour Notre-Dame de Paris. La petite quittance de Sijan ne permettra plus de douter que la peinture n'ait été appliquée au portail de la plus vénérable de nos églises. *Geraud Sijan a passé quittance de 2 livres tournois pour avoir blanchi l'arc de la porte de l'eglise Nostre Dame et pinct les bestions, fulhages et ramayes qui sont sur ledit arc.*

1496. RODIGO DE SANTHES, *Cathelan*, consul pour les métiers réunis sans désignation.

1499. GUILLAUME BARON, consul en 1500 et 1505. En 1498, il peignit le catafalque *(capellam)* des obsèques de Charles VIII. On lui paya cet ouvrage 4 livres 10 sous.

Il est à croire que, parmi ces noms de peintres et de veyriers, il y a plus d'un barbouilleur, plus d'un poseur de vitres; mais nous avons vu qu'il n'y avait pas moyen de distinguer l'ouvrier de l'artiste. Le peintre auquel les maîtres de pierre commandèrent leur bannière était un vitrier d'Avignon. L'auteur des verrières de Notre-Dame figure au même rang et sous le même titre que ses confrères. Qu'on nous permette aussi d'avancer, pour donner un certain relief au plus humble de ces noms, que le simple arrangeur de châssis gothiques, composant avec des lames de plomb et des carreaux de couleur des figures de compartiments aussi variés que pittoresques : *croix de Lorraine, façons de la reine, roses de Lyon*, etc., même en dehors des grandes compositions qui illuminent les églises, avait un goût dont se passent aujourd'hui nos vitriers. Enfin, nous nous serions fait scrupule de retrancher un seul des noms d'une liste où se trouve certainement le décorateur de la maison démolie en 1832, rue Embouque-d'Or, où nous avons pu voir encore un plafond dont les compartiments étaient ornés de peintures sur bois dans le goût du XIVe siècle, pleines de verve et d'effet (1).

(1) La Société Archéologique a pu en recueillir quelques panneaux qui sont exposés dans la salle de ses séances.

ARGENTIERS.

L'échelle du jeudi comprend les professions travaillant l'or et l'argent. Nous laisserons de côté les changeurs, corporation puissante à Montpellier; car la ville où prospère aujourd'hui un comptoir d'escompte de la banque de France, était, dès le XIIIe siècle, fameuse pour le commerce de son or, même dans la langue d'oui :

N'en pendroie tot l'or qui soit a Monpeiller,

dit un vieux poème (1). Il ne peut être question ici que des artistes, et nous les trouverons parmi les ouvriers appelés d'abord *dauradors*, *aneliers*, et plus tard *argentiers*. Nous connaissions déjà, par les serments du *Petit Thalamus*, quelques détails de leur industrie. Dans les plus anciens serments, les gardes pour l'affinage de l'argent n'établissent pour argent fin que celui qui ne contient pas plus d'un tiers d'alliage : ceux qui travaillent l'or et l'argent ne peuvent faire coupe, hanap, calice ou tout autre ouvrage qu'en argent de Montpellier, c'est-à-dire sortant blanc du feu : on se contente alors, comme on voit, de l'essai que les orfévres aujourd'hui appellent *ratissé*. Ils ne peuvent dorer aucun ouvrage avec des pans d'or, ni fabriquer des ouvrages d'argent brisé ou de cuivre argenté, ni vendre des objets soudés avec de l'étain à moins d'en avertir l'acheteur, ni colorer aucun ouvrage d'or, ni placer des pierres fines sur des anneaux de cuivre ou des pierres de verre sur des anneaux d'or. Il leur est interdit encore de dorer des objets de cuivre ou de laiton, à moins que ce ne soient des boutons ou des ouvrages d'église. Ils ne peuvent, enfin, travailler que de l'or à XIV carats au moins (2).

La fabrication des argentiers de Montpellier était célèbre dans le Midi ; car, dans les statuts d'Avignon, que nous avons déjà cités, on la donne comme règle à tous ceux qui travaillent l'or et l'argent. Nous n'avons pas retrouvé les statuts particuliers du métier, ils sont cités cependant dans un ancien inventaire. Nous savons aussi, par une transaction de l'an 1338, insérée dans le *Petit Thalamus*, mais non comprise dans

(1) *Li romans de Parise la duchesse*, pub. par M. de Martonne. Paris, 1836, p. 53.
(2) *Petit Thalamus*, pag. 264.

la publication qui a été faite de ce manuscrit, qu'ils formaient une confrérie comme les autres corps de métiers, et avaient un autel dédié à saint Eloi, dans l'église de l'hôpital de Sainte-Marie. D'après cet acte, les consuls, comme administrateurs de l'hôpital, et les argentiers, comme administrateurs de l'autel, prétendaient également avoir droit aux offrandes, aux vigiles, aux chandelles, au pain et au vin offerts à cet autel. Il fut statué que tous les dons, en argent et en chandelles, d'une valeur supérieure à un denier, appartiendraient à la confrérie ; que tous les dons d'une valeur d'un denier et au-dessous, et ceux en pain et en vin, appartiendraient à l'hôpital. Il était établi encore que, quand les argentiers faisaient chanter devant l'autel de Saint-Eloi pour un confrère mort ou pour toute autre cause, et qu'ils offraient à cette occasion du pain et du vin, ces oblations devaient être, après la messe, distribuées par les prévôts de la confrérie aux pauvres malades de l'hôpital (1). Une autre transaction, insérée dans le livre des instruments du consulat, nous apprend qu'en 1363, les consuls du métier des argentiers, après un débat avec les consuls des merciers du plan de Notre-Dame-des-Tables, obligèrent ces merciers, fabriquant des garnitures de couteaux, *garnisiones seu munimenta in manibris cultellorum*, à payer annuellement un gros d'argent à la charité des argentiers.

En 1355, des abus s'étaient introduits dans la fabrication des ouvrages d'argent (2). Les consuls se plaignaient de ce que les argentiers ne fabriquaient pas leurs ouvrages en argent fin, dit *argent de Montpellier*, conformément à leur serment et à celui des gardes du métier. Les argentiers prétendaient que leurs ouvrages étaient d'un argent assez fin, puisqu'il sortait blanc du feu, preuve acceptée de temps immémorial. Les consuls répliquaient que cette preuve ne suffisait pas, qu'il fallait que les ouvrages d'argent fussent au titre de 12 deniers; et qu'il résultait des essais faits par divers argentiers, changeurs et essayeurs requis par les consuls, sur des ouvrages saisis dans plusieurs laboratoires, apportés et essayés dans la maison du consulat, que ces ouvrages étaient fabriqués à un titre inférieur

---

(1) *Petit Thalamus*, mst. fol. 426.

(2) Document LXIX.

à 12 deniers. Pour terminer ce débat, les consuls et douze argentiers consentirent devant les officiers et curiaux royaux de la ville un compromis qui fit revivre et modifia en partie les usages établis dans les serments que nous avons cités, et ils formulèrent de la manière suivante les réglements du métier de l'argenterie. Tous les vases et tous les ouvrages d'argent fabriqués par les argentiers de Montpellier devront être au titre de 11 den. et 1 obole, soit 12 grains au moins. On fera deux patrons d'argent au titre de 11 deniers et 14 grains, marqués du poinçon de Montpellier (1), sur le modèle desquels les argentiers travailleront, avec la licence de 2 grains. Un de ces patrons sera conservé dans la maison du consulat, l'autre confié aux gardes de l'argenterie. On fera, de plus, un troisième patron au titre de 11 deniers et 1 obole, marqué aussi du poinçon de Montpellier, qui restera toujours à la disposition des consuls, pour servir à l'essai des ouvrages suspects. Tout maître argentier tenant laboratoire marquera d'un signe particulier les pièces de sa fabrique et les livrera de ses propres mains au garde de l'argenterie. Celui-ci, avant de marquer chaque pièce du poinçon de Montpellier, en enlèvera un bouton (*borilh*), qu'il mettra dans la boîte de l'argentier qui a fabriqué la pièce. Une ou deux fois par an il fera l'essai de ces boutons, et s'il en trouve qui soient d'un titre inférieur à 11 deniers et 1 obole, il dénoncera aux consuls l'argentier auquel ils appartiennent. Les consuls feront faire un second essai des boutons de l'argentier dénoncé, et s'ils reconnaissent la fraude, ils le livreront à la cour. Les gardes de l'argenterie pourront, en outre, briser les ouvrages qui ne leur paraîtront pas suffisants. Ce réglement ne contient pas l'explication de l'essai, mais on voit bien qu'il est question de l'essai à la *coupelle*. Il est, à la fin, expressément recommandé de se servir, dans l'essai du patron et des boutons, du même plomb, des mêmes cendres et du même feu. De nouvelles formules de serment furent rédigées conformément à ces ordonnances. Notre *Petit Thalamus* rapporte aussi ces nouveaux serments, dont la date est ainsi bien fixée (2).

(1) Philippe-le-Hardi avait ordonné, en 1275, que chaque ville eût un seing particulier pour les ouvrages d'argent.

(2) *Petit Thalamus*, pag. 300.

Philippe de Valois avait, comme on sait, confirmé les statuts des orfévres, et il faisait acheter, selon l'usage, sa protection par une taxe imposée sur l'exercice de ce métier. A Montpellier, dix ans après le réglement que nous venons de rapporter, les argentiers furent encore admis à faire valoir la coutume de la ville, qui veut que tout citoyen puisse exercer librement son métier. Le maître général des monnaies sous Charles V, par une ordonnance de 1365, dispensa les argentiers de Montpellier de la taxe imposée par ordonnance royale aux argentiers des autres villes (1).

Ces réglements ne contenaient rien de spécial pour les ouvrages d'or, dont la fabrication plus rare avait eu sans doute aussi ses abus. Il y fut pourvu par un réglement particulier, que firent en 1401 les consuls et gardes de l'argenterie, assistés de plusieurs argentiers, en présence des consuls de la ville (2). Le titre de l'or, que nous avons vu établi dans les anciens serments à 14 carats, et qui, suivant un autre serment rapporté dans notre acte, mais abrogé, avait été jusqu'à 18 carats, fut fixé à 16. Il est question ici de la preuve par la touche.

Cependant au XVe siècle les abus et les fraudes s'étaient multipliés dans le métier de l'argenterie; la clameur publique accusait les principaux argentiers de fabriquer des ouvrages au-dessous du titre imposé par les statuts de 1355. Un procès leur fut fait en 1427 (3). Les consuls firent saisir plusieurs ouvrages d'argent, les firent essayer par un changeur et par le garde de la monnaie, et ces objets ayant été trouvés frauduleux, ils citèrent, de concert avec le maître, le garde de la monnaie et l'avocat du roi, les argentiers qui les avaient fabriqués à comparaître à la cour du roi devant le gouverneur. Là, huit argentiers furent interrogés : *Jacme Yssamat*, *Bartomieu de Lafont*, *Esteve del Forn*, *Marsilie de Belincort*, *Johan Vivian*, *Johan Fabre*, *Johan Poderos* et *Esteve Bordelh*. Leurs réponses furent évasives; ils avouèrent cependant que l'usage s'était perdu de marquer les ouvrages de petite orfévrerie et de conserver dans la boîte des boutons d'essai, et on les condamna à payer 10 marcs d'argent chacun.

(1) *Grand Thalamus*, fol. 155.

(2) Document LXX.

(3) *Processus contra argenterios Montispessulani*, Pièce mste. des arch. cass. F. 7, n° 28 *bis*.

Quelques-uns d'entre eux appelèrent de cette sentence, mais elle fut confirmée. Ils réclamèrent surtout contre l'obligation de faire marquer les ceintures et les petits ouvrages (1). Une enquête fut faite à ce sujet, et de cette longue procédure il résulta des ordonnances (2), imposées alors et solennellement renouvelées en 1436 (3), avec des conditions plus strictes, qui montrent avec quel soin la fabrication des ouvrages d'or et d'argent était réglementée. Ainsi, pour assurer que le titre légal sera observé, on ordonne, outre la précaution ordinaire de la boîte, des borils d'épreuve et du nom de l'argentier, que le nom du garde du métier, inscrit sur le registre de la ville et sur le livre particulier des argentiers, sera suivi d'une des lettres de l'ABC, laquelle sera reproduite, au-dessous de l'écusson de la ville, sur chaque ouvrage, afin que l'on puisse reconnaître sous quel garde il a été fabriqué.

Nous ajouterons à cette série de documents sur la fabrication des objets d'orfévrerie et l'organisation politique des argentiers deux petits épisodes de l'histoire de leur confrérie. On voit, par une pièce du procès de 1427, que les argentiers *Yssamat, del Forn, Poderos* et *Lafont* essayèrent de faire abroger quelques-unes des obligations, portées par les statuts particuliers du métier. L'une imposait à tout compagnon qui voulait s'établir une cotisation de 5 sterlins, l'autre punissait d'une amende d'un blanc tout maître qui faisait travailler le samedi après que la grosse cloche de N.-D. avait sonné. En 1439, la chapelle de Saint-Eloi ayant besoin de réparations, les argentiers s'imposèrent une cotisation de 2 den. par semaine pour y subvenir. Un seul, Johan Vivian, s'y refusa. Les consuls de l'argenterie, pour le forcer à payer, lui défendirent de signer aucun ouvrage d'orfévrerie jusqu'à ce qu'il se fût acquitté. Vivian protesta contre la décision et prétendit que les consuls de son métier avaient outrepassé leur droit; mais, pour ne pas être inquiété, il s'en rapporta à la décision des consuls de la ville et il paya (4).

---

(1) Document LXXI.
(2) Document LXXI *(bis)*.
(3) *Juramentum argenteriorum. Lib. not.* 1436.
(4) *Lib. not.*

Rapportons enfin une ordonnance de 1493 (1), signifiée par le maître général des monnaies du pays de Languedoc à tous orfèvres et argentiers, marchands, changeurs, billonneurs et autres, statuant qu'aucun orfèvre ne sera reçu maître à Montpellier, s'il n'est certifié pour *souffisant prodhomme de bonne et honneste conversation:* fixant le poids licite des diverses pièces d'argenterie, et réglant en divers articles que tout orfèvre apportera son poinçon à la chambre des monnaies, fournira une caution de dix marcs d'argent, s'obligera à observer toutes les ordonnances sur les ouvrages d'or et d'argent et sur les monnaies, et ne pourra fondre ou affiner aucun billon contenant de l'or ou de l'argent, si ce n'est à l'hôtel de la monnaie royale. On constate par là que si ces ordonnances royales sur les corporations apportèrent plus d'unité et plus d'ordre dans l'industrie, elles ne le firent qu'en détruisant les anciennes franchises des métiers; le métier des argentiers fut le premier et le plus vivement atteint, comme exerçant une industrie dont nos rois avaient tant d'intérêt à contrôler les profits.

Le XIIIe siècle ne nous fournit pour les métiers en or et argent qu'un petit nombre d'artistes. Ils sont ordinairement appelés *dauraires, dauratores, deauratores;* ce ne sont pas, comme on l'entendrait aujourd'hui, des doreurs, ce sont des ouvriers travaillant l'or *(auri fabri, auri sellerii)*, et sans doute aussi l'argent et les pierreries, ou tout au plus distingués alors des ouvriers travaillant l'argent, avec lesquels ils furent confondus bientôt sous le nom d'argentiers, comme ils sont confondus aujourd'hui sous le nom d'orfèvres.

GAUFREN, *dauraire*, est le plus ancien de nos orfèvres; il est cité dans un inventaire (2) pour une charte que lui octroya un des Guillem seigneurs de Montpellier. La date n'est pas donnée, mais on doit la rapporter à la fin du XIIe siècle.

1201. RAOLS, *dauraire (Radulfus, daurator)*, nommé dans une liste de censives de quelques rues de Montpellier, *donat annuatim pro sua domo* II *sol. et* IIII *den.* (3). Nous l'avons retrouvé dans une charte de 1210 avec

(1) Document LXXII.

(2) *Thalamus des ouvriers*, fol. 68.

(3) *Mémorial des nobles*, fol. 100 v°.

le prénom de *Bernardus*. Il figure sous son nom roman au commencement du *Livre des priviléges des ouvriers*, et reparaît enfin parmi les consuls de métier qui prêtent serment en 1254.

1201. Richardus, *dauraire*.
Guillelmus, *argenterius*.

1254. Johan Blegery. Esteve del Suc. Guillelmus Arnaudi. Berengarius. P. Monachi.	Ces cinq ouvriers prêtent serment entre les mains des consuls pour le métier des *dauradors*. Le second est ouvrier de la commune clôture en 1288.
Paulus Ademari. G. Serrallyer.	Figurent dans le même instrument pour les *aneliers*. Le second n'est probablement qu'un serrurier.
1280. Poncius de Serviano, *deaurator*. 1293. Guillelmus del Succo, *deaurator*.	Témoins dans des chartes.
1293. Raymundus Johannis, *argenterius*. Petrus Deodati, *argenterius*. B. Alauseta, *argenterius*. Guillelmus Porciani, *deaurator*. Raymundus Porciani, *deaurator*.	Ces cinq noms sont tirés d'un registre de notaire antérieur à ceux du consulat.
1300. Guillelmus Laurentii, *deaurator*. Bernardus Ladelh, *deaurator*. Jacobus Egidii, *deaurator*. Guillem Raynaud, *argenterius*. B. Constantini, *argenterius*. Guillelmus Ladelh, *deaurator*. Guiraudus Austerii, *argenterius*.	Ceux-ci se trouvent dans le livre du notaire Grimaut, de 1301 et 1302. A cette date, ces livres ne contiennent guère que des titres privés. Le plus curieux est un long testament de Jacme Gili, le troisième des argentiers cités ici, rempli de legs pieux.

1327. Symon Reynaut, *argentier*, désigné dans le *Petit Thalamus* comme donateur de l'image d'argent placée sur l'autel majeur de Notre-Dame-des-Tables. Gariel, qui a décrit cette image comme une statue de la Vierge assise, tenant son fils sur son giron, et environnée d'anges portant des flambeaux, nomme, par erreur, cet argentier Raymond Cogat. Le vieux chanoine lisait mal sans doute le *Thalamus*.

1338. Johannes de Balma.
Petrus de Masono.
Johannes Cathalani.
Jacobus Sazi.
Johannes de Floyrano.
Michael Taloni.
Heutre Henrici.
Bernardus Cayroli.
Bernardus Condamine.
Raymundus Sabatarii.
Petrus de Triatoris.
Poncius de Sungras.
Guillelmus Barrieriі juniori.
Berengarius Artus.
Bernardus Lobati.
Johannes Camboni.
Nicholaus Clerici.
Petrus Soquerii.
Johannes de Monte Balenco.
Laurentius Hugonis.

Ces vingt noms figurent, les deux premiers comme ouvriers, les autres comme simples membres de la confrérie des argentiers, dans la transaction de 1338 insérée au *Petit Thalamus*. Leur nombre, dépassant le chiffre de la statistique industrielle d'aujourd'hui, fait juger de l'importance qu'avait au XIVe siècle l'orfévrerie de Montpellier.

1342. Thomas Cayssan.
Jacobus Augerii.

Ces deux *deauratores* sont cités dans les *Memoralia* du notaire du consulat.

1353. B. Saurelh. A dater de cette année, nous avons les consuls des argentiers dans le registre de la ville. Celui-ci est consul six fois jusqu'en 1366 ; il signe les ordonnances de 1355.

1353. Johan Clapiers, consul avec Saurelh, signe aussi les ordonnances de 1355.

1354. P. de Caranta.
P. de Caunas.

1355. Johan de Lunel, consul sept fois jusqu'en 1380 ; il signe les ordonnances, avec les deux consuls qui précèdent.

1355. JOHAN LOREGUE.
AMQUINUS DE MARMIS.
RAYNAUDUS LIGERII.
JACOBUS ANDREE.
COLUMIS DE MONTIS.
GUILLELMUS ARTELA.
BARNABE DE VICO MARMO.

Ceux-ci ne figurent pas sur le registre consulaire, mais ils signèrent la grande ordonnance.

1356. JOHAN MARTIN, consul huit fois jusqu'en 1391.
BRENGUIER FABREGAZ *(de Fabrica)*.

1357. P. DE SERRAS *(de la Serra)*, nommé quatre fois jusqu'en 1376.
P. ARBRI *(Aubray)*.

1358. MARTIN DE CORBUELH, renommé en 1365.
P. DE CORNELHAN, nommé en 1374; il figure comme consul dans la charte de 1365.

1361. ESTEVE CAUVES, renommé en 1370.

1362. JAUFRE DEL TOC, renommé en 1372. Cet argentier étant aussi graveur, les consuls lui firent graver le sceau du clavaire de la ville. *Donem comptans a Jaufre argentier, per talhar lo sagel de lan LVII del qual lo clavari sagella...... X. S.* (1).

1363. G. CABANIS, nommé six fois jusqu'en 1379.
JACQUES DE ROMANS, renommé en 1377. Il était émailleur comme la plupart de ses confrères. Il fit, en 1366, vingt-quatre clochettes d'argent doré, vingt-huit écussons portant les armoiries en émail du pape et du consulat, et un grand nombre de petites chaînes en or et en argent. Ces objets, destinés sans doute à être donnés en présent à Urbain V, venu cette année-là à Montpellier, lui furent payés à raison de 11 florins d'or de France le marc d'argent doré, et de 10 florins le marc d'argent blanc (2).

1364. ESTEVE CRESTALIER, renommé en 1369.

1365. ANDRÉ DE CARANTA. Il est consul huit fois jusqu'en 1391; il figure dans le réglement de 1401, et il est encore cité, en 1410, avec le

(1) *Libre de la clavarie*, 1357.
(2) Document LXXIII.

titre d'*argenterius sive campsor* (1). Les consuls lui firent faire, en 1365, l'écusson du messager du consulat et quelques petits sceaux (2). Il figure comme témoin, avec Jacques de Romans, dans l'acte relatif à un rétable de Notre-Dame-des-Tables, dont il sera bientôt question.

1366. JACQUES DE PRATS.

JOHAN COSTANTI, renommé en 1370 et 1373.

1381. ARNAUT DESTOLS.

ARNAUT DE St-ISPRI, renommé en 1384.

1382. P. AUBARET *(Albaret)*.

P. VILAR, renommé en 1392. Il était de Perpignan, et il fut admis citoyen de Montpellier en 1381 (3).

1384. ANEQUIN DE BRUGES, renommé en 1388.

1385. P. CABESTANH, renommé en 1389.

1387. P. BAROT.

NICHOLAU DURAN.

1389. JOHAN NICHOLAU. Il signe le réglement de 1401.

1390. ARNAUT DEL COL.

BERTOLMIEU CORNELHAN.

JOHAN LO FAME DE BRUGIS.

P. DEBY DE TREVIS.

Les deux premiers sont consuls de l'année; les deux autres furent reçus citoyens et admis à jouir des libertés et coutumes de la commune. Nous aurions pu citer plusieurs autres ouvriers, surtout parmi les fustiers, à qui les mêmes droits furent accordés. On remarquera ces quelques ouvriers étrangers, adoptés par le consulat, qui semble ainsi donner une prime aux artistes qui transportaient dans la ville un art utile, en les exemptant de la taille pour trois ans (4).

1392. P. BERTRAN stipule, comme consul, le réglement sur l'or.

1396. DOMINIQUE DEL BOY *(Buci)*, consul aussi dans le réglement de 1401.

(1) *Lib. not.* 1410.

(2) *Ibid.* 1365.

(3) *Ibid.* 1381.

(4) Document LXXIV.

1401. Colinus Duranti.
Hugoninus de Ponte.
Johannes Lorfevre.
Guillelmus de Lauzin.

Ces noms ne sont pas dans le registre consulaire, qui éprouve ici une interruption de plusieurs années, mais ils figurent au réglement de l'or.

1412. Jacme Nicholau, cité, dès 1393, dans le Livre du notaire.

Bertolmieu de Lafon, consul cinq fois jusqu'en 1420 et contre-garde en 1415. Il fut un des argentiers interrogés dans le procès de 1427 ; il était alors établi à Montpellier depuis 17 ans.

1412. Esteve del Forn, contre-garde cette année et consul quatre fois jusqu'en 1419. Interrogé dans le procès de 1427, il déclare être établi à Montpellier depuis 28 ans, et fabriquer non des tasses ou des figures *(ymagines)*, mais des chaînes d'argent pour les femmes, et de petits ouvrages.

1413. Guiraut Vayssieyra, garde ou consul en 1416, 1417, 19 et 21.

1413. Johan Poderos, consul quatre fois jusqu'en 1421, contre-garde encore en 1436. En 1410, on le trouve appelé dans les conseils de ville, et dès 1401 il figurait dans le réglement de l'or. Dans le procès de 1427, où il fut interrogé, il répondit qu'établi depuis 25 ans, il fabriquait d'ordinaire des calices, des tasses et des croix.

1414. Jacques Yssema *(Yssamat)*, renommé en 1416, 1418 et 1420. Il figurait déjà dans le réglement de 1401. Interrogé le premier dans le procès, il répondit qu'il demeurait dans la ville et y tenait laboratoire depuis 33 ans ; qu'il faisait des anneaux, des ceintures, des cuillers et d'autres petits objets ; que son ouvrage le plus important était une chaîne d'argent de deux marcs.

1414. Esteve Bordel, garde renommé en 1421.

1415. Domaingon Boys.

1420. S. Marcelin.

Esteve de Rouplan.

1427. Johan Vivian *(Bibian)*, renommé en 1448. Il figure dans le procès de 1427, et dans le débat au sujet de la contribution due à la chapelle de Saint-Eloi.

1427. Marsilie de Belincort. Dans son interrogatoire au procès des argentiers, il déclare être établi maître à Montpellier depuis environ 34 ans, et y avoir fait, entre autres ouvrages, quatre tours d'argent, des reliquaires sans doute, pesant ensemble 200 marcs.

1436. BENEDICT AMONEYN. MARTIN PETIT. } Ils sont consuls lors du débat au sujet de la chapelle de St.-Eloi. Le second est renommé en 1444 et 1450.

JOHAN LEFORESTIER. On le retrouve en 1472 dans les Livres du notaire.

1436. JACQUES MAURELH.

JOHAN SARRAGOSSE, *aliàs Barba Saleya.*

1444. ANTHOYNE DE BRUCY.

1446. HENRI BORGES, renommé en 1450. Il fait les cuillers pour le prix donné chaque année par les consuls aux arbalétriers.

1446. JOHAN CASTELH *(Chastelh)*, garde du métier en 1450. En 1443, il monta un rubis balays sur le chef de saint Benoît, relique du consulat, et il procéda à un inventaire des joyaux du trésor de Saint-Germain (1).

1448. JOHAN NEGRE.

1450. AMIC CONSTANCE.

JOHAN BORGES.

1460. JACME RICHE.

ESTEVE DE LAGARDE.

1465. JOHAN MICHOYN *(Michayen, Jove)*, consul sept fois jusqu'en 1513. Il fit six tasses d'argent qui furent offertes, en 1453, par les consuls à l'évêque de Maguelone pour son joyeux avènement : on les lui paya, à raison de 7 écus d'or par marc, 116 liv. tournois (2). Il fit aussi, pendant plusieurs années, les cuillers annuelles des arbalétriers : douze cuillers pesant un marc et demi lui furent payées 10 liv. 10 sous tournois, et pour la façon 14 liv. 10 sous.

1472. G. MADIETE *(Mariote)*, renommé en 1481.

1473. PHILEPOT GUILHERMI *(Guilhemat)*, renommé en 1477.

JOHAN PICTIE.

1477. PEYRONET CHRESTIEN, renommé en 1481.

---

(1) Document LXXV.

(2) *Brevet. not.*

1479. Courrouche de la Mar.

Robert Forestier.

1482. Sebastien Cordouan, consul cinq fois jusqu'en 1499.

Godofre Pascal, renommé en 1489.

1484. Jehan Rossinhols, renommé en 1491 et 1495. En 1492, il fit quatre bourdons *(bordonos)* d'argent doré pour l'église de Saint-Firmin : on lui livra pour cet ouvrage 12 marcs et 5 onces d'argent.

1485. Esteve Molt.

1486. Laurens Lamipels.

1490. Guillaume Brugiert *(Bruguière)*. Il fait et grave pendant plusieurs années les sceaux pour marquer les draps. *Sigilla pannorum, — pro ingravatura facta in pillis ferri, — ad marcandum et sigillandum flassatas et pannos de Cortrays.*

1492. Raimond Morel, renommé en 1504 et 1510.

1496. Pierre Lagarde, consul encore en 1500, 1508 et 1520.

Benet Mocher. Cet argentier n'est pas porté sur le registre consulaire; mais nous connaissons de lui un ouvrage considérable. Il composa deux anges d'argent portant des chandeliers, qui furent donnés à l'église de Notre-Dame-des-Tables, par Pierre Briçonnet, conseiller du roi. Le prix fait de cet ouvrage (1) porte qu'on y emploiera 34 marcs d'argent et 18 ducats d'or; qu'on dorera les cheveux des anges, le collier, les *offres* (2), les *ponnets* des bras, le bout des ailes, et qu'on y placera les armoiries du donateur. La composition et la fabrique furent payées deux écus par marc.

Parmi les artistes que nous venons d'enregistrer, il y en a bien peu dont nous ayons pu désigner les ouvrages. Leur obscurité personnelle ne nous a pas empêchés de les comprendre sur l'humble liste que nous dressons, parce que l'éclat de l'orfévrerie gothique rejaillit sur eux tous. Les produits de cette orfévrerie, moins encore que ceux des autres arts gothiques, se sont conservés jusqu'à nous; mais il reste dans nos documents des traces suffisantes de leur richesse et de leur distinction, pour que nous

(1) Document LXXVI.

(2) Offres pour orfres, orfrois : broderies, galons.

puissions les indiquer, et, à côté de la mention de l'ouvrier inconnu, placer la description de l'ouvrage anéanti.

Ce sont d'abord les ouvrages d'orfévrerie religieuse qui décoraient les autels et garnissaient les trésors des églises, et dont les inventaires nous font un si riche étalage : meubles et ustensiles précieux, dont les formes, loin de se subordonner comme aujourd'hui aux modes des meubles de salon, étaient imaginés d'une manière convenable au culte et dans un style hiératique.

Il y avait à l'église de la léproserie de Castelnau des calices, des custodes, des croix et des encensoirs en argent ou en cuivre, ouvrage de Limoges, et couverts de sujets pieux figurés en émail ; des patènes et des serpents peints, des *sedes majestatis*, des statuettes de la Vierge, de saint Lazare et de saint Désiré (1). A Notre-Dame-des-Tables, on remarquait, entre beaucoup d'objets précieux, des croix de jaspe et de cristal, des chefs d'argent de saint Marcel et des Saints Innocents (2) ; un reliquaire en vermeil de saint Thomas d'Aquin, que les consuls avaient fait faire en 1377, et où ils avaient fait mettre les armoiries du consulat (3) ; une custode du corps du Christ, d'argent doré, en forme de colombe, avec son escabeau rond (4), et un rétable placé sur l'autel de la Vierge, qui donna lieu, en 1388, à une transaction assez curieuse entre les ouvriers de l'œuvre, les prévôts de la confrérie de la Vierge, le prieur et le sacristain de l'église (5). Ce rétable en argent doré était composé de dix figures en bas-relief, représentant, au milieu, Jésus-Christ couronnant la Vierge, assis tous deux sur des trônes, et, des deux côtés, les quatre saints Pierre, Jacques, Jean-Baptiste et Blaise, et les quatre saintes Magdelaine, Catherine, Lucie et Florencie. Au-devant était placée une claire-voie en fer, à deux serrures à vertevelles. L'acte a pour but de constater et d'assurer les droits des ouvriers et des prévôts sur cette sculpture, et d'en confier la garde au prieur et au sacris-

(1) *Inventaire de l'hôpital Saint-Lazare*, 1333. Armoire E, cass. 6, N° 24.

(2) *Inventari de las reliquias de Nostra Dame des Tables*, 1478.

(3) *Lib. instrum.*, 1377.

(4) *Lib. not.*, 1361.

(5) Document LXXVII.

tain. Il y est surtout stipulé qu'on ne pourra le transférer ni l'aliéner sous aucun prétexte. Nous savons, en effet, que quelques années auparavant les ouvriers avaient consenti à ce qu'il fût remis en gage d'un prêt fait aux consuls (1).

Mais le mobilier d'argent le plus riche et le plus beau était certainement celui de l'église de St.-Benoit et St.-Germain, aujourd'hui St.-Pierre. L'inventaire, que nous en trouvons dressé en 1495 par les consuls de la ville (2), nous a paru mériter d'être transcrit dans nos *Documents ;* nous ne ferons ressortir ici que les meubles les plus curieux sous le rapport de l'art. Au milieu d'un grand nombre de reliquaires de toute forme, cassettes, colonnes, tours, où se conservaient les débris les plus recherchés, le suaire de la Vierge, une pierre où était tombé le sang de J.-C., le corps d'un des Saints Innocents, etc., après les croix, les bassins d'argent, les calices, les corporaux, les lampes dorées et émaillées, on remarque des objets d'art plus considérables : une cassette carrée d'argent doré en dessus, de bois en dessous, portée par quatre lions et ornée d'une croix en argent émaillée et des armoiries d'Urbain V soutenues par quatre anges ; un reliquaire à deux ventaux ornés d'anges, sur lequel est émaillée l'histoire de l'ascension de la Vierge ; une statue de sainte Cécile, haute de trois palmes, portant d'une main une patène et de l'autre une fleur de lys; un autre reliquaire supporté par des anges, représentant en émail la Magdelaine à la Sainte-Baume, environnée d'anges ; les chefs de sainte Ursule et de saint Fulcrand dorés, ornés de perles, la face et la poitrine de carnation; une statue de la Vierge en argent doré, haute de trois palmes et demi, couronnée, tenant une fleur de lys faite de quatre saphirs et de deux balays, soutenue sur trois lions et accompagnée de deux anges hauts de deux palmes portant des reliquaires et soutenus sur trois lionceaux; une crosse pastorale avec son bàton en quatre pièces d'argent et son crossillon émaillé de deux images de majesté: ce nom, dont nous faisons une épithète de la monarchie, était alors, comme on sait, réservé aux représentations de Dieu ; enfin, l'objet le plus remarquable de ce trésor était un grand rétable à deux

(1) *Lib. not.*, 1381.

(2) Document LXXVIII.

parties, l'une pour le haut de l'autel, portant l'histoire de saint Benoît figuré en bas-relief avec la statue du saint abbé au milieu et écrite en lettres lisibles, l'autre pour la partie inférieure de l'autel, garnie d'émaux, de colonnes et de figures diverses avec les armes d'Urbain V. Ce grand rétable était estimé 900 marcs d'argent.

Nous pourrions mentionner encore plusieurs inventaires; celui de l'église collégiale de St.-Ruf, fait en 1416, et celui de la paroisse de St.-Firmin, rédigé en 1489; mais ceux que nous avons analysés suffisent à l'illustration de notre orfévrerie. Nous nous bornerons à en citer un dont la modestie forme un contraste frappant avec la richesse du trésor de Saint-Germain : c'est celui de la chapelle du consulat, rédigé en 1508 (1). Outre quelques ouvrages d'orfévrerie locale, les sceaux d'argent de la ville avec leurs chaînes, et le fameux chef d'argent de saint Côme, on y verra plusieurs objets d'art, dont la description intéresse aussi l'histoire de notre sculpture et de notre peinture locales : *l'imaige de Nostre Dame tenent son enfant, élevade en pierre am son mantel de cede changeante et une estole fache de personnaiges am los armes de la ville ; un long rétaule de boys pintat en plate pincture richement d'ung quartier am quatre ystories de Notre-Dame, et de lautre quartier en quatre ystories de la passion, et am son escabel desouts ambe huech ymaiges et al miech le crucifix, et au dessus de la porte une ymaige de Nostre Dame tenan son enfant élevade de peyre et entretailhade.*

A y regarder de près, l'orfévrerie civile même ne serait pas sans intérêt. Les établissements somptuaires du *Petit Thalamus* nous font connaître en détail les bijoux et les ustensiles de luxe, d'or, d'argent et d'émail, que fabriquaient les argentiers, couronnes, guirlandes, bourses, colliers, boutons. On voit à chaque page de l'histoire de la ville, que les vases et les cuillers d'argent figuraient dans toutes les circonstances solennelles : legs pieux dans tous les testaments, dons de passage ou de joyeux avènement que les consuls se croyaient obligés d'offrir aux princes et aux prélats ; prix annuels qu'ils distribuaient aux arbalétriers habiles. Nous pouvons même pénétrer dans le ménage de nos consuls et regarder un moment la vaisselle qui décorait leur dressoir. Dans un moment de pénurie publi-

(1) Document LXXIX.

que, ils durent emprunter de quelques marchands 1500 francs d'or, et comme le crédit consulaire n'était pas autrement fondé, ils furent obligés de donner en gage des objets d'argenterie pris dans leur propre mobilier. Un des consuls livra des tasses, des aiguières, un collier et cent soixante-huit plats dorés; un autre qui était épicier donna deux poids de poivre, épice alors si rare qu'on la pesait avec des poids d'argent; un troisième, des coupes, des gobelets et une ceinture d'argent du poids de vingt-huit marcs. La même année, en 1393, pour un nouvel emprunt de 544 francs, ils livrèrent huit plateaux, trente écuelles, dix-sept grandes tasses dorées et deux drageoirs à pied d'argent (1).

SENHIERS, MAITRES D'HORLOGES, SERRALHIERS, ETC.

Tout se tient dans l'art gothique, et l'on ne s'étonnera pas de nous voir faire place ici aux fondeurs, aux horlogers et aux serruriers. La confection des cloches, ces instruments si harmonieux à l'oreille de nos pères, exigeait quelque talent. On sait avec quel soin les cloches gothiques étaient faites, les ornements et les inscriptions qui les décoraient; leur érection a toujours été un événement public. Jean de Garlande, qui omet dans son Dictionnaire tant d'artistes, appelle les fondeurs de cloches des artistes subtils *(artifices subtiles)*; et le chroniqueur de notre *Thalamus*, qui laisse passer sans y prêter attention tant de belles constructions, énumère toujours avec complaisance les travaux et les cérémonies relatifs aux cloches. Les fondeurs appelés *senhers*, *cenerii*, dans nos idiomes roman et latin, ne figurent en particulier dans aucune de nos échelles; c'était une industrie trop exceptionnelle qui se trouvait sans doute associée à d'autres, et qui n'a d'ailleurs jamais eu beaucoup d'ouvriers à Montpellier, car nous verrons qu'on emploie souvent des fondeurs étrangers. Les noms que nous citerons sont tous tirés de notre chronique ou des actes du consulat.

1309. M. ANTHONI, nommé dans le *Petit Thalamus* comme auteur de la cloche élevée sur le clocher de Notre-Dame-des-Tables.

---

(1) Document LXXX.

1370. RAIMOND GROS, *de Perpignan.*

JOHAN GARBIER, *de Castres.*

Ils traitèrent avec les ouvriers de Notre-Dame pour la fonte des deux cloches moyennes qui avaient été cassées. Les ouvriers fournissaient le métal, l'apportaient au pied du four, et payaient aux fondeurs pour les moules, pour les dépenses du feu et pour la maîtrise 26 francs d'or et 10 sous tournois par quintal, en déduisant sur les cloches faites trois livres par quintal pour la tare de la fonderie. Les fondeurs devaient, en outre, apporter les cloches au pied du clocher (1). Notre chronique romane raconte l'année suivante que ces cloches furent fondues, bénies et placées : on les appela l'une *Anthoni*, l'autre *Urbain;* il nomme comme auteurs *Gros,* et un autre fondeur que nous ne trouvons pas dans le traité primitif, et qui dut remplacer *Garbier;* il s'appelait JULIAN D'HAYRIC *de Massilhanegues* (2).

1375. DAUDE BUSQUET, *senhier.* Quelques années après, la *Urbain* se cassa, et ce fondeur, qui était de Montpellier, traita avec les ouvriers pour la refonte de cette cloche et de quelques autres plus petites. Dans cet acte semblable au précédent, il promet de faire des cloches mélodieuses, et reçoit pour son travail 84 fr. d'or (3).

1398. ETIENNE GUIOT, du bourg de Sainte-Marie, diocèse de Langres, vint refaire pour l'église de Notre-Dame-des-Tables la cloche qui servait à sonner les heures; il promit de la faire bien sonnante *(cum effectu et sine deffectu);* on lui paya une livre par quintal (4).

Nous laisserons de côté plusieurs réparations faites aux battants de ces cloches par des serruriers, dont la note est restée dans les livres du notaire des consuls; mais nous nous arrêterons par curiosité sur le sonneur de cloches de Notre-Dame, dont la fonction avait, comme on va le voir, son importance. On trouve sa nomination dans nos livres, presque tous les ans depuis la reconstruction de la flèche. En 1403, il engage aux consuls le service de sa personne pour garder le campanile, frapper les heures de nuit et de jour, trompéter la vigile ou le guet le soir et le matin, veiller aux in-

(1) Document LXXXI.

(2) *Petit Thalamus*, p. 385.

(3) Document LXXXII.

(4) *Lib. not.* 1398.

cendies, aux irruptions des gens de guerre, et faire tous les autres services que le garde a coutume de faire, avec l'aide d'un autre garde qu'on lui adjoindra. Les consuls lui donnent chaque année quatre livres tournois et deux cannes de drap de la valeur de 32 sous la canne. Il promet, en outre, pendant tout le temps de son service, de ne pas donner refuge dans le campanile à des ennemis, et de ne pas y enseigner des trompettes (1).

Cette façon de marquer les heures publiques parut bientôt insuffisante à Montpellier; on s'était plaint que les sonneurs du campanile ne les frappaient pas régulièrement, et on avait fait venir une horloge, instrument qui se répandait alors partout, de Dijon, célèbre, comme on sait, par ses jaquemarts. Pour aider les consuls dans cette dépense, le roi Charles VI leur avait accordé le droit d'un blanc de 5 deniers tournois à percevoir pendant trois ans sur chaque quintal de sel vendu dans la ville; *et si fust bien chose expédient et convenable*, dit l'ordonnance royale, *que en la dite ville, qui est de notable recommendation, eust un horologe vray sonnant artificiellement, comme font ceulx du pais de France, car l'orologe qu'ils ont présentement sonne par mistère dun homme, et n'est point certain ne veritable, ne par iceluy quant sonne les estrangiers ne peuvent entendre quelle heure il est* (2). Cette première horloge fut trouvée petite et insuffisante; les consuls décidèrent d'en commander une plus grande à un maître des horloges demeurant à Avignon, et réputé un des meilleurs maîtres en cet art. Nous avons la délibération qui fut prise à ce sujet, et le traité qui s'ensuivit entre les consuls et le maître des horloges.

Girardin Petit, d'Avignon, s'associa pour cet ouvrage un serrurier, s'intitulant aussi maître des horloges, Pierre Ludovic, habitant de Nîmes. Les conventions portent que cette horloge sera du poids de 20 quintaux de fer forgé et ouvré aussi bien qu'il convient à une bonne ville comme celle à laquelle il est destiné; qu'elle aura pour la sonnerie une cloche de 60 quintaux avec deux appels d'un quintal pièce, et un homme de bois appelé *Jacomart* qui frappera l'horloge; les consuls seront tenus de le faire sculpter. Les maîtres répondent de leur ouvrage pour trois ans,

(1) Document LXXXIII.
(2) Charte, armoire E, cass. 7, N° 44.

et il leur est payé 200 écus, deux molons de blé et deux muids de vin (1). L'année d'après, quand il fallut placer cette horloge sur le grand portail de Notre-Dame, une difficulté s'éleva pour savoir si les maîtres horlogers étaient tenus, d'après leur traité, de faire la roue de bois servant à relever les contre-poids; des ouvriers nommés experts décidèrent qu'ils n'y étaient pas obligés aux termes de leur traité, et, en outre, par ce motif que des maîtres en horloges ne pratiquaient pas l'art de fusterie.

Cette horloge occupa beaucoup dans la suite nos consuls; au lieu du sonneur de trompette, ils eurent à leurs gages pour la régir un serrurier s'intitulant aussi souvent horloger, et dont les livres de clavaire enregistrent chaque année le nom; mais la machine, encore fort imparfaite sans doute, eut besoin de fréquentes réparations.

En 1427, c'est un facteur d'horloges de Roanne, nommé Colin Bertrand ou Bernart, qui la répare; nous avons exhumé le traité passé avec lui, parce qu'il comprend un inventaire de toutes les parties composant alors une horloge, qui ne paraîtra pas peut-être sans intérêt aux gens de l'art (2).

En 1432, elle fut encore réparée par Anthoine Johan, maître d'horloges. En 1434 et 1444, ce furent des serruriers de Montpellier, Johan Bordabusa et Johan de Balme qui furent chargés de la faire aller. Les dépenses faites à cette occasion exigèrent une contribution particulière, et Charles VII, par des lettres de 1439 et 1444, permit, à cet effet, aux consuls d'imposer un subside sur les marchandises vendues dans la ville; les considérants de ces lettres rappellent avec honneur les derniers travaux faits à Notre-Dame par les consuls. *Comme par aucun temps en ça ils ayent fait faire une grosse cloche pesant environ quatre vintz dix quintaux, et une tres belle tour de pierre taillée, assise sur une des portes de l'église de Nostre Dame des Taubles, et dessus ycelle tour fait faire ung bel orloge avec ladite cloche, et oultre est besoing et necessité de faire couvrir de plomb et aultre couverture perpetuelle les dites cloche et orloge que pourra couster grant somme de deniers, et aultrement les aultres matieres de boys et mes-*

(1) Document LXXXIV.
(2) Document LXXXV.

mement les voltes sur les quelles le dit orloge est assis et posé seraient en voye de cheoir et démolir, et aussi soit necessité de faire reparer et amelhorir la porte sur laquelle la dite tour est fondée et laquelle par le moyen du grant pes et charge quelle soutient est desia encomencée de fendre et en dangier de cheoir si bien brief ni est pourveu (1).

Nous ne terminerons pas le chapitre des fondeurs, sans y comprendre un autre ouvrier de Montpellier, qui ajoute à l'industrie des sonnetiers, naguère toute religieuse, la fabrique des pièces d'artillerie; c'est JOHAN GILE, *campanier* et *bombardier*. En 1452, il avait fondu la grande cloche de Notre-Dame; en 1472, il fondit deux serpentines ou couleuvrines, on les paya 35 écus d'or, à raison de 7 écus le quintal de métal et 6 livres tournois de façon. Les consuls les firent faire, est-il dit, pour la défense de la ville; mais elles ne servirent heureusement alors que pour célébrer l'entrée des princes venant visiter Montpellier. Nous savons, par exemple, la poudre de bombarde qui fut dépensée en 1474 pour l'entrée du prince de Tarente et du roi de Portugal.

La cloche au haut de l'église et la bombardière sur le rempart ne formaient pas toute la musique de nos fêtes publiques. Notre-Dame avait aussi ses orgues; nous les voyons réparées en 1473, et nous connaissons l'artiste qui les touchait en 1486. Le frère JACQUES RAVANEL, de l'ordre des prêcheurs, recevait 6 livres par an *pro regendo et pulsando organa* (2). Le consulat avait des mimes ménétriers qui l'accompagnaient en jouant du chalumeau dans les processions et les cortéges publics. On trouve leur salaire dans un statut du *Petit Thalamus* (3). En 1481, GERON MELHET, mime, reçoit pour lui et pour ses suivants une livre 10 sous, gage annuel que les consuls paient aux mimes, appelés *los haults menestriers*, qui conduisent leurs chalumeaux (*calamillas*) dans les processions solennelles (4).

Il nous reste encore quelques ouvriers à citer. Nous avons nommé des serruriers maîtres d'horloges, pourquoi n'en nommerions-nous pas quelques autres pour des ouvrages de simple serrurerie? Florence a bien fait une

(1) N° 9 de la liasse 6ᵉ du Cabinet doré.

(2) *Brevetus not.*, 1486.

(3) *Etablissements*, pag. 181.

(4) Document LXXXVI.

réputation au serrurier du palais *Strozzi*. La serrurerie gothique a son mérite aussi bien que celle de la renaissance, et ceux qui firent les grilles et les croix de Notre-Dame-des-Tables ont droit à un souvenir.

PIERRE GARNIER, *serralhier*, fit, en 1478, une balustrade entre la chapelle du grand hôtel et la sacristie, un treillis entre la même chapelle et celle de la Magdelaine, et une fourche pour porter la roue des cierges. On trouvera le compte de ces ouvrages dans nos *Documents* (1).

JOHAN FANNIN fit, la même année, la grille au-devant du grand autel. Nous avons plusieurs quittances pour cette grille qu'on appelle diversement *regas*, *cledacum*, *trellers*, se portant ensemble à 65 livres, auxquelles il faut ajouter 46 quintaux de fer pesant de l'antique grille qui fut détruite alors, et qu'on livra à raison de 10 sous par quintal. Autre fait de vandalisme gothique à ajouter à ceux que nous avons déjà consignés.

GUILLAUME BESSIER et PIERRE GAUTON eurent leur part des mêmes ouvrages. Ils reçurent 18 livres pour blanchir et étamer les barreaux de fer neufs de la grande chapelle, et pour certains artifices à placer les cierges devant ces barreaux *(pro dealbando et estanhando regias, et pro certis artificiis ad standum candelas cereas ante dictas regias)*.

ANDRIEU DU ROUX, l'un des serruriers le plus souvent nommés dans les ouvrages de Notre-Dame, mérite surtout d'être connu pour ses travaux aux verrières, à l'horloge et à la croix de la flèche. En 1491 et 1492, il donna plusieurs quittances pour les *ferramentes* des verrières de la façade et de la chapelle de Saint-Blaise, et pour *avoir faict deux grans barres de fer appelées lucales à la grant verrière, et aussi pour avoir blanchi destaing la main de la monstre du solheil de soubs le reloge* (2). Il s'agit, dans cette quittance, du cadran de l'horloge qui était placé au-dessus du portail ; il était de cuivre, en forme de soleil, et une main y marquait les heures comme nous l'apprenons par le prix fait détaillé qui nous en est resté (3) : il coûta 25 livres. En 1495, Du Roux donna quittance de 44 livres 17 sous 6 deniers pour *dix jornées qu'il a vacqué alant de ceste ville à la Caune*

(1) Document LXXXVII.

(2) *Lib. not.*

(3) Document LXXXVIII.

d'Albigeoys et à la moline du ferre pour faire faire le fer du pal et de la croyx et pour ferratures qui estaient necesseres a tenir le dit pal et la croyx qui ont esté mises au plus haut du cloucher, que la façon desdits pal et croyx.

Ce dernier ouvrage, que notre serrurier alla faire fabriquer à une usine établie à La Caune, eut une certaine célébrité et occupa des ouvriers de divers métiers; il mérite une mention spéciale. La croix, fixée sur un long pal, portait au milieu, derrière le crucifix, une statuette de la Vierge; elle fut recouverte de cuivre par YMBERT JAUME, *peyrolier*, placée sur une pomme de cuivre, et dorée par le peintre JEHAN DUPUY, qui y employa 15 livres d'or fin fournies par COLIN CHOART, batteur d'or et d'argent (1). Dans la pomme, on enferma un manuscrit sur parchemin de l'évangile de saint Jean, et une cassette de plomb faite par PIERRE ARDIER, potier d'étain, qui contenait une vingtaine de ces reliques rares que recueillait avec avidité la foi robuste du XVe siècle (2). Enfin, *le vendredi* XIII *de novembre mil* IIII^c^ IIII^xx^ *et quinze, en présence des seigneurs consuls de la ville de Montpellier et à leur requeste, révérend pere en Dieu Monseigneur de Maguelonne, en la chapelle du consulat, après la messe illec en sa présence par son chapelain dicte, seignha et sagra la croyx de fer surdorée d'or fin faicte pour mettre au plus hault du clochier, et mist de la sancte crême en limaige de Notre Dame faicte et estant au mylieu de la dite croyx, et ce, en présence de noble et honorable seigneur messire Guillaume Pelicier, chanoine et official de Maguelonne, et de plusieurs autres notables personaiges tant d'église que séculiers. Et ce dit jour après disner fust la dite croyx montée et mise au plus hault du clochier en son lieu par maistre Nicolas Marie Mason maistre de l'œuvre, Johan du Puy pinctre, et Andrieu du Rou serralhier qui avait faicte la dite croyx, laquelle poyse environ deulx quintals* (3).

Nous nous arrêtons à l'an 1500. Toutefois, les livres des notaires du consulat se poursuivent dans la même forme jusqu'en 1524, et les registres

(1) Document LXXXIX.
(2) Document XC.
(3) *Lib. not.* 1495.

des consuls de métier jusqu'en 1535. A cette époque, les institutions locales se dénaturaient visiblement. Les corporations, soumises à l'intervention royale, voyaient leurs statuts se modifier sous une règle commune, et la maîtrise n'était souvent qu'une concession directe du roi. Le moment était venu de s'apercevoir que les corporations n'étaient qu'une réglementation tyrannique, un monopole des méthodes et des libertés du travail. Dans ce temps de renaissance et d'émancipation, alors que les vieux procédés étaient à l'envi rejetés, les ouvriers ne purent maintenir les coutumes de métier, pas plus qu'ils ne pouvaient défendre l'art gothique. La maîtrise et l'apprentissage continuèrent sans doute ; la confrérie dura long-temps encore ; mais elle n'est plus un sanctuaire où sont déposées secrètement et fidèlement transmises les traditions de l'art. Nous trouverions bien encore dans nos documents la notice de plusieurs ouvrages et le nom de beaucoup d'ouvriers ; mais lorsque l'art classique a été intrônisé, lorsque les méthodes arrivées d'Italie se sont imposées, et que, les noms des maîtres de la renaissance désormais proclamés, leurs livres et leurs écoles sont partout aveuglément suivis, il n'y a plus parmi nos maçons et nos peintres que des ouvriers ; les artistes doivent alors être cherchés ailleurs que dans les corps de métiers. Il y aurait peut-être encore de l'intérêt à poursuivre, au sein de la renaissance, et plus tard sous l'influence académique, la vie et les ouvrages des artistes de province ; il nous suffit maintenant d'avoir nommé ceux des temps gothiques.

Les listes que nous venons de dresser seront trouvées bien longues, si l'on se préoccupe de l'état des arts dans une ville de province, au jour où nous vivons ; mais elles paraîtront dans de justes proportions, si l'on veut bien se reporter à ce que cet état pouvait être au XIVe siècle. On ne voyait point alors les architectes apprentis quitter leur pays pour s'inoculer les bonnes méthodes de l'école des beaux-arts, et les maçons enfermer leurs études dans les traits des cinq ordres. Nos jeunes dessinateurs ne se croyaient pas obligés d'aller suivre l'atelier de quelque peintre en renom de Paris, et nos orfèvres ne recevaient pas journellement, de ce centre du goût et de la mode, des vases et des bijoux d'une forme chaque jour renouvelée. Les divers arts se suffisaient à eux-mêmes dans leur développement local, recevant sans doute quelque direction de dehors : l'architecture, de Narbonne ; la peinture, d'Avignon ; l'orfèvrerie, de Limoges ; et tous, quelque chose aussi de Paris, dont l'influence a dû toujours être grande ; mais cela n'empêchait pas que leur foyer ne fût dans la ville, qui travaillait pour elle-même, d'après ses goûts natifs, qui suivait ses traditions propres et gardait avec orgueil le génie de ses enfants. Nous n'avons garde de soutenir que, dans les conditions d'étude uniforme que la renaissance a faites, les artistes n'aient pas acquis de belles qualités, une grande puissance ; mais nous constatons seulement ici les conditions particulières au milieu desquelles ils ont pu autrefois développer leur mérite original. On aura remarqué la nationalité, la localité des artistes que nous avons enregistrés. Leurs noms, sauf quelques-uns d'étranges que le temps a effacés ou modifiés, et quelques autres étrangers dont l'origine est soigneusement indiquée, sont tous vulgaires dans notre pays ; nous pourrions en citer même, qui, retrouvés de nos jours dans leur antique profession, indiquent une filiation d'artistes tout-à-fait vénérable. Ils ne méritent pas sans doute la même célébrité, nous n'avons pas la prétention de réhabiliter cinq cents génies ignorés ; mais dans l'état d'unité où se présente à nos regards l'art gothique, dans les liens de fraternité qui unissent les artistes de notre commune, tous les noms que nous avons donnés forment une milice où quelques-uns surgissent, où tous ont leur valeur. L'histoire de Montpellier a dénombré avec complaisance les prélats, les guerriers et les magistrats qui l'ont autrefois illustrée ; faisons une place aux artistes et aux travailleurs : c'est, dans un temps d'égalité légale et de progrès industriel comme le nôtre, une noblesse qui vaut les autres, noblesse de marteau dont nous avons essayé de faire revivre les titres.

APPENDICE.

Comme nous finissions d'imprimer, il nous est tombé entre les mains le prix fait d'un orgue que nous ne pouvons nous dispenser d'ajouter à ce que nous avons déjà recueilli sur notre musique gothique (1). Les orgues de Notre-Dame-des-Tables, que nous avons vu réparer en 1473, et dont le maître *(mestre de las orguenas)* avait été payé du produit de la vente d'un calice, d'une paix et d'une lampe, ainsi que nous le trouvons consigné dans un inventaire de 1477, furent refaites en 1504 par JEHAN TORBIAN, maître organiste, natif de Venise. JEHAN CHONART, menuisier de Montpellier, en fit la boiserie sur le modèle qui lui fut donné par l'organiste, et en employant les bois des vieilles orgues. Les prix faits passés entre les consuls et ces artistes, étant en français (2), n'ont pas besoin d'explication. Nous ferons seulement remarquer que l'instrument dont il est ici question était ce qu'on appelle un huit-pieds ayant huit jeux, trente sons ou trente touches au clavier, et probablement deux octaves et demie. Les orgues les plus complètes que l'on fabriquait à cette époque, n'avaient, selon D. Bédos, que trois octaves (3). Notre prix fait mentionne expressément des registres, et cependant il semble, en lisant l'introduction historique de l'*Art du facteur d'orgues*, que le registre ou le moyen de séparer les divers jeux ne fut pratiqué qu'à la fin du XVIe siècle. Il en est sans doute de cette invention comme de beaucoup d'autres dont le moment ne peut point être précisé, et que reculent successivement les investigations historiques. En tout cas, notre document fournit des renseignements curieux pour l'histoire de l'instrument encyclopédique du moyen-âge.

---

(1) *Voy.* pag. 99.

(2) Doc. XCII.

(3) *Art du facteur d'orgues*, 1766, in-fol°, pag. XV.

DOCUMENTS.

COMMUNE CLOTURE.

I.

Institution de la Commune Clôture.

(Ann. 1196[1].)

Anno Dominice Incarnationis M. C. CXCVI, mense octobris, ego Guillelmus Dei gratia Montispessulani dominus, filius quondam Mathildis ducisse, promitto et convenio vobis Petro de Conchis, Raimundo Atbrando, R. Lamberto, Guillelmo Petro, Petro de Porta, Ugoni Pulverello, P. de Montbeliardo et Bernardo Ecclesie, statutis administratoribus ville Montispessulani, quod in consilio vestro et noticia stabo de toto negotio clausure Montispessulani, de me ipso et de omnibus illis quos ibi dare debere noveritis. Et omnes illos quos ibi dare debere noveritis, secundum arbitrium et noticiam vestram inde distringam et distringi faciam, et si pro communi clausura dando dampnum vel injuriam alicui feceritis vos vel aliquis nomine vestro, nullatenus inde mihi vel curie mee teneamini vos vel aliquis per vos, et vos et omnes illos qui per vos fecerint, inde in perpetuum libero et absolvo, nec computum vel rationem aliquam de negotio clausure mihi teneamini reddere vel alicui heredi meo per me, vos nec heredes vestri vel aliquis per vos, vel aliquis qui in clausura vel pro clausura fuerit statutus. Totum hoc ita tenebo et observabo, et contra hec vel aliquid horum nullo jure vel ratione veniam vel aliquis per me. Si Deus me adjuvet et hec sancta quatuor Dei Evangelia. Acta sunt hec et in estari Januensium, etc.

(Ann. 1204.)

Anno Dominice Incarnationis millesimo ducentesimo quarto, mense novembris, secundo nonarum ipsius mensis, ego Petrus Dei gratia rex Aragonum, comes Barquinonie, dominus Montispessulani, et ego Maria ejus uxor, eadem gratia regina Aragonum, comitissa Barquinonie, domina Montispessulani, filia et heres Guillelmi quondam domini Montispessulani filii Mathildis ducisse, videntes et cognoscentes hoc expedire tam nobis quam communi utilitati ville et hominum Montispessulani, viso et cognito instrumento publico et bullato per manum Guillelmi Raimundi notarii scripto et facto et concesso a domino Guillelmo Montispessulani, patre mei Marie, toti universitati Montispessulani et omnibus administratoribus clausure Montispessulani presentibus et futuris, per nos et per successores nostros promittimus et convenimus vobis, Ugoni Veliano, Petro Richerio, Berengario Aimerico, Deodato de Faus, Stephano Alberti, Petro Deodato, Johanni Andree, electis et statutis administratoribus clausure Montispessulani, quod in consilio vestro et noticia et futurorum ad hoc idem electorum stabimus de toto negotio clausure Montispessulani de nobismet-

[1] Archives de la commune de Montpellier. Arm. B cass 10, n° 2.

ipsis et de omnibus illis quos ad hoc debere dare noveritis, secundum quod arbitrati fueritis. Et damus et concedimus vobis predictis septem viris et omnibus qui de cetero, quolibet tempore, in predicto vestro officio erunt in quo vos nunc statuti estis, plenam et liberam potestatem cogendi et distringendi per vos et per quoscumque vobis placuerit omnes illos quos ibi debere dare noveritis, secundum arbitrium et noticiam et censuram vestram et suscipere officium quod vobis imponere cuilibet in Montepessulano habitanti placuerit. Et eos etiam inde distringemus et distringi faciemus ad vestram comonitionem omnium vestrum vel majoris partis vestrum vel singulorum, et si pro communi clausura exigendo vel querendo dampnum vel coactionem vel injuriam alicui feceritis realiter vel personaliter vel extraordinarie vos vel aliquis nomine vel mandato vestro, nullatenus inde nobis vel curie nostre teneamini vos vel aliquis per vos, nec curia nostra aliquem inde conquerentem de vobis aliquo tempore audiat, sed vos et omnes illos qui per vos fecerint, inde in perpetuum liberamus et absolvimus. Nec computum vel rationem aliquam de negotio clausure vel de pecunia ad clausuram pertinente nobis, vel heredi nostro, vel alicui alii persone teneamini reddere, vel de hiis respondere vos vel heredes vestri vel aliquis per vos, vel aliquis qui in clausura vel ad clausuram faciendam fuerit statutus vel in futurum electus. Et si aliquid a vobis vel heredibus vestris vel a futuris statutis et electis vel ab heredibus eorum aliquid, propter istud negotium vel occasione ipsius negotii, aliquo jure vel ratione petere vel exigere possemus aliquo tempore, illud totum quidquid sit et qualecumque sit bono animo et ex certa scientia prorsus et in perpetuum solvimus et remitimus. Totum hoc ita plenarie tenebimus et observabimus in perpetuum, et contra hec vel aliquid horum nullo jure vel ratione veniemus vel aliquis per nos, nec aliquis arte nostra vel ingenio, et de hiis omnibus predictis et singulis in perpetuum recipimus vos et vestros in Dei fide et nostra. Acta sunt hec omnia in castello ante ecclesiam beate Marie, in presentia R. de Portu notarii publici Montispessulani qui hec scripsit.

II.

Priviléges et coutumes des Ouvriers.

(Ann. 1264[1].)

El nom de Nostre Senhor Jhu Crist, en lan de la Soa Encarnacion Mil CC. LXIIII. lo jorn de la festa de Tots Sans, aissi con antigamens es acostumat, foron elegut e fag obrier de la vila de Monpelier, soes assaber lo senhor en Johan de la Riba cambiador, en P. de Favars drapier, en B. Lop canabassiers, en Guillem Ar. notari, Johan de las Corts laoraire, Johan Fabre pelicier, en Rostan de Salelas coiratier, liqual feron aquest libre et aquesta ordinacion que desots se conten. Car moutas devegadas ses deven que hom menespreza aquo que comunalmens es possezit, empavior daquo li davan dih obrier per tal quels dretz e las rendas de la obra comuna de Monpeslier per negligencia ni per oblivion perdre non se puescon ni a la obra ren deperir, manifeston en aquest libre las maisons, els

1 Livre des priviléges. Arm. G, cass. F, N° 197.

luecs e las rendas que son e pertenon a la obra sobredicha. Encaras e las cartas, els enstrumens atressi pertenens a la obra. Encaras e las claus pertenens a las portals de Monpeslier. Et en apres lo poder e la jurisdiction que fon donat als obriers per los senhors de Monpeslier. E car la juresdiccion dels obriers es perpetuals, establiront aquist senhor obrier que li nom dels obriers que perarenan seran fag, per cascun an e per tots temps se meton e sian escrig en aquest libre. Mais car en la plus digna causa deu hom tota hora comessar, feron aissi metre la costuma de la elecion dobriers e pueis las autras causas segons que per orde desots se contenon.

Establit es que proshomes e lials barons de Monpeslier et ab sagramen sian eleguts, liqual devon albirar et ab sagramen los bens e las facultats de cascun et aquelas dir e manifestar quanta quantitat cadauns deia donar e despendre en aquelas causas que seran obs als bastimens dels murs. Et aquist podon mermar e creisser en cadauns homes segon que ad els a bona fe sera vist, segon la pauqueza e la teuneza e la grasseza del patremoni de cascun, et aquist sian elegut ab sagramen de xiiii. prohomes, soes assaber ii. de cascuna de las escalas. Li cal xiiii. juror eleger a bona fe, e totas aquestas cauzas son annals en aissi que neguns aqui estar non deu sinon per un an, e pueis autres en aquela meteusia maniera sian substituts, et aquil sobredih li qual davan dih xiiii. elegiran devon la pecunia pertenens als bastimens dels murs penre e despendre en bastimen en aissi con azels sera miels vist. Also del penre e del despendre e del azismar segon que desus se conten en la costuma senten dels homes habitans en Monpeslier dins e deforas. Car de las honors dels homes estrans aquil meseus proshome prenon e despendon en la clauzura segon que se conten en una autra costuma, la tenor de la qual es aitals.

DELS HOMES NON HABITANTS EN AQUESTA VILA.

De las maisons dels homes non aissi estans neguns hom non deu penre, si non la mitat de las obvencions daquelas et aisso solamens sia pres a la obra de la comunaleza de Monpeslier.

LESTABLIMEN DELS OBRIERS.

Ecar aquist proshome que son establit a far e per far la comunal clauzura son vii., aissi cones uzat, e son elegut per xiiii. proshomes, soes assaber de cadauna de las escalas de Monpeslier ii., li cal xiiii. trian et elcion los davan dits vii. que son appelat obrier, volem que sapias cals e cantas son las escalas de Monpeslier, las cals son vii. segon lo nombre dels jorns de la setmana, e que sapias cals dels mestiers de Monpeslier pertenon a cadauna de las escalas, las cals son escrichas per nom en lautra part daquesta carta.

LESCALA DEL DIMERGUE.

De lescala del dimergue son notaris, sangnadors, e tenchuriers, e razedors de pargamins, e mazelliers de porcx e de vaccas e de motons, e peissonniers, et albergadors de romieus, e *penhedors*, e forniers.

LESCALA DEL DILUS.

De lescala del dilus son pelissiers de la oriaria vielha e cedles, e sartors, e peliciers de la pelissaria vaira, e socceliers.

LESCALA DEL DIMARS.

De lescala del dimars son boquiers, blanquiers e li vairadors, e capelliers, e laoradors, e li merciers del peiron.

LESCALA DEL DIMECRES.

De lescala del dimecres son coiratiers, e sabatiers, e fabres, et agullers, e pairoliers, e soquiers, e freniers, e tozoiriers.

LESCALA DEL DIIOUS.

De lescala del diious son cambiadors e canabassiers, e liadors et especiadors, e bastiers, e corduriers, e *dauradors* et *aneliers* et aquels que affinan largen, e pebriers.

LESCALA DEL DIVENRES.

De lescala del divenres son drapiers, e corratiers de mercadiers, et orgiers, e pelliers, e floquiers et alberguiers de mercadiers, et aventuriers e portadors de peilla, e paradors.

LESCALA DEL DISSAPTE.

De lescala del dissapte son *maistres de peira* e teissedors, e fustiers, e menadors e mouniers e corratiers de bestias, e taverniers, et alcuns laoradors, e botliers, e sauniers.

LOS ESTABLIMENS DESSUS.

Vistas e mostradas las sobredichas causas es obs que hom sapia lo poder e la forsa e la jurisdiccion e la execucion de la jurisdiccion que an li davan dih VII. obriers, autreiadas per en Guillem de Monpeslier, fils sai enreire de la duguessa, e per la dona Maria filha qui fon del davan dih senhor en Guillem de Monpeslier e de na Eudochia lemperairis molher de lui, e per lo senhor en P. rei dAragon e senhor de Monpeslier marit dela, a cui ela avia autreiat Monpeslier en dot.

III.

Statuts des Ouvriers.

(ANN. 1284[1].)

Cum operarii communis clausure Montispessulani qui annis singulis constituuntur ad gubernandam et regendam dictam communem clausuram, ex debito sui officii astringantur ad preferendum ea que communiter ipsi communi clausure prosunt pocius quam illa que videntur redundare ad hutilitatem XV. vel XX. hominum de universitate Montispessulani et ad dampnum et detrimentum omnium aliorum de dicta universitate et specialiter commorantium seu habitantium prope vallata et muros et portalia Montispessu-

[1] Arm. C, n° 49, fol. 15.

Statuts des Ouvriers.

(ANN. 1284[1].)

Can li obrier de la comuna clauzura de Montpeslier que encascun dels ans son establitz a governar et a regir ladita comuna clauzura, de deuto de lur hufizi sian costreg adavan portar et agardar aiselas causas que comunalmen a ladita comuna clauzura profiechon mayormen que aiselas causas que son vistas a redundar al profieg de XV. o de XX. homes de la universitat de Montpeslier et a dampnage et al detriment de totz los autres de ladita universitat especialmen dels estantz o dels habitantz aprop los valatz, els murs, els portals de Montpes-

[1] Arm. C, n° 49, fol. 37.

lier, e per amor daiso nos en Johan Civada, en P. Huc, en Jo. Valeria, en P. Segin, en P. Rays, G. Brun, Jo. Dosca, que em obrier establit ad aquest prezen an, esgardat primieiramen e cossirat lestamen de ladita comuna clauzura, volent et entalentans lestamen dels murs, dels portals e dels valatz si poiriam e miels reformar, significam e dizem a vos senhors XII. cossols de Monpeslier ques vist a nos, sal empero retengut lo vostre mellor cossel que si las causas defra escritas serian gardadas per los obriers de Monpeslier que aras son o per lur temps seran o auran estat, que mot esgardesson a la utilitat de ladita comuna clauzura, e si en aisi es, si que fait sagramen cascun dels ans per losditz obriers, en las mans dels cossols de Monpeslier, enconten fag lodit sagremen per los dits obriers, lidit cossol si ad els es vist acosselo e donon per cossel alsditz obriers que gardo totas causas defra escrichas.

Els comensaments acertas dizem que li vals, els valatz, els portals, els pontz dels portals de Monpeslier, els espazis de XII. palms que son als pes dels murs de Monpeslier e sobre las escamas dels ditz valatz e dels ditz murs, e las torres e bestorres de ladita vila, totas aquestas causas estion et estar deio empertotz temps netas e purgadas, e que neguna persona daisi en an en las causas davan ditas non fassa o aiustar puesca fems, raca, escobilas o alcunas autras causas lagas o desconvinens, e si alcun home es autreyat, sia revocat.

Que las arquieiras, ols pertus, ols traucs que son defra los ditz murs sian claus de peira en tal maneira que aquel que an espleg els ditz murs, non gieton

lani, ideoque nos Johannes Civate et P. Hugonis et Johannes Valeria et Petrus Sigini et P. Rays et Guillelmus Bruni et Johannes Dosca, qui sumus operarii constituti ad istum presentem annum, inspecto prius et considerato statu dicte communis clausure, volentes et affectantes statum murorum, portalium ac vallatorum, si possemus in melius reformare, significamus et dicimus vobis dominis XII. consulibus Montispessulani quod videtur nobis, salvo tamen vestro meliori consilio, quod si infra scripta observarentur per operarios Montispessulani qui nunc sunt vel pro tempore fuerint, que quamplurimum spectarent ad hutilitatem dicte communis clausure, et si ita est, prestito juramento singulis annis per dictos operarios in manibus consulum Montispessulani, incontinenti facto dicto sacramento per dictos operarios, dicti consules si eis videtur consulant et dent pro consilio dictis operariis quod observent omnia et singula infra scripta.

Inprimis si quidem dicimus quod valla seu vallata et portalia et pontes portalium Montispessulani et spacia XII. palmorum que sunt ad pedes murorum Montispessulani et super scamas dictorum vallatorum, et dicti muri et turres et biturres dicte ville, omnia ista stent et stare debeant in perpetuum munda et purgata, et quod nulla persona ab inde in antea in predictis vel aliquo premissorum faciat aut congregare valeat fimum, racam, escobillas, seu aliqua alia turpia vel indecentia, et si alicui concessum est, revocetur.

Item quod arquerie sive foramina quo sunt supra dictos muros claudantur lapidibus taliter quod illi qui habent esplechum in dictis muris non prohiciant aquas vel aliqua alia turpia per dicta foramina in dictis vallatis.

Item quod in predictis vel aliquo premissorum non fiant vel fieri pacientur latrine, aquerie, cloaque, congregationes aquarum pluvialium vel aliarum aquarum, aut aliqua alia que redundent ad detrimentum et lesionem dicti muri et dictarum scamarum et aliorum superius dictorum et ad corruptionem aeris, et si alique sunt, removeantur et destruantur sine spe redeundi.

Item quod aque pluviales que distillant de tectis domorum que sunt prope dictos muros, non distillent supra dicta spacia XII. palmorum seu supra muros vel vallata.

Item quod janue seu portalia per que intratur in dicta vallata, claudantur lapidibus vel cum januis ligneis taliter quod gentes non habeant occasionem congregandi vel portandi fimum ibi vel escobillas, vel aliqua alia turpia vel immunda ibi faciendi.

Item quod non sustineant dicti operarii quod terra que fuit per bonos operarios congregata ad pedem murorum Montispessulani, intus et extra caveatur, removeatur vel alibi portetur, cum dicta terra fuerit ibi congregata ad maximam utilitatem et tuitionem dictorum murorum, et si remota est de aliquo dictorum locorum, in statu pristino reducatur.

Item si aliquo casu accideret quod per dictos pontes seu scamas vel per aliquem alium locum prohicerentur escobille vel aliqua alia turpia in dictis vallatis, muris seu spaciis XII. palmorum, quod nuntius operariorum faciat predicta purgare et de dictis locis extrahere taliter quod quando intrabunt

aigas ni autras causas laidas per los ditz traucs en los ditz vals o valatz.

Que en las causas davan ditas o en alcuna causa de las causas davan ditas no sian faitas ni sian sostengudas defar latrinas, aiguieiras e avalguieiras, congregations daigas pluvials o dautras aigas, o autras causas que redondon al detrimen et a la lezio dels dits murs e de las ditas escamas e de las autras causas sobreditas e a la corruption del aer, e si alcunas nia, sian ne ostadas e destruytas ses esperansa de retornar.

Que las aigas pluvials que distillon de los teules de las maisos que son prop los murs, non distillo sobre los ditz espazis de XII. palms ni sobre los murs ni sobre los valatz.

Que las portas ols portals per que intra hom els ditz valatz, sian claus de peiras o ab portas de fusta en tal manieira que las gens non agon ocaizon daiustar o daportar fems aqui ni escobilas ni autras causas laidas.

Que non sostengon lidit obrier que la terra que fon aiustada per los bos obriers dedins e deforas sia esquivat, que non sia remoguda ni sia portada en autre luec, cam ladita terra sia aqui aiustada a gran profieg et a defendeni desditz murs, e si ostada dalcun luoc, als dits luocs sia tornat el primier estam.

Si per alcun cas ses devenia que per losditz ponts o per las escamas o per alcun autre luec gitava hom escobilas o alcunas autras causas els ditz valatz, ols murs, ols espazis de XII. palms, quel message dels obriers fassa las causas davan ditas mundar e dels ditz locs fora gitar en tal manieira que cant intraran li autre obrier en la festa de tot Santz, non trobon negunas causas laidas ni enmundas en losditz valatz ni en los espazis ni els murs.

Que li obrier non sostengon que negus fassa distillar els ditz valatz per laditas escamas alcunas aiguieiras, latrinas o alcunas autras causas lagas, e si alcunas aiguieras o autres luecs o traucs poiran atrobar en las ditas escamas per los cals las davan ditas emundicias cargo e destillon en los ditz valatz, nesian ostadas e destruitas, e de tot en tot sian clauzas con li dit valat non sian fag a recebre las causas davan ditas, car non seria bon ni dreiturier que li senhor dels cals son tengudas las possessios que son aprop los ditz valatz, poguesson dire en temps esdevenidor que sil an tan laga e tavil servitut els ditz valatz.

Quel message dels hobriers personalmens tres vagadas en cascuna setmana sia tengutz gardar et enquere diligentmens per los ditz murs e per los espazis, per los valatz, si alcunas causas son faitas contra los davan ditz establimentz o a lesion dels ditz murs, que si aura trobat, encontenent sia tengut de revelar sotz lo sagramen daquel fag e notificar als obriers davan ditz.

Quel dit message, aitant cant longamen sera el dit hufizi, non prenga ni fassa autres negossis si non los propris negossis de la dita obra, e cant aura receubut alcuna pecunia pertenen a la dita obra, que aquela pecunia, enantz que venga a la maison sieua, el meteus lo message porte aquela mezeusa pecunia el poder del clavari dels, si nono fazia del dit hufizi seria gitatz ses esperansa de rotornar.

Que li obrier davan dit per lur sagra-

alii operarii in diebus festivis omnium sanctorum, non inveniant aliqua turpia vel immunda in predictis vallatis, spaciis seu muris.

Item quod operarii non sustineant quod aliquis faciat distillare in dictis vallatis per dictas scamas aliquas aquerias, latrinas vel aliqua alia turpia, et si aliquas aquerias vel aliqua loca vel foramina invenire poterunt in dictis scamis per que predicte immundicie cadant vel distillent in dictis vallatis, removeantur, destruantur penitus et claudantur cum dicta vallata non fuerint facta ad recipiendum predicta, et non esset bonum seu justum quod domini a quibus tenentur possessiones que sunt prope dicta vallata, possent dicere in futurum quod ipsi habent tam turpissimam et vilem servitutem in dictis vallatis.

Item quod nuntius operariorum personaliter ter in qualibet ebdomada teneatur intueri et inquirere diligenter per dictos muros et spacia et vallata si aliqua fiunt contra predicta statuta vel ad lesionem dicti muri, quod si invenerit, incontinenti revelare teneatur sub sacramento ab ipso prestito et notificare operariis supradictis.

Item quod dictus nuntius, quamdiu fuerit in dicto officio, non assumat seu faciat aliqua alia negotia nisi negotia dicti operis propria, et quando receperit aliquam pecuniam pertinentem ad dictum opus, quod ipsam pecuniam, antequam veniat ad domum ipsius nuncii, ipse nuntius portet ipsam pecuniam in posse clavarii operariorum, quod si non fecerit a dicto officio expellatur sine spe redeundi.

Item quod operarii predicti suo sacramento sint astricti quod ad monitionem clavarii seu clavariorum dicti operis, seu ad monitionem nuncii dicti operis quando venerit de mandato dicti clavarii, veniant et venire teneantur ad domum dicti operis et in eadem se congregare tociens quociens fuerit necesse, et si aliquis ex dictis operariis receperit aliquam pecuniam vel res ad dictum opus pertinentes, quod ipsas incontinenti ponat in posse dicti clavarii.

Item quod dicti operarii de tribus in tribus mensibus teneantur ire et eant per dictos muros et inspicere et inquirere diligenter si aliqua fiunt contra dicta statuta seu ad detrimentum dicti operis.

Item quod dicti operarii non vendant vel alienent aliquos redditus dicti operis ultra tempus sui regiminis, nisi pro maxima et evidenti hutilitate et necessitate dicti operis, et hoc cum consilio et voluntate XII. consulum Montispessulani vel majoris et melioris partis ipsorum.

Item quod dicti operarii vel aliquis ex ipsis pendente tempore sui officii non emant, vel emere vel accaptare aut adquirere seu sibi appropriare per se vel per alium possint vel debeant aliqua pertinentia ad dictum opus seu ad dictam communem clausuram in aliquo casu, aliquo modo vel causa, nec aliquid faciant in fraudem predictorum, quod si fecerint, nullius sit valoris et momenti.

Item quod vallata Montispessulani vel aliquid ex ipsis in solidum vel in parte nunquam vendantur, alienentur seu in accapitum dentur, vel aliquo alio modo concedantur alicui persone ad edificandum domum vel domos, vel fa-

men sian costreg que a la monetion del clavari o dels clavaris de la dita obra, et a la monetion del message de la dita obra can sera vengutz del dit clavari, vengon e venir sian tengutz a la monition de la dita obra, et en aquela sian aiustat aitantas vegadas cantas vegadas sera necessitat, e si alcuns dels dits obriers aura receuput alcuna pecunia o alcunas causas a la dita obra pertenens, que aquelas causas encontenen pause en poder deldit clavari.

Quel dit obrier de III. en III. mes sian tengutz danar et anon per los dits murs et esgardar et enquere diligentment si alcunas causas son faitas contra los establiments ni al detrimen de la dita obra.

Que li dit obrier non vendon ni aliano alcunas rendas de la dita obra otral temps de lur regimen, si non per sobre gran et evident profieg e necessitat de la dita obre, et ayso ab lo cossel et ab la voluntat dels XII. cossols de Monpeslier e del maior e del melior partida daquels.

Que li dit obrier o alqus dels penden lo temps del sieu hufizi non compron, ni comprar ni adacaptar ni aquere ni a se apropriar per se ni per autre non puesco, ni digon alcunas causas pertenens a la dita obra o a la dita comuna clausura en alcun cas, en alcuna manieira o en alcuna causa, ni neguna causa non fasson effranher de las causas davam ditas, que si auranfa, it non sian de neguna valor ni de negun momen.

Que li valat de Monpeslier, alcuna causa daquels en tot o en partida negun temps non sian vendut ni alienat, ni ad acapte donat o en alcuna autra manieira non sia autreiat eneguna persona a bastir maizos o maizo, ni a far verdiers, ni a negunas autras causas uzar, si non era a sobre gran et eviden profieg e necessitat de Monpeslier, et aiso ab lo cossel et ab la voluntat de xii. cossols de Monpeslier, e si alcuna causa contra las causas davan ditas es fag sia revocat, empero aiso sal quel dit obrier de la peccunia de la dita obra puescon, si volon, els caps dels valatz e sobre e iusta los ponts dels portals bastir maizo e maizos.

Que sol iii. obriers alcunas causas pertinens a la dita clausura non donon ni autreyon ni en alcuna manieira non alianon a neguna personna alcunas causas pertenents a la dita comuna clausura, e si auran fait, non sian de neguna valor ni de negun momen.

Que li obrier el comessamen de lur regimen fassan venir a se los obriers de lan passat o la maior part daquels, et enqueiran ab els en qual estamen laiseron los negossis de la dita obra, e que estruican los dits obriers novels en totas causas que poiran a la dita obra profichar e de la cura diligen e legalitat, la cal avuda ledit message de la dita obra, e si es e fon diligents o negligens, fizels o non fizels, entorn las causas davan ditas e daquesta causas digam ad els veritat.

Que aquels que an espleg els dits murs per lautreyamen dels dits obriers, fasso sobre los dits murs portas de fust en tal maniera adobadas que cant lidit obrier ol message daquels volran anar e retornar per los ditz murs, que aquo puescon far sestot empachier.

Que li obrier, el primier dia que seran aiustat en la maizon de la dita obra, elegisco et establiscon de semezeuses i.

ciendum viridaria, vel aliqua alia exercendum, nisi ad maximam et evidentem hutilitatem et necessitatem Montispessulani, et hoc cum consilio et voluntate xii. consulum Montispessulani, et si aliquid contra predicta factumest, revocetur, hoc tamen salvo quod dicti operarii de pecunia dicti operis possint si voluerint in capitibus vallatorum et supra et juxta pontes portalium hedificare domum vel domos.

Item quod tres soli operarii aliqua pertinentia ad dictam clausuram non dent vel concedant, aut aliquo modo alienent alicui persone aliqua pertinentia ad dictam communem clausuram, quod si fecerint, nullius sit valoris et momenti.

Item quod operarii in principio sui regiminis faciant venire ad se operarios anni preteriti vel majorem partem ipsorum, et inquirant cum ipsis in quo statu dimiserunt negocia dicti operis, et quod instruant dictos operarios novos in omnibus que poterunt ad hutilitatem dicti operis, et super cura diligenti ac legalitate quam habuit dictus nuntius dicti operis erga dictum opus et circa negotia dicti operis, et si est et fuit diligens vel negligens, fidelis vel infidelis circa predicta et de hiis dicant eis veritatem.

Item quod illi qui habent esplechum in dictis muris ex concessione dictorum operariorum, faciant supra dictos muros januas ligneas taliter aptatas quod quando dicti operarii vel eorum nuntius ire voluerint et redire per dictos muros, quod hoc facere possint obstaculo aliquo non obstante.

Item quod operarii prima die qua erunt congregati in domo dicti operis eligant et constituant de se ipsis unum bonum sufficientem et legalem clavarium vel duos, et sint tales qui sciant legere et scribere, et promittant dicti clavarii aliis sociis suis operariis sub sacramento ab ipsis prestito consulibus Montispessulani, quod denarios dicti operis ponant et reducant in necessariis et negotiis propriis dicti operis et non in negotiis aliis seu usibus dictorum clavariorum.

Item quod dicti operarii qui sunt gadiatores seu executores testamenti Nicholai Viniani quondam speciatoris petant et exigant redditus dicte gadiationis, quos redditus ipsi operarii convertant, ponant et mittant in helemosinis et legatis per dictum quondam Nicholaum ordinatis et constitutis in suo testamento scripto per Bernardum de Bernicio quondam notario, et non in necessitatibus seu usibus dicti operis seu dictorum operariorum.

Item quod totam pecuniam quam dicti operarii habere vel recipere poterunt aut congregare de redditibus dicti operis, ipsi operarii ponant et convertant in hedificandis et reparandis scamis vallorum Montispessulani que non sunt adhuc edificate seu complete, et in aptandis dictis muris et portalibus et pontibus dictorum portalium, prout fuerit necesse et ipsis operariis videbitur expedire, et non in edificandis domibus, tandiu usquequo predicta plenarie sint completa.

Acta sunt hec anno Domini M. CC. LXXX. IIII. mense octobris.

bon sufficient e leial clavari o dos, e sian tals que sapion legi e escriure, prometan ledit clavari als autres companhos obriers, sot sagramen daquel fag als cossols de Monpeslier, que los deniers de la dita obra pauzon et reducon en las necessarias et els negossis propris de la dita obra e non enegossis autres ni en uzis dels dits clavaris.

Que li dit obrier que son gazier o execudor del testament de Nicholau Vinha sai enreire especiaire, demando e requieiron las rendas de la gadiation dita, las quals rendas aquels obriers convertescon e pauzon e meton en almornas et en testamen par lo dit say enreire Nicholau adordenadas, establidas eson testamen escrit per Bernat de Bernis sa enreire notari, e non enecessitatz ni en uzes de la dita obra dels dits obriers.

Que tota la peccunia la cal li dit obrier aver e recebre poiran o aiustar de las rendas de la dita obra, el meteuses li obrier pauzon e covertescon en bastir et en reparar las escamas dels vals de Monpeslier que non son encaras bastidas ni complidas, et en adobar los murs, els portals dels dits portals, aisi can sera necessitat e aquels obriers sera vist espedir, e non en bastir maizos entro las causas plenieiramen sian bastidas e complidas.

Aquestas causas foron faitas en lan de la Encarnation M. CC. LXXXIIII. el mes duchoyre.

IV.

Divers travaux des Ouvriers.

(1268[1].)

Aquel an approprieron a lobra III. obradors que feiron bastir al portal dObilhon que se tenen ab lo pont de vas senestre quant hom sen eis.

(1362[2].)

Et feiront los dich hobriers en lor temps acabar e cobrir los portals de Saint Jame e de Saint Salvaire e del portalet de la villa nova, e feyront complir la torre de la part antiqua davant la cort del rector.

(1363.)

Et feyront los dich senhors obriers estimar las bastimentas de las torres et de las bistorres e dels eschaliers que avian fayt far aquels que o teniant dels seniors obriers per tal que demore e remanga per tot temps a lobra. Feront comensar la torre de la Blanqueria. Item feront comensar la torre de Santa Lucia de la palissada.

(1364.)

E feront complir la tor del portal de la Blanqueria, et feront far los redutz del portal del Carme, et feront reparar las eschamas de las dogas, et feyron far la lauzina els avans peigs del mur.

(1392.)

Sabedoyra causa es que los senhors obriers am cosselh e voluntat dels senhors cossols e dels bons homes de la villa de Montpellier, avut premieyrament cosselh de mossenhor lo governador de Montpellier, fonc derrocar lo portal e torre que era sobre lo dich portal apelat de Sant Guilhem, per so car era en gran dubte que tombes ho se derroques, e se fos tombat agradat gran dampnatge tant a gins coma als vezis, lo qual portal e torre feron bastir ayssi cant apar ad huelh.

(1407.)

Et es certana causa que los susdits obriers facha per els tres visitations per la muralha, portals et autras causas que pertocon a la deffensa e conservation de la dicha vila de Montpellier, appellats los senhors cossols tant vielhs coma novels que foron en lur temps, et mots autres notables valens et honorables homes et atressi peyries et fustiers de la dicha viela, et avut conseil ambels, volens provisir a so que plus necessari era, feron cobrir la torre que es tras la obra del Papa entre la dicha obra del Papa et portal del Carme, et aytant ben la torre francesa que es detras la cort del sagel sus lo portal de Montpeylaret anant vers lo portal del Avesque, per so car non ha trop de temps que foron fachas et son novas et las darrieras que foron bastidas apres aquela del palays, et mot costeron de far et bevian tant grandament quant plovia que de tot en tot venian a destruction, et car fon attrobat per las dichas visitations que so era la causa a que hom devia plus tost acorrer.

Item feron mais sostrayre lo portal primier de Montpeylaret devers la viela que estava en perilh grant de tombar per la gran antiquitat que ha.

Item feron plus sostrayre la porta que es costa la carce del petit sagel que va als XII. palms, car era coma tombada et derruida que non se podia tener, et hi feron far porta nova.

1 Livre des privilèges.
2 Thalamus des ouvriers.

Item feron plus portas novas als xii. palms que son entre lo portal nou et del Carme dessus lo portal nou, car aquelas que hi eron, eron derruidas et gastadas et de tot a terra.

Item feron plus clause he reparar la palissada en diversas pars et lay ont era necessari anant del portal de la Saunaria tro en aquel de Sant Jaume, car era huverta en mots en plusiurs luocx, en tal guisa que gens a pe et a caval et bestias salvatyas en podian leugerament intrar et apparia que hi intravon.

Item feron motas et diversas autras reparations tant en los pons de las fustas dels portals de la dicha viela, coma en motas et diversas autras minicularias que seria lonc a escriure.

Et otra tot so que desus es escrich feron retornar la cadena que es en lostal de maystre Peyre Guiraut, procurayre del rey nostre, de novel bastit, loqual hostal es al canto de la Carbonnaria davant la torre den Canet, et la cadena que es en lo canto de lostal tumbat que es de Salvayre blanquier, situat sot los coresayres et anant vers lo hostal dels heretiers de S. Johan Boncor say entras et dautras, lasquals avian estadas mogudas de aqui ont son aras, trop avia gran temps, tant per fuoc que avian cremat lostal hon se tenian, coma per tombament dels coma autramens.

(1477.)

Los sobredichs senhours obries feron far belcop de bellas reparacions et ben utils a la present villa, coma es la quallada que part del portal Monpeylayret fins al gazilhan fores le dich portal.

Item feron curar las muralhes a tot lo tornt de la dicha villa, et deroquar environ LX. quanas de las barbandas et pavat de la dicha muralha per aveyr las racinas de belcop daubres que destruyent la muralha de tot, en apres ho feron tout rebastir de nou an provesion que lour donerent los senhours consols, et belcop dautres reparacions que sirient trop longas a recontar.

PEYRIERS.

V.

Statuta proborum virorum Avenionis.

(Ann. 1243 [1].)

Art. CXXIII. — DE MAGISTRIS LAPIDUM.

Item statuimus quod magistri lapidum jurati de iis controversiis quibus coram eis venient, si steterint ibi usque ad tertiam, possint habere viii. den. quilibet inter utramque partem; si usque ad nonam, xvi. den.; si per totam diem, ii. sol. et non amplius. Si autem audiverint controversias in diebus festivis, possint habere per totam diem xii. den. et similiter pro rata diei, et hoc intelligimus sine dampno illius cum quo operantur, et predictas expensas victi in causis solvere teneantur.

Art. CXLV. — QUOD MAGISTRI TENEANTUR OPERARI CUM ILLIS CUM QUIBUS CONVENERINT.

Item statuimus quod cum quilibet magister lapidum vel lignorum vel quilibet alius magister seu carpentarius in arte sua convenerit operari cum aliquo, certa mercede statuta ei vel non statuta, quod die assignata ad operandum

[1] Copie moderne de la bibl. du Musée-Fabre. C'est par erreur que la date de ces statuts a été rapportée, dans le texte, à l'an 1221.

illi cui convenit operari, teneatur omnibus modis operari et inceptum opus si dominus adimplere voluerit, nisi justa de causa magister se poterit excusare, et si magister contra fecerit, pro singulis diebus quibus in hoc defecerit domino cum quo convenerit operari, in II. sol. condempnetur.

VI.

Ordinatio Caritatis Lapicidarum.

(Ann. 1365 [1].)

In nomine Jeshu Cristi amen. Anno Incarnationis ejusdem millesimo CCC. LX. quinto et die secunda mensis marcii, domino Karolo Dei gratia rege Francorum regnante, noverint universi et singuli quod existentes et personaliter constituti in domo consulatus ville Montispessulani, et in presentia honorabilium virorum dominorum consulum Montispessulani, Petrus Saturnini lapicida et consul officii lapicidarum Montispessulani, Berengarius Sivadelli, Raymundus Martelenas, Georgius Fayrandi, Pontius Gervasii, Arnaudus de Podio, Petrus de Fontanea, Johannes de Cumbis, Jacobus Brolheti, Petrus Alexi, Pontius Magistri, Johannes Salvatoris, Andreas Ebrardi, Anthonius de Serreta, Johannes Molina et Johannes Mayssani, lapicide dicti loci pro se et aliis lapicidis seu peyreriis ejusdem loci presentibus et futuris sibi adherentibus et adherere volentibus in hac parte, protestatione mihi prima facta ab ipsis et eorum quolibet quod per aliqua de supra vel infra scriptis nolunt nec intendunt facere vel committere rassam, trassam vel monopolium aut illicitam congregationem vel aliquid aliud in fraudem aut alias in prejudicium juris, honoris et jurisdictionis dicti domini nostri Francorum regis vel domini regis Navarre, domini Montispessulani aut domini Magalone episcopi vel alicujus alterius superioris, qua protestatione semper salva et in singulis actibus infra scriptis repetita et pro repetita habita, dixerunt se congregasse ad laudem et gloriam Dei omnipotentis et pro augmentatione helemosine Caritatis eorum officii que communiter fieri consuevit in Montepessulano die festo Assentionis Domini, quod fiant ordinationes que sequuntur. Videlicet quod quilibet volens addiscere officium peyrerie qui non sit filius lapicide, solvat Caritati peyreriorum decem solidos turonenses monete usualis pro sua intrata. Item etiam solvat luminare lampadis peireriorum ardentis in ecclesia beate Marie de Tabulis Montispessulani pro sua intrata quinque solidos turonenses monete usualis. Item etiam quod in casu quo talis discipulus requisitus semel et simpliciter seu monitus de solvendis dictis duabus summis, ipsas solvere recusaret et de facto non solveret infra octo dies post ipsam requisitionem seu monitionem immediate sequentes, eo casu magister suus ipsas summas solvere teneatur incontinenti absque difficultate et contradictione quibuscumque. Item etiam quod singulis annis consules Caritatis officii dictorum lapicidarum antiqui et lampezerii dicte lampadis, finito eorum officio seu eorum successoribus in ipsis officiis electis, debeant et teneantur reddere computum et rationem et reliqua restituere eorum in dicto officio successoribus immediatis infra

[1] Liber instrumentorum et consiliorum domus consulatus Montispessulani.

quindecim dies immediate sequentes, ex quo ab hujusmodi eorum successoribus super hoc simpliciter moniti fuerint vel alias requisiti, vocatis quatuor de notabilioribus viris officii peyreriorum Montispessulani. Item quod dicti consules Caritatis et lampezerii possint aliis predecessoribus dicta reliqua petere, recipere et habere, et de ipsis ac etiam de dicta computorum redditione et de omnibus et singulis que occasione hujusmodi officiorum consulatus, officii vel lampadis aut alterius eorum, eos recipere contigerit dictos antiquos consules et lampezerios et alios quorum intererit, absolvere possint, liberare et quitare. Item etiam quod dicti consules Caritatis et lampezerii et eorum quilibet possint et valeant omnia et singula jura nomina et debita pertinentia ad dictas Caritatem et lampadem, prout cujuslibet ipsorum officium concernunt, ubique in judicio et extra petere, exigere et habere, recipereque et levare, et inde de eis qui receperint recognitiones et quitationes et absolutiones facere, et pro eis et eorum quemlibet agere, deffendere et experiri et omnes actus alios judiciarios et alios facere in judicio et extra quos quilibet verus et legitimus dominus seu administrator facere potest et debet, necnon etiam laudare quascumque alienationes factas et faciendas de rebus emphiteohcariis que tenebuntur seu tenentur a dictis Caritate et lampade seu altero earum et etiam in accapitum dare ob deffectum instrumentorum. Item etiam quod fiat una banderia cum signis dicti officii, ut est consuetum, expensis illorum qui sunt de dicto officio, qui omnes in hoc contribuere teneantur quilibet pro rata sua, attento valore facultatum suarum, et quod ipsa banderia teneatur uno anno intra muros communis clausure Montispessulani et alio anno in suburbiis ipsius ville, ut est hactenus consuetum. Item quod quilibet lapicida, caput hospicii, solvat singulis annis singulibus Caritatis dicti officii ad opus dicte Caritatis duos solidos duos denarios turonenses monete usualis. Item etiam quod quilibet juvenis operans in seu de dicto officio et verqueriam capiens in Montepessulano seu dietam, solvat dictis consulibus ad opus dicte Caritatis singulis annis tresdecim denarios turonenses dicte monete. Quare requisiverunt dictos dominos consules eosdem humiliter supplicando quathenus predicta dignaverint laudare, approbare, ratificare et confirmare, statuereque ea perpetuo inviolabiliter teneri et observari absque infirmatione aliquali, promittentes et convenientes dictis dominis consulibus et michi notario infra scripto, tanquam communi et publice persone, pro dictis consulatu, officio et lampade et eorum quolibet ac consulibus Caritatis et lampezeriis presentibus et futuris et eorum quolibet simul et divisim stipulantibus solemniter et recipientibus ac pro se et suis successoribus universis in officio supradicto se tenere, servare, attendere, complere contraque in aliquo non facere, dicere vel venire sub obligatione sui et omnium bonorum suorum et cujuslibet eorumdem presentium et futurorum et cum omni renuntiatione juris ad hec necessaria pariter et cauthela. Et dicti domini consules superius nominati presentes, nominibus quibus supra ac pro se et suis successoribus in dicto consulatus officio, universam predictam protestationem superius a dictis lapicidis factam per eos repetitam nominibus predictis et ea salva, premissis attentis et consideratis, ex potestate eis data et attributa per dominos olim dicte ville Montispessulani, postea auctoritate regia confirmata, statuendi, distringendi et ordinandi omnia ea que eis ad utilitatem communem dicte ville noscuntur pertinere, predicta omnia et singula a dictis lapicidis concessa superius expressata voluerunt, laudaverunt, approbaverunt, emologaverunt, ratificaverunt et confirmaverunt, eaque perpetuo valere tenerique et observari voluerunt, statuerunt et ordinaverunt, de quibus omnibus et singulis dictus Petrus Saturnini consul dicte caritatis petiit fieri publicum instrumentum per me notarium infra scriptum. Acta sunt hec in Montepessulano in dicta domo consulatus, et fuerunt testes, etc.

Post hec, eisdem anno et regnante et die quinta dicti mensis marcii, Petrus Riqueti, Stephanus Solgracii et Jacobus Radulphi, lapicide Montispessulani, certificati ad plenum per me notarium supra et infra scriptum de omnibus et singulis supradictis, eisdem omnibus et singulis adheruerunt, sub et cum protestatione supra a dictis aliis lapicidis facta, eaque laudaverunt, approbaverunt, ratificaverunt et confirmaverunt, tenereque et servare promiserunt michi supra et infra scripto notario stipulanti ut supra, sub obligatione omnium bonorum suorum et cujuslibet ipsorum presentium et futurorum et cum omni renunciatione juris ad hec necessaria pariter et cauthela. Hec a paragraffo citra facta fuerunt ubi supra, in presentia et testimonio, etc.

Subsequenter, dictis anno et regnante et die decima mensis marcii, Johannes Maura, Petrus Tabernarii, Guillelmus Nathalis, Johannes Cassuolh, Guillelmus Bade, Petrus Vaquerii, Johannes Castelli, Johannes de Chaumont, Petrus Oliverii, Johannes Garnerii et Johannes Alusquerii, lapicide Montispessulani, certificati ad plenum, etc. Facta fuerunt hec a paragrapho citra in dicta domo consulatus, presentibus testibus, etc.

Post modum, dictis anno et regnante et die duodecima dicti mensis marcii, Jacobus Karoli et Johannes Capelli lapicide Montispessulani, certificati ad plenum, etc. Hujus rei acte ubi supra fuerunt testes, etc.

Consequenter, prefatis anno et regnante et die decima septima dicti mensis marcii, Petrus Clemens et Petrus Malquerii lapicide Montespessulani, certificati ad plenum, etc. Horum a paragrapho proximo citra actorum in dicto domo consulatus Montispessulani testes fuerunt, etc., et ego Petrus Egidii notarius publicus dicti domini nostri Francorum regis, qui requisitus et rogatus de predictis omnibus notam recepi.

Sumptum est instrumentum.

VII.

Commande de la bannière des Mes Peyriers de Montpellier au vitrier Le Tengart.

(Ann. 1367[1].)

Item die XIII. aprilis, ego Le Tengart, Costanciensis in Romania, vitrerius, habitator Avenionis, promitto et convenio vobis Poncio Gervasii, Johanni Cueyas et P. Alexi, lapicidis et consulibus officii lapicidarum Montispessulani presentibus, una cum notario, etc., depin-

[1] Liber notularum.

gere ab utraque parte quamdam banneriam pro dicto officio longitudinis xi. palmarum et latitudinis unius canne ultra vaginam, cum ymaginibus in summitate banderie Dei sedentis in trono cum iv. angelis et in parte inferiori dicte bannerie cum ymagine beate Marie tenentis filium suum et duobus angelis cum tabernaculis pulcris et aliis ornatibus prout est depictum in quodam folio papiri quod penes vos remanebit, meis omnibus custibus et expensis, excepta sindone et perfila, duntaxat hanc et illam sufficienter complere et vobis tradere in Montepessulano hinc ad proximum Festum Nativitatis Sancti Joannis Baptiste, ita quod ymagines predicte et tabernaculum erunt de auro Florencie, et armerium et entablamenta erunt de argento fino et de azuro fino de Acro in locis in quibus bonum cadet. Item et duos penones magnos pro tubis et duos penos pro cornamusis cum pictura martelli, et borladura tinctatura bene et sufficienter. Et pro predictis labore et coloribus solvetis mihi lxxxv. fr. auri cugni Francie solvendos de presenti xxv. et alios xxv. in Festo Assentionis Dni. et restantes xxxv. completo opere predicto. Faciam bene et sufficienter juxta formam papiri ad quod etc., obligo etc., personam et bona sub sigillo et viribus camere dni. nostri Pape constituens presentes mihi Stephanum Pope notarium St. Egidii et R. Esmeutz et Laurentium Catalani lapicidas, et guardianum et sacristam conventus fratrum minorum Avenionis presentes et futuros in quibus in solidum requisitus juro, etc., et ego B. Copiac vitrerius habitator Montispessulani obligo me de quibus, etc., juro, etc., et nos dicti consules officii promittimus vobis, etc., constituentes procuratores M. Bartolomeum Robiac ymaginatorem, St. Bornardi priorem et subpriorem predicatorum Avenionis absentem, et in quibus in solidum requisiti juramus, etc. Testes, etc.

Eodem anno die xxvi. Augusti ista nota fuit cancellata de voluntate dictorum G. Le Tengart, P. Alexi et Jo. Cueyas in signum operis completi et unus alterum quitavit. Testes, etc.

VIII.

Statuts des Maçons et Architectes.

(Ann. 1586[1].)

Henry par la grâce de Dieu Roi de France et de Pologne, à tous présents et advenir salut...... Les maistres massons et architectes de notre ville de Montpellier nous ont en notre conseil faict remonstrer quencores que leur mestier de maçon architecte fut dantiennetté du nombre des mestiers jurés en la dite ville, comme il est aux autres villes de ce royaume, et que pour les réglemens et police diceluy ils eussent leurs estatus authorizés par nos prédecesseurs roys, par lobservation desquels les faultes et abus qui se pouvoient commettre au dit mestier estoient empeschées, toutesfois durant les troubles passés ce bon ordre auroist été perverty et leurs dits estatus bruslés, perdus et adhirés de manière que à ceste occasion plusieurs ignorans se sont entremis et ingérés essercer la massonnerie et architecture en ladite ville au dommage de tout le public pour les abus qui en ce se commettent. Ce que voyant les esposans ils ont, pour

[1] Tiré d'un volume de pièces manuscrites provenant de la bibliothèque d'un évêque de Mirepoix.

à ce remedier et restablir le bon ordre qui avait accoustumé estre observé en ladite maçonnerie et architecture, faict de nouveau rediger par escrit des articles et estatuz quils ont presentés à nos officiers audit Montpellier, lesquels ont ordonné que les estatus, comme est raisonnable, seroient observés et entretenus soubs notre bon plaisir, à la charge dobtenir de nous lettres de confirmation diceulx, lesquelles lettres lesdits esposans nous ont très humblement supplié et requis leur octroyer. Scavoir faisons que nous, apprès avoir faict voir en notre conseil lesdits estatus ensemble ladite sentence donnée par le gouverneur dudit Montpellier du consentement de notre procureur pour lobservation diceulx, le tout cy attaché soubs le contresel de notre chanselerie, de ladvis dicelluy avons lesdits estatus loués et confirmés, ratifiés et approuvés, louons, confirmons, ratifions et approuvons de grace spécial par ces présentes, voullons et nous plaist que ores et à ladvenir ils soient entretenus gardés et observés inviolablement par les esposans et leurs successeurs massons et architectes en la dite ville, sans qu'il y soit ou puisse estre contrevenu en sorte quelconque et que à ladite observation soient contraints tous ceulx quil appartiendra par toutes voyes et manières deues et raisonnables, nobnostant oppositions ou appelations quelsquonces et sans presjudice discelles pour lesquelles ne voulons estre diféré. Cy donnons en mandement au gouverneur dudit Montpellier ou son lieutenent et à tous nos autres justiciers et officiers qu'il appartiendra que nos presentes ratifications, voulloir et intentions ils facent enregistrer, garder et observer plainement, paisiblement et perpetuellement, cessans et faisans cesser tous troubles et empeschemens, au contraire car tel est notre plaisir, et affin que ce soit chose ferme et establie à tousjours nous avons faict mestre notre scel à cesdites presentes, saulf en autres choses notre droit et lautruy en touttes. Donné a Paris au mois de may lan de grace mil cinq cens quatre vingts six et de notre regne le douzième. Par le roy en son conseil : Gourdon, Vissa, Contentor, Bernard, signés.

—

Status et ordonnances faictes par les maistres massons architectes de la présente ville de Montpellier, suivant leurs antiens privilèges qui sont adhirés et perdus durant les troubles et guerres qui onst esté en ce pays, et de nouveau reffaict soubz le bon plaisir du roi notre sire et de la court de monsieur le gouverneur de ladite ville.

En premier lieu, parce que ladite ville est jurée de tout temps renommée y avoir de bons ouvriers pour les beaux édifices qui sont en icelle, et que a présent pour l'ignorence d'aulcuns qui singérent de travailher nestant estre instruicts en l'architecture et art de bien bastir portent grand dommaige et interests au public, que par les inconveniens qui en advient journelement l'ouvraige nestant faict suivant l'ordre de l'architecture et érudiction qu'il y convient pour la négligence des maistres qui ny ont porveu despuis l'esgarement et perte de leurs dits privileges. A ceste cause, les dits maistres massons estans désirans de y pourvoir affin que l'office de l'architecte qui est d'estre moyenement exercité en toutes espèces de disciplines, mesmes que pour l'amplitude et grandeur de la chose que l'homme s'esforce d'attaindre à la sublimité de l'art s'il est possible ou moyen, et que tous les autres mestiers d'icelle soient jurés, et afin que y appres l'ordre et juridiction de leur dit mestier et architecture soit tenu et comme est acoustumé de faire en bonnes villes jurés de ce royaulme, que nul ne se pourra dorsenavant soy dire, ne ingérer estre maistre sans avoir fait préalablement chef d'œuvre et esperience pour estant trouvé suffisant capable de ladite maistrise estre receu.

Item que tous lesdits maistres massons qui sont a présent audit Montpellier ouvrant et travailhant comme maistres, ascavoir Blaize Viguier, Pierre Bonnassier, Bonnet Monfla, Jean Chirac, Jean Baudouin, Pierre Vincens, Anthoyne Laurens, Vidal Meyronne, Jean Pichot, André Mondon, Jean Carriere, Jacques Bonnassier, Jean Rognier, Pierre Pages, Anthoyne Dupin, Gillie Moynier, Jean Sanson, Jean Muget, Nicollas Ychenbar, Nicolas Talabert, Anthoyne N. Laurens, Pierre Ychiembert, Bringon Roux, André Cornilhe, Guilhaumes Brugier, Jean Dupin, Jacques Bonnassier le vieux, Jean Vassié, Michel Larchier, Jean Jacques, François Jannes, et autres massons domiciliés et habitants a présent en ladite ville, seront reçeus, tenus reputtés et approuvés pour vrays maistres jurés du dit mestier, leur vie durant, sans qu'ils soient tenus faire aucun chef d'œuvre, attendu qu'il y a long-temps qu'ils soient tenus pour maistres travailhant ouvertement en ladite ville ne payer aucun droit de mestrise.

Item le compagnons quy se voudra presenter à ladite maistrise, aura servi premierement et faict son apprendisage de trois ans, comme il faira apparoir suffisement et que despuis son dit apprentisage il a ainsi servy les maistres dans ladite ville ou ailleurs trois ou quatre ans.

Item les consuls et prévosts seront tenus bailher aux présentés le chef-d'œuvre qu'ils conoistront par veue, monstres, modelle ou autre chose en architecture et erudiction de leur dit mestier. Trois jours après ladite presentation, pour le plus tard, et à ces fins, lesdits consuls et prevosts feront assembler par devant eulx, pour leur bedeau, les maistres du mestier dans lesdits trois jours pour délibérer ensemble ledit chef d'œuvre qu'ils devront bailler à la plus grand vois et opinion.

Item ayant baillé ledit chef-d'œuvre sera tenu le present de le faire dans la maison et présence de l'un desdits prévosts ou mestres qu'ils luy nommeront affin qu'il n'y puisse avoir abus ou supposition.

Item avant ledit chef-d'œuvre estre parachevé et présenté aux dits consuls prévosts et quatre des plus antiens mestres qui examineront ledit chef-d'œuvre et le presenté sur l'érudiction de l'architecture et de bien bastir et le tenent cappable et sufizant, iceuls consuls et prévosts seront tenus le presenter audit sieur gouverneur ou son lieutenent au bureau du domaine pour sertifier de la sufizance, prendre et recevoir le serment en tel cas requis, et comme les autres mestiers jurés de la ville et jusques avoir presté ledit serment et levé l'acte et lestres de ladite maistrise, ne pourra travailher ny entreprendre besougne en ladite ville comme maistre sur payne de quatre escus damende qui sera tenu payer et appliquables sans desport, moytié au roy, moytié à la boyte dudit mestier et payera pour le droict de sa maistrise vingt sols au roy et vingt sols à la boyte du mestier pour subvenir aux pauvres maistres tumbant en necessité et aux pauvres compagnons passans ou estans malades et pour leur assistance à leurs dictes necessittés, sans qu'ils fassent autres frais, ny banquets deffendus par les ordonnances royaulx, et n'estant trouvé suffisant, luy bailheront temps pour se fasconner et apprendre pour puis après se representer.

Item chasqune année et le premier dimanche du mois de novembre sera esleu et créé deux consuls et prévosts de leur mestier quy tiendront la boite et reculliront les deniers ordonnés tant pour subvenir et assister aux pauvres maistres et compagnons souffreteux, que pour l'entretenement et frais quy convient faire pour le soubstenement de la maistrise, et pour tenir une clef de la boyte ils esliront aussy un des plus anciens maistres qui la tiendra avec le premier des prévosts durant ladite année et tiendront les prévosts compte des deniers qui distribueront aux pauvres maistres ou compagnons souffreteux ou autres despences qu'ils pourront faire légitimement, pour et à la fin de leur année remettre ez mains des nouveaux prévosts leurs comptes tant des receptes que despences avec lesdits priviléges ou autres papiers consernant la maistrise.

Item le sabmedy ou dimanche chasqun maistre sera tenu de bailher à la boyte chasqune sepmaine pour employer aux pauvres maistres et compagnons, vefves et enfans orphelins desdits maistres dix deniers tourn. et les compagnons travailhans à gaiges troys deniers tourn.

Item chaqun apprentis sera tenu payer à la boyte, incontinent qu'il sera entré en apprentisage, quinze sols tournois pour estre employés ainsi que dict est, lesquels quinze sols le maistre qui aura receu ledit apprenti sera tenu les mettre en ladite boyte sans son remboursement contre ledit apprenty, lequel maistre sera tenu advertir ledit apprentis ou celuy qui luy bailhera du payement desdits quinze sols.

Item quand aulcun mestre ou sa femme décedera, les autres maistres seront tenus acompagner le corps en la sépulture, et pour ce faire le bedeau sera tenu en advertir tous les maistres et compagnons.

Item celuy quy sera esleu bedeau ne sera tenu faire aucun chef d'œuvre, ne payer aucuns droicts sy n'est l'expédition de l'acte de serement et lettres qui sera tenu prendre comme les autres maistres et servira au dit estant durant sa vie.

Item que lesdits fils de mestres ayant faict leur chef d'œuvre seront exempts de ne payer aulcuns droicts au roy, ny à la boyte fors de sa réception et lettres quils seront tenus lever.

Item une fois la sepmaine et au jour que tous les maistres aresteront seront tenus les prévosts se transporter par la ville voir la massonnerie et ouvrage que sy fera, sy elle est bien et deuement faicte suivant lart darchitecture, et sils treuvent louvrage nestre faict deuement et auquel il y escheut danger, seront tenus en advertir les maistres de louvrage pour y remedier comme luy sera requis, lequel maistre qui aura faict la faulte, sera compdemné remettre à ses despens l'œuvre quy aura faicte et entreprinse en bon estat et suivant lart de larchitecture et maconnerie et à lamende dun escu envers le roy et vingt sols à la boyte.

Item il est inhibé et desfendu aux massons dentreprendre aucun ouvrage au presjudice du public et contre les ordonnances du roy à la peyne de dix escus damende applicables comme dessus moytié au roy et moytié à la boite du mestier.

Item aucun masson qui ne soit maistre juré ne pourra entreprendre bastiment neuf de pierre de tailhe, des fondemens en haut, ores essepté les maistres des autres villes jurés du present royaume, et neanmoins pourront les propriettéres se servir des compagnons massons, sil bon leur semble, pour faire les réparations des ruynes advenues ou apparues en leur fonds, faire changer et remuer portes, fenestres, feres, verres, eyguieres, privés, recouvrir les maisons et faire toutes les autres réparations de pierre ressiere pourveu quelle ne soit de taille, sans que les maistres massons ne puissent faire controverse aux compagnons travailhant auxdites réparations.

Item que nul serviteur ou compagnon qui sera loué avec un maistre ne le pourra laisser qu'il n'aye parachevé le temps qu'il sera loué et promis de servir, sil nest qui aye escuse légitime.

Item nul maistre ne pourra soubstraire, suborner, ny desbaucher le serviteur ou compagnon dun autre maistre, ny le recevoir en leurs maisons, ne ly bailler besogne, s'il n'est qu'il y apparoisse de congé par escrit ou autrement que le premier maistre le déclarera à l'autre maistre qui le voudra recevoir, à peyne d'un escu pour chacun desdits maistres payables et applicables comme dessus.

Item sil advient aulcun different entre les maistres ou compagnons pour raison de leur mestier, les prévosts tascheront et mettront yceuls par tous les moyens de les mestre en accord et paix, et advenant quelqu'un vouldrait entreprendre sur leur mestier et priviléges, seront tenus les prévosts d'en faire la porsuite par devant le sieur gouverneur ou son lieutenant au bureau du domaine, comme estant ladite cour conservatrice des priviléges des mestiers jurés de ladite ville.

Item s'il se treuve aulcun serviteur ou compagnon dudit mestier quy aye desrobé, faict aulcune vilenie, tromperie ou forfecture en la maison de l'un des maistres à luy, sa femme, femmille, chambrière ou aultre, il ne sera permis aulcun des autres maistres de lui donner besogne, ne faire travailher qu'il n'aye faict la reparation condigne, et ce à la peine pour le regard du maistre qui laura mis en besoigne dun escu sol et appliquable comme dessus, et seront tenus lesdits maistres en poursuivre la reparation en ladite cour.

Item et affin que les maistres jurés ne peuyssent prethendre cause d'ignorence des presents estatus et ordonnances, et que par culx ils soient inviolablement gardés et observés, ils les feront lire chasqun an et le jour de leur assemblée et eslection des consuls et prévosts, auquel jour les maistres seront tenus se treuver, sans légitime excuse, à la peine à celuy qui contreviendra de vingt sols tournois appliquables moytié au roy, moytié à la boyte.

Item sil advient que deux compagnons se présentent à ladite maistrise, les prévosts pourront dislayer la présentation du second jusques à ce que le chef d'œuvre du premier soit achevé et esté receu à la maistrise et ce dans quinzaine.

Item après la presentation faicte par les compagnons pour estre receu à la maistrise, les prevots et lesdits présentés viendront au greffe du domaine pour faire recevoir l'acte de ladite presentation et chef d'œuvre quil luy bailheront à faire dans le temps qui sera entre eulx advisé, pourquoy faire ledit presenté s'obligera en deue forme.

Item et parce quil y pourrait avoir quelques maistres menuiziers, charpentiers de la ville qui se voudraient ingérer pauser saumiers, fustes et autres boys aux murailles et y faire trous sans qu'ils sachent cognoistre le danger quil y pourroit avoir, tant pour la murailhe ou ils les pauseront que pour lintérest du voysin, persent lesdites murailhes, lesquelles le plus souvent sont mégancieres, leur sera inhibé et desfendu de ce faire et de ne faire aucuns trous, ne autres ouvrages consernant la massonnerie que ce ne soit par l'un des maistres massons, appelés les consuls et prevosts pour voir ledit ouvrage et trous et sil y peut avoir danger en la maison ou murailhe.

Faict en la maison de moy Théodore Degan, notaire et tabellion royal, conterolleur greffier du domaine du roy en ladite ville et gouvernement de Montpellier, à la requisition desdits massons, en presence de Bernard Besson marchand, et Jean Assazat clerc, habitans de ladite ville, et de moy notaire et greffier susdit, soubsigné. Rochemaure lieutenant. Et plus bas : Degan greffier, ainsin signés.

Veu au conseil du bureau du domaine du roy, en la cour du gouvernement de la presente ville de Montpellier, le reglement contenant estatuz et en vingt trois articles faicts et accordés entre les maistres massons ouvrans et travailhans de lart de maconnerie et architecture en ladite ville pour passer et faire chef d'œuvre de leur maistrise comme les autres maistres des autres arts et mestiers de ladite ville, et tout ainsy quils soloient faire antiennement avant la perte de leurs priviléges et estatuz qui ont esté esgarés et perdus durant les guerres et troubles qui ont esté en ce pays, la requeste par eulx présentée pour l'authorisation desdits priviléges sous le bon plaisir du roy, les conclusions du procureur du roy, les reglement et priviléges de la confrérie de leur dict mestier dedans l'églize de Saint-Guillen et faubours dudit Montpellier authorisés en notre dicte cour lan mil cinq cens huict et le huitième febvrier. Signé Durant jugemaige, et Duranty notaire et greffier en cinq feuillets de pargemin escrit et tout ce que faisoient avoir et considerer, suivant ladvis et déliberation dudit conseil, avons dict et ordonné, disons et ordonnons que lesdits estatuz et reglemens soubs le bon plaisir de sa magesté sont receus, et lesquels avons publiés et authorisés pour estre gardés et inviolablement observés par lesdits maistres massons et leurs successeurs, lesquels avons compdenné et compdennons à l'observation et à entretenement diceulx et ordonné quils seront registrés en registre de ladite cour et bureau du domaine, le tout par provision et jusques que lesdits maistres massons aient obtenu de sa dite mazesté lettres patentes en forme de chartre de la confirmation desdits priviléges, ce quils feront dans un an prochain, et que notre presente ordonnance sera intimée et signifiée à tous qu'il appartiendra affin qu'ils n'y prestendent cause dignorence. Rochemaure lieutenant rapporteur, de Clerc, Calvet, de Sollas, Massillan, Feines, J. Danches trésorier, ainsin signés.

Prononcé par devant ledit sieur lieutenant principal, yssue de conseil de matin, requérant Me Chirac masson, et en présence de ladvocat du roy, le vingt deuxième juin lan mil cinq cens quatre vingt cinq.

IX.

Réparation de la tour du portail neuf, par Pierre Malcaussan.

(Ann. 1275 [1].)

.... Reficies seu preparabis absque honore gravamine nostro seu successorum de batut illam turem bisturem seu semiturem que est in vallato subtus portale novo, tali forma quod dictum batut erit supra bisture per quatuor digitos, in altum sive in spissum, et circuitu ipsius bisturis facies circumitum sive orles dicti batut in girum dicte bisturis predicti batut et duas canales supra dicte bisturis per quas aque pluviales valeant extra dictam turem distillare. Præterea de eodem batut preparabis sive aptabis aut reficies scalam sive scalarium lapideum muro dicte turis adherentem......

1 Arm. G. sac E, N° 188.

X.

Daude et Guillem Arnaud, peyriers.

(Ann. 1293 [1].)

Ego Deodatus Arnaudi et ego Guillelmus Arnaudi fratres lapiscide promitimus et convenimus per firmam et validam stipulationem tibi Bartolomeo Magistri apothecario quod nos facturos et facere fieri nostris propriis sumptibus in quodam sutulo cujusdam hospicii tui in quo sutulo facit cellarium suum Colinus de sancto Porciano, quod quidem hospicium ipsius fuit Johannis Carranterii quod est in carreria furni vocati de lespinas et confrontatur cum hospicio tuo quod inhabitas et ex alia cum hospicio filii M. Guillelmi de Mora, duas voltas crosherias cum croseriis chamfranatis, que quidem volta erit longitudinis quinque cannarum minus quarta et latitudinis trium et quarta et altitudinis xx. palmorum si dicto Bartolomeo videbitur. Quamquidem voltam parmentabimus supra et solum ipsius et unum scalerium lapideum latitudinis v. palmorum, in cujus volte erunt due viste in ea parte quam volueris. Quam complevimus a festo beate Marie de Augusto usque ad festum sancti Michaelis, pro quo quidem opere dabis nobis xlv. libras prout nos et tu convenimus.

Pilare vero quod est in camera reficiemus usque ad tectum nostris sumptibus.

Tamen lapides ex quibus nunc est constructum erint nostre.

Et reficere gasilhanum usque in carreriam, deinde edificando plancatum.

1 Registre des notes de Grimaud notaire

XI.

Construction du clocher du consulat par Casanova.

(Ann. 1375[1].)

Item die VII. augusti, nos consules Montispessulani scilicet opus campanilis construendi in domo consulatus Montispessulani diu incantatum, hodie fuisse livratum ad extinctum candele ante domum consulatus Johanni de Casanova lapicide tanquam plus offerenti in albarano qui talis est:

Los patus en tal guiza se deu bastir lo cloquier del cossolat.

Premieyrament que lo cloquier aia despes la paret nova am la vielha v. palms et que la paret que faran nova sa I. fil des cartiers et autre de cadascas, et que lien am la paret vielha en que jassen de lur liech.

Item que quant lo cloquier sera bastits entre lo techat de la sala, que els deion desbastir la paret vielha a nivel de la nova et que daqui amont sen monte de v. palms et que lo premier fil sia de cadascas de lespes de tota la paret, et que sen monte I. jazen de cadascas et autre de cartiers per la forma dessus dicha.

Item que la porta vielha de la sala deion mudar en lo luoc que aytant demore de pilar a cascun pe del cloquier tant en laun quant en lautre, et que la paret nova am la porta vielha se bastiscon que launa lie am lautra.

Item que la porta nova que se fara dedins sia obrada coma la porta meiana del cossolat, salvan que non y aia bestious ni folhadura, mas tot pla.

Item que quant aura montat lo cloquier de laut ont hom deura sonar lo senh, que aqui deion metre III. boquets complitz dessus de simas, del larc de v. palms per sonar lo senh.

Item que deion far lo cloquier segon que pertocara a lasquilla aytal com aquel de Frayres Menors, et montar lo a la voluntat dels senhors cossols.

Item que lo peyrier que fara aysso, sia tengut de far de peyra de Pinhan salvan la obradura de la porta nova, et que deia aver totas causas a las causas dessus dichas necessarias bonas et sufficiens.

Et que veion quant volran aver de la cana cayrada, et que y compton lo mudar de la porta et la obradura de la porta segonda et los boquets del cloquier et que sia fach daqui a Tots Sans, et canara se vuech et plen.

Et aquel que penra aysso dara bonas fermansas a voluntat dels senhors cossols et sera tenguts et sas fermansas de tener et reparar lo dich cloquier daqui a x. ans si per sa fauta tombava o en autra manieyra estava en perilh.

—

Anno LXXV. die VIII. augusti Johannes de Casanova lapiscida promisit dictis consulibus edificare campanile domus consulatus per modum et formam ac cum pactis supra scriptis pro pretio cujusdam cane quadrate quinque francorum auri cum dimidio. Obligando personam et bona, etc., de quibus recepi notam ego P. Egidii.

XII.

Construction d'une maison de l'hôpital Ste.-Marie à *Sauteiranicis* sur le Lez par Caussan peyrier.

(Ann. 1342[1].)

Novurint universi quod ego G. Caus-

[1] Liber manualis.

[1] Memorialia anni Domini M. CCC. XLII. — Jean Laurens notaire.

sani peyrerius Montispessulani promito vobis et convenio per firmam et validam stipulationem vobis dominis....... consulibus ville Montispessulani patronis, rectoribus et gubernatoribus hospitalis beate Marie de Montepessulano quod est membrum consulatus Montispessulani, quod ego edificabo seu edificari faciam bene fideliter et complete de bonis lapidibus seu cayroniis peyrerie de Piniano longitudinis duorum palmorum minus I. quartono palmi et spissitudinis debite et consuete quamdam domum usque ad altitudinem infra scriptam de lapidibus et semento, meis propriis sumptibus et expensis, juxta molendinum dicti hospitalis beate Marie situatum in flumine Lani prope pontem de Sautrayranicis, ita quod supra parietem que est prope dictum molendinum juxta dictum flumen Lani qui est spissus de turris, edificabo de die in diem parietem que erit retro dictam domum, de bodio altitudinis x. palmorum cum bono pilari in medio, apparendo intus et extra, et in quolibet capite alterum pilare dictum *testa coha* simile illi, et a parte ante faciam edificari seu edificabo parietem alteram de bodio, altitudinis x. palmorum et I. pilare in medio et in quolibet capite dicti parietis alterum pilare. Item parietem lateris dicte domus que erit a parte cercii superiori, edificabo parietem lazanherium a fundamento supra usque ad altitudinem quatuor palmorum super terram, ita quod erunt VII. palmi inter fundamentum sub terra et dictos quatuor palmos super terram parietis lazanherii, et quod erit super dictos quatuor palmos usque ad debitam mensuram pro faciendo tecto juxta debitum, raustum erit de bodio simplici, prout dictum est de aliis parietibus supra dictis, cum uno tamen pilari in medio quantum durabit superius paries simplex seu bodium supra dictum. Item parietem lateris inferioris faciam edificari de bodio simplici altitudinis superioris lateris supradicti. Portam tamen dicte domus faciam in parte illa quam elegeritis et illius latitudinis quam volueritis. Dicta vero domus erit longitudinis seu profunditatis duarum cannarum et latitudinis duarum cannarum et medie. Verumtamen parietes dicte domus assetiabuntur in fundamento parietis lazanherii in cayronis poncheriis et in parietibus bodiorum in cayronis lazanherii. In pariete vero ubi fiet dicta porta faciam dictam portam juxta pilare quod erit in medio, et ab altero latere dicte porte faciam aliud pilare tante altitudinis quante erit dictus paries cum arquto intus de uno pilari in alterum. Que omnia per me promissa, etc. Verumtamen vos dabitis mihi pro omnibus supra dictis XXXVI. lib. et x. sol. turonensium parvorum, de quibus horum medietatem remittitis, verumtamen residuum mihi solvetis faciendo opus supra dictum quod completum hinc ad festum Pasche Domini proxime adventurum. Et nos dicti consules etc., promitimus, etc.

XIII.

Réparation à la maison du consulat par Jacme Satgier.

(Ann. 1365 [1].)

Item die vigesima februarii omnes dicti consules concordarunt quod camera magna domus consulatus aperiatur versus aulam et versus porticum

[1] Liber manualis notularum consulatus.

cum duobus arcubus, et parietes inter cameram et retrocameram totaliter diruantur et tecta camere et retrocamere amoveantur penitus. Testes, etc.

Devis.

Premieyramens far II. arcs am II. pes drechs et am II. reprezas e sera la clau dels arcs juxta la parafuelha soteyrana del techat de la sala.

Item claure totas las portas daut e de bas de las cambras del espes de las parets.

Item tancar de peyra totas las baudronieyras del plancat de la cambra e de la reyrecambra tot de la peyra del cossolat.

Item derroquar las parets dessot los arcs.

Item far bancs de peyra tot entorn comenssan del banc de la sala de costa layguieyra tot entorn la gran cambra desfacha, entro al pe del arc de costa la clavaria.

Item que tota lautra peyra e tota la fusta remanra als senhors cossols.

Item quel S. Jacme Satgier deia far totas las dichas causas, de mas, de peyra, de caus, darena et de totas autras causas necessarias, sal que el poyra penre de la peyra del cossolat per tanquar las dichas portas e baudronieyras tant solament.

Faran y mestier volssos c., costaran de prim . . . . XXXIII fl.

Auran de pe drech cascun II. canas e am III. en que intraran peyras LXIIII. costaran de prim. . . . . . . XXXIII fl.

Aura y de mession de talhar volsses e pes drechs CLXIIII. jornals a V. gros lo jorn monta LXX f.

Item per traucar las parets e per metre los. . . . . XXX f.

Item per derrocar totas las parets e tanquar portas e baudronieyras e caus, ayga e arena . . . . XXXX f.

Item aura y cimas e boquets de Saint Giniecys a for. S^a II^c VI f.

Estima y hom desolras M. V^c. cayros que valon a for lo M.... XXX. f. . . . . XXXXV f.

Item las lauzas. . . . . X f.

Item tota fusta . . . . XXXX f.

Item que se puosca estatgar de la fusta que es o sera al cossolat exceptat las traues de la gran cambra.

Fuit incartatum dictum opus per omnes dominos consules Jacobo Satgerii lapicide presenti anno LXV°. die XX. marcii pretio centum triginta sex francorum solvendorum de die in diem, obligaverunt sub signo, etc.

(1367.)

Item anno MCCCLXVII. die XXI marcii, nos R. Martelenas consul, P. Saturnini, Johannes Egidii et Stephanus Solgracii lapicide, electi per dominos consules et Jacobum Satgerii lapicidam, super debato edificii arcus et aliorum edificiorum, viso loco edificii, pronunciamus omnibus computatis computandis et omnibus deductis deducendis, quod dictus Jacobus Satgerii habeat et sibi retineat de pecuniis sibi solutis pro dicto precio facto octuaginta quatuor francos auri, et si plus habuit, illud dominis consulibus restituere teneatur, si vero minus habuit, illud domini consules sibi solvere teneantur, remanentibus dominis consulibus LXVII. lapidibus portatis juxta domum consulatus tanquam suis, et cum hiis sit pax et finis, etc.

XIV.

Estimation et construction de tables de changeur.

(Ann. 1367[1].)

Item xxi. decembris R. Martelenas lapicida consul, Jac. Pope fusterius, G. de Verduno, B. de Solio coiraterii jurati et in talibus experti, visis tabulis et oculis subjectis de quibus est compromissum cum dominis R. Gangini, A. Ruffi, presente domino G. de Claperiis conconsulibus eorum estimaverunt tabulas cambiorum scilicet Raimundi Cueyas ad ccl. florenos. Item tabulam P. Gulielmi filii alterius Petri condam ad c. florenos. Item partem alterius tabule dicti G. Gausiti eidem contigue ad l. florenos, partem vero tabule G. Dominici estimare non possunt nisi prius edificata dicta tabula edificanda in plano in quo sunt dicte tabule dictorum B. Cueyas et P. G., per modum sequentem, videlicet quod sit latitudinis juxta pilare ecclesie unius canne, ita quod ibi remaneat libera infra pilare ecclesie per spacium unius palmi liberi, deinde in alio angulo ante operatorium quod fuit G. R. fornerii sit infra parietem per duos palmos liberos, et ibi exeat, et sit latitudinis septem palmorum, dictique vii. palmi versus dictos viii. palmos recta linea dirigantur.

XV.

Réparation à une école de droit par Raimond Martelenas pour G. de Manbania.

(Ann. 1381[2].)

Anno M. CCC LXXXI..... noverint universi quod nos..... consules Montispessulani scientes et attendentes duas scolas contiguas viri Guillelmi de Manhania campsoris Montispessulani sitas in descensu ecclesie Sancte Eulalie Montispessulani, in quarum una legit dominus Petrus Blavi decretorum doctor hora doctorali, fore plurimum ruinosas, in tamen quod nisi breviter adhibeatur remedium, speratur ipsarum tectum et parietes corruere et ad terram in brevi cadere, quod si foret, esset evidens periculum amitendi saltem pro anno vel tempore privum studium et lecturam juris canonici propter deffectum dictarum scolarum, cum alie equipolentes vel equicapaces scole non sunt in toto studio Montispessulani ad presens vacantes, vel dicta hora lectore carentes, et potissime cum auditorium dicti domini Petri sit majus et solemnius ceteris auditoriis dicti studii in juris canonici facultate. Quapropter cupientes dictum studium in prosperitate possethenus conservare et omnem viam procludere per quam lecturam dicti studii valeat aliqualiter impediri et per factum quod vos dubitatis dictas scolas facere reparari, pro eo quod multi dicunt murum seu fossatum palissate Montispessulani debere fieri in loco in quo sunt dicte scole, et sic ipsas fore in brevi funditus diruendas, promitimus et convenimus vobis dicto Guillelmo de Manhania presenti, stipulanti solemniter et recipienti pro vobis et vestris, vobis vel vestris solvere, reddere et integre restituere omnia et singula per vos in et circa factam dictam reparationem expendendam quam facturus estis ad nostrùm instantes preces sepius predatas, quam alias non eratis facturus propter periculum dirutionis supradicte, et hec

[1] Liber manualis notarum consulatus.

[2] Liber instrumentorum et consiliorum consulatus Montispessulani.

in casu quod dicte scole diruerentur propter factum fossatorum et muri predictorum, quo casu tota materia ex inde proveniens sit vestra et vestrorum et eam propria auctoritate valeatis dicto casu accipere et vobis recidere ad omnia commoda vestra et vestrorum, quam servare et attendere promitimus, etc. Acta sunt hec in Montespessulano in domo consulatus dicti loci, presentibus, etc.

Post hec, anno nativitatis Jesu Christi M. CCC LXXXI. et die vicesima quinta mensis februarii, indictione quinta pontificatus dicti domini nostri pape anno quinto et regnante quo supra, noverint universi et singuli quod ego Raymundus Martelenas lapiscida Montispessulani pro me et meis scio, confiteor et in veritate recognosco vobis supradicto Guillelmo de Manhania presenti, stipulanti solemniter et recipienti pro vobis et vestris, me a vobis habuisse et realiter numerando recepisse pro reparatione supra dictarum scolarum per me facta, vigore certarum conventionum et pactorum inter vos et me factorum super facto ipsius reparationis, cum instrumento super hoc recepto per notarium superius et infra scriptum sub anno supra in principio hujus instrumenti et die decima octava mensis septembris, per quas conventiones et pacta edificari unum parietem cayronum certe spissitudinis, et altitudinis ac latitudinis cum certis pilaribus sive anchoris inter dictas duas scolas vestras, scilicet pro materia cayronum, calcis, arene, aque, cavatione fundamenti dicti parietis, ac magistratgio aliisque ad dictam reparationem necessariis, septuaginta francos auri boni ponderis et cugni Francie, renuntians exceptioni dictorum septuaginta francorum auri per me a vobis ex causa predicta non habitorum et non receptorum pecunie non numerate doli et facti actioni, de quibus sumus contentus, et de eis vos dictum Guillelmum de Manhania stipulantem ut supra quito, libero penitus et absolvo nunc et semper. Acta sunt hec ubi supra, etc.

(Ann. 1381[1].)

Item die xviii. septembris, ego R. Martelenas lapicida promito vobis G. de Manhania campsori presenti stipulanti, etc., aponhayrare meis sumptibus et fustibus tectum quarumdam scolarum vestrarum sitarum in descensu Sancte Eulalie, cavare earum fundamentum parietis dictarum scolarum medioeris inter dictas scolas et quasdam alias scolas vestras inferiores usque ad bonum solum et terram ponere extra dictas scolas subtus retro juxta parietem cui apodiantur cathedra, et quod materia lapidum ibi extracta sit mihi. Deinde edificare parietem usque quo sit super terram de bonis peciis cayronum cum calce et arena spissitudinis duorum palmorum cum dimidio et expost edificare parietem usque ad dictum tectum parietis layrenherii bonorum cayronum nec non novas anchoras cayronum bonorum et sufficientium latiores illis qui nunc sunt et sufficientes secundum parietem usque ad dictum tectum, etc., de meis labore et materia, etc.

XVI.

Construction du bassin d'un moulin à Pont-Méjan.

(Ann. 1396[2].)

Item dicta die noverint universi

[1] Liber notularum.

[2] Liber manualis.

quod nos...... consules maris Montispessulani... tradimus Petro Saturnini, Johanni Galhardi, Guillelmo Luppi, Duranto de Amilhano peyreriis Montisp. presentibus ad construendum et edificandum esclafitorium novum situm a Pon-Mejan in paxeria nostra modo et forma sequentibus. Primo quod ipsi debeant et teneantur dictum esclafitorium ampliare de alto et basso taliter quod de infra sit latitudinis sextem palmorum cum dimidio. Item quod vos possitis juvare de lapidibus si qui sint nostri ad construenda predicta et eo casu quo non essent lapides, quod vos teneamini lapides, calcem, arenam et omnia alia ad hoc necessaria. Item casu quo sit desubtus pavimentum duplum quod possint et debeant levare unum et quod dictum opus habeant perficere per totum instantem mensem augusti, et nos debeamus eis dare tam pro predictis quam pro jornalibus viginti quinque francos auri et debeamus dare viam aque superioris que sunt deversus pratum Nati Palmerii quos quidem xxv francos promittimus, etc.

XVII.

Construction d'un aquéduc de la fontaine du chemin de Lates.

(Ann. 1364[1].)

Item die octava martii ego Stephanus Solgracii lapicida Montispess., pro me et meis promitto et convenio vobis consulibus maris Montispessulani presentibus, etc. videlicet aptare, edificare complereque bancum conductus et canalem aque descendentis ad fontem itineris de Latis, a loco ubi non est completus dictus bancus usque ad abeuratorium situm ante dictum fontem, et ipsum conductum canalare, spallare et cohoperire bene et sufficienter, et inde ipsum canalare et invecturare et bituminare, nec non dictum abeuratorium aptare et bituminare taliter quod aqua non possit alibi dimittere, et in hoc ego debeo habere de meo magistragium totum et bitumen, verumtamen illud bitumen et oleum quod nunc est paratum in dicto opere erit meum, et vos providebitis me in lapidibus, calce, arena, et ultra hec pro labore triginta quinque florenos auri solvendos, de presenti quinque et residuum continuando dictum opus, quod erit completum, dante domino, hinc ad Pascha, et si facto dicto opere infra annum contingeret dictas canalem et abeuratorium indigere reparatione propter deffectum mei quod ego teneam id aptare et reficere meis expensis, quod nisi etc., sub sacramento requisitus juro, et nos dicti consules promittimus solvere ut est dictum sub obligatione bonorum dicti consulatus etc., et per fidem etc., et ego dictus etc., confiteor me habuisse dictos quinque florenos auri. Testes, etc.

1 Liber manualis notularum consulatus.

XVIII.

Ayso es la carta dels conves del portalde Sant Fermin, lo cal es al portal de la Verruna.

(Ann. 1357[1].)

Anno dominice Incarnationis M. CCC. LVII. et die decima septima mensis julii, noverint universi quod ego Johannes Egidii lapissida Montispessulani per me et meos promitto et convenio vobis venerabilibus et discretis viris dominis operariis communis clausure ville Montispessulani presentibus, etc..., facere

1 Act. N° 180 du sac de l'armoire G.

et edifficare unum novum portale in carreria recta qua itur de ulmo carrerie Corralis Montispessulani versus portaletum dictum de Veyruna, et alia edifficia contenta et expressata, et cum omnibus pactis conventionibus contentis et expressatis in quadam papiri cedula in layca lingua scripta inter me et vos dictos operarios expresse inhitis que in presentia vestrûm dictorum dominorum operariorum et testium infra scriptorum perlecta fuit per notarium infra scriptum, cujus tenor talis est. Lentendemen es dels senhors obries et dels deputats de far i. portal en la carrieyra del portal de la Veyruna aqui ont es elegits ambaquest convien que a quascun costat del portal ha una tor redona am i. cantonier et am i. jasen el gros que hom volra, et que en lo portal aia luoagua per una porta coladissa et de vi. palms despes lo mur am los gantails que hom volra en las arquieyras que hom volra daut o de bas. Et aquel que penra ayso sera tengut de levar iii. canas sus terra et mays si mays vol hom fazen los machacols, et far pilars cayrats de iii. palms et de iii. en iii. canas. Els senhors seran tenguts de cavar las fundamentas a lur despes tro puescan assetiar segur. Els maistres seran tenguts dassetiar una cana despes tro par e par de terra, et els vi. palms despes del mur mouran del mieg luoc de fundamenta, et canar vueg e plen dal premier boquet tro als merlets et densi canar del mieg luoc de la paret de la tor, et deu rendre ayso parmentat de cayros et de cadascas. Et aquest que penra aquesta obra sera tengut daver sas mas et sos celaressas, et sos truels et sos semals, et tota sa ferramenta et sas atatalgas. Els senhors no seran de res tenguts sino de peyra, de caus, darena et daygua. Et aquel que o penra dara bon tengut a la voluntat dels digs senhors et de far lobra acconognda de maistres peyries, et canara si vueg e plen, et canara si so que sera fora la linha del mur sieu machacols o pilars. Et sic cum pactis, modis, conditionibus et formis supra in dicta cedula per notarium infra scriptum in layca lingua perlecta contentis et expressatis promitto et convenio vobis prenominatis dominis dicte communis clausure Montispessulani presentibus, predicta omnia edifficia de die in diem fideliter facere, perficere et complere ac etiam continuare juxta contenta et expressata in cedula supradicta, et quod durante opere predicto aliud opus seu edificium alibi non accipiam seu faciam, donec dictum opus fuerit completum integraliter. Ita quod vos prenominati domini operarii dicte communis clausure detis, dare et solvere teneamini pro qualibet canna cadrata tocius dicti operis sexaginta solidos turonensium parvorum monete hodie currentis seu valoris ejusdem solvendo et operando in opere predicto, etc... Predicta omnia et singula sic servare, complere et contra non facere vel venire promitto et juro super sancta Dei evangelica a me corporaliter gratis tacta, dans et presentans in fidejussorem pro predictis omnibus et singulis per me promissis, vel complendis videlicet Bernardum Boni peyrerium Montispessulani ibidem presentem, etc.... Et nos prenominati operarii communis clausure Montispessulani per nos et successores nostros dominos operarios Montispessulani qui pro tempore fuerint, promittimus dare et solvere de die in diem operando opus predictum pro qualibet canna cadrata dicti operis vobis dicto Johanni Egidii lapisside presenti, stipulanti et recipienti pro vobis et vestris, videlicet dictos sexaginta solidos monete predicte et vobis providere in dicto opere de petra, de calce, de arena et de aqua, proutcontinetur et expressatur in cedula supradicta. Pro quibus obligamus, etc... Predicta omnia et singula sic complere et contra non facere seu venire promittimus vobis dicto Johanni Egidii omnes in simul et quilibet in solidum per fidem nostram plenitam et requisitam. Hec acta fuerunt in domo consulatus Montispessulani in loco ubi domini operarii communis clausure stare et sedere consueverunt in presentia et testimonio, etc.

XIX.

Enquête sur la tour du Palais.

(Ann. 1397 [1].)

In Dei nomine, amen, anno Incarnationis ejusdem MCCCXCVII. die vero martis intitulata tertia mensis julii, noverint universi et singuli quod existentes et personaliter constituti apud Montempessulanum et ante presentiam dominorum judicis palacii regii Montispessulani et locum tenentium gubernatoris ville et baroniarum Montispessulani et Homeladesii, nec non advocati et procuratoris regiorum ville et baroniarum predictarum, hora terciarum vel circa, videlicet honorabiles et providi viri consules et operarii dicte ville Montispessulani et eisdem dominis loca tenentibus et officiariis predictis postulaverunt et instanter requisiverunt quatenus turrim edifficatam de novo et refectam seu constructam circa palacium regium ville Montispessulani et in meniis sive muris dicte ville, inspici et diligenter videri et palpari per magistros lapicidas sive peyrerios et alios probos et antiquos viros qui noticiam plenam habuerint de turre alias ibidem existente constructa que hactenus fragilitate fundamenti corruit, si sufficiet in statu in quo nunc est constructa vel amplius alciabitur ante quam machicoletur et fiant merleti. Et dicti tamen domini judex et locum tenentes predicti, assistentibus sibi advocato et procuratore regiis jam supra fatis, audita requesta ut primittim eis facta, coram eis vocatis et existentibus Johanne Egidii, Johanne Bosqueti, Johanne Casanova peyreriis antiquis, magistro Christoforo Banicii notario, Guillermo Sobrauserii, Jordano Regis et Raymundo Menerbe fusteriis, Raymundo Patani sederio et Petro Roque barbitonsore dicte ville Montispessulani, probis antiquis et in talibus expertis, et quoad infrascripta scienda et arbitranda seu consulenda habili ætate maturis, ipsos nempe in turma, eorum propriis juramentis in manibus judicis et locum tenentis per ipsos et eorum quemlibet ad sancta Dei evangelia manualiter prestitis, interrogaverunt ut sequitur. Et primo, si de turri antiqua que, ut predicitur, ante noviter constructa et in eodem loco fuerat, habuerunt noticiam et si sciunt cujus altitudinis erat, ante quam corrueret. Item fuerunt interrogati si computando ab ultimo filo parietis quatuor filorum existentium supra fenestram qua recte inspicitur ad portale de Petrono, machicoletur et altietur tribus cannis, inclusa machicolatura et merletis, sufficiet ad summitatem seu

[1] Pièce 181 du sac D. de l'armoire G.

altitudinem alterius turris antique. Item fuerunt interrogati si amplius altiaretur quam dictum est, si posset aliqualiter periclitari pretextu fundamenti vel alias. Quiquidem sic interrogati, eorum prestitis juramentis, inspicientibus et videntibus dictam turrim sic noviter constructam, unus post alium interrogati ibidem respondendo interrogationibus sibi factis, dixerunt se alias vidisse et inspexisse turrim antiquitus in eodem loco constructam et hactenus dirrutam et consumptam que, prout publice dicebatur tempore dirrutionis ejusdem, perierat et corruerat defectu fundamenti argelosi et arenosi sive sabulosi, et videtur eis quod si prius noviter constructa augeatur de tribus cannis, inclusis boquetis sive machicolatura et merletis, quod sufficiet ad summitatem sive altitudinem alterius antique turris. Dixerunt etiam quod si amplius dicta turris augeretur computando ab ultimo filo parietis quatuor filorum existentium supra fenestram qua recte inspicitur ad portale de Petrono, videlicet ultra tres cannas, esset magis damnosum quam commodiosum, ex eo quia citius corruendi subjaceret periculo quam si ita ut dictum est perficiatur. Subaddens dictus Johannes Egidii aliam rationem quod si amplius alciaretur quam dictum est supra, opporteret fieri aliam crotam seu buadam supra in summitate turris quam dicta turris verisimiliter non posset sustinere precipue attenta debilitate fundamenti cujus fundus fundamenti est argilosus et sabulosus ut dictum est, idcirco judicarunt quatenus in eorum arbitrio est quod de tribus cannis ut pretangitur augmentata erit sufficienter alciata et ita alta sicut erat illa que corruit, ut dictum est, primum in eodem loco constructa. Quibus ita peractis dicti domini locum tenentes et officiarii predicti preceperunt dictam turrim fore complendam et altiandam juxta virorum predictorum arbitrium quam citius fieri poterit per dictos dominos consules et operarios seu alios ab eis deputatos vel deputandos, morosa dilatione abjecta procul et ex causa. De quibus omnibus et singulis predictis dicti domini consules et operarii predicti nomine dicte ville petierunt et requisiverunt eis fieri publicum instrumentum seu publica instrumenta per me notarium infra scriptum cum consilio et dictamine unius vel plurium in jure peritorum. Actum fuit hoc in Montepessulano supra portale Petroni vel supra exitum ejusdem in conspectu turris predicte, presentibus testibus, etc. etc.

XX.

Construction d'une chapelle à l'église de Saint-Guillem, par Johan Gili.

(Ann. 1366 [1].)

Die xx. martii nos R. Laurentii et P. Audemaresio consules et patroni hospitalis Sancti Guillelmi de consilio et voluntate dominorum..... consulum Montispessulani damus et concedimus tibi Johanni Egidii lapicide Montispessulani presenti etc., scilicet quamdam plateam vacuam existentem in quodam angulo orti dicti hospitalis contiguam dicte ecclesie, prout protenditur a pariete dicte ecclesie et extra ipsum parietem versus dictum ortum in latitudine xiii. palmorum et inde in longitudine versus quemdam ficum ibidem existentem duarum cannarum et quinque palmorum

[1] Liber manualis notarum.

dicto hospitali qui penitus includitur, videlicet ad edificandum in dicta platea ad honorem dei et amplationem dicte ecclesie Sancti Guillelmi et cultus divini unam capellam habentem suum introitum per dictam ecclesiam et non alias. Tu autem dictus Johannes in recompensationem dicte platee et pro servando dicto hospitali indemni de dicta platea, debes et teneris de die in diem ad nostram requisitionem facere dirui quemdam parietem parvum de bodio cayronum et partem de terra que est supra januam introitus cellarii dicti hospitalis, prout protenditur in altum a lundari dicte janue usque et versus tegulas, et per longum quantum protenditur versus dictam januam usque parietem domus hospitalis predicti, et inde ibidem edificari facere tuis omnino expensis unum parietem de bodio cayronum et ponere unam trabem sufficientem retro dictam ecclesiam subtus tegulas introitus domus dicti hospitalis, et facere revolvi tegulas hospitalis predicti tuis sumptibus quoad jornalia operariorum in dicta revolutione necessariorum, nos vero tenemur alia circa ejusmodi revolutionis necessaria de bonis dicti hospitalis ministrare etc. Testes, etc.

XXI.

Réparation aux voûtes de Notre-Dame-des-Tables, par Jean Gili.

(Ann. 1385[1].)

Die xxvi. mensis julii, ego Johannes Egidii lapicida pro me et meis promito vobis..... operariis ecclesie beate Marie de Tabulis... scilicet pavimentare totam navem seu voutas altas et medias ecclesie predicte bonis et sufficientibus lapidibus vocatis lauzis lapiderie sancti Genesii prout latius continetur in cedula hic affixa. Et hoc pro pretio cujuslibet canne quadrate quinquaginta sex solidorum trium denariorum turonensium, francus auri vero pro xxii. s. vi. d.

Jhus.

En nom Dieu sia fach amen. Aisso es per la hobra de Nostra Dona de Taulas.

Item que tota la peyra de la dicha hobra sia de sant Genieys.

Item que quascun cartier aia iii. palms de lonc et ii. palms dample et i. palm despes.

Item que de cascun cartier yscon iiii. lauzas et non plus.

Item que cascuna lauza quavalque luna sus lautre ii. bos detz.

Item que las cubertas de las cris aian iii. palms de lonc et ii. dample et despes de las dichas lauzas.

Item que totas las juntas sian embatumadas de bon batut bon et sufficient.

Item que aquels que faran aquesta hobra sian tenguts daver peyra, quaus, arena, aygua, engins, escalas, batut et totas autras causas necessarias a la dicha hobra.

Item que sian tenguts de dissendre tot lo reble et tota la terra que los obriers non sian tenguts de res si non tant solament dels deniers ayssi quant son daquort am aquels que faran la dicha obra.

Item que los senhors obriers sian tenguts de donar via a las ayguas à lur mession.

Aven fach merqua au S. Joh. Gely que li dam de la qana qairada iii. fr. y per totas qauzas.

[1] Liber manualis notarum.

XXII.

Brunel, maître des œuvres [1].

(Ann. 1364 [2].)

—

Lettres contenant provisions de l'office de Maître des bâtiments du roi en la sénéchaussée de Beaucaire, pour Me Pierre Brunel, perier.

—

Carolus, Dei gratia Francorum Rex, universis presentes litteras inspecturis salutem, cum carissimus dominus genitor noster confidens ad plenum de sufficientia magistri Petri Brunelli peyrerii, ipsum magistrum operum suorum senescallie Bellicadri et Nemausi fecerit, et in hujusmodi officio ipsum, virtute litterarum, ad vadia et emolumenta consueta fuerit et sit institutus, notum facimus quod nobis placet et volumus quod dictus magister Petrus in officio memorato, quod ei de novo damus et concedimus de gratia speciali per presentes, si sit opus ex parte nostra, remaneat, illudque teneat et exerceat more solito ad vadia, commoda et emolumenta ad illud spectantia, et his solito more uti et gaudere sibique in omnibus ad dictum officium spectantibus per omnes ad quos pertinuerit pareri efficanter et intendi pacifice et quiete faciant et permittant juxta predictarum dicti domini genitoris nostri litterarum de quibus liquebit ac presentium series et tenores, nec non receptori moderno et futuro Bellicadri et Nemausi vel ejus locumtenenti mandamus quatenus vadia predicta dicto magistro Petro solvere aut solvi faciat modo et terminis consuetis que sic soluta in ipsius compotis per dilectas et fideles gentes compotorum nostrorum Parisiis allocari volumus et mandamus absque difficultate quacumque, in cujus rei testimonium nostrum quo ante regni nostri regimen susceptum utebamur presentibus litteris fecimus apponi sigillum. Datum Parisiis XVIII. die junii anno Domini millesimo trecentesimo sexagesimo quarto, per regem, ad relationem consilii. Donhem.

[1] Sénéchaussée de Nismes Registre n° 16, fol 6.

[2] Les deux pièces relatives à Brunel, que nous avons trouvées aux archives de la préfecture (Lettres patentes, tom. II, p. 202, et Fond - D. Pacotte, tom x), ne sont que des copies modernes dont l'exactitude laisse quelque chose à désirer ; c'est inutilement que nous avons cherché les originaux à Villeneuve-lez-Avignon.

XXIII.

Brunel, maitre des œuvres.

(Ann. 1293 [1].)

Devis de M. Pierre Brunel, maître des œuvres royaulx, lequel, en vertu de l'ordonnance du conseil de Mgr. le duc d'Anjou, et à la requête des sindics, procureurs et consuls de Villeneuve-lez-Avignon, touchant la construction des portes de ville et des murs dudit lieu, détermine qu'il y aura deux portes, sur lesquelles il y aura des tours, et de cinquante en cinquante cannes une tour quarrée.

Nota. A la fin dudit devis, on trouve qu'un certain Fabre offre de faire la canne quarrée des portes et tours pour cinq florins et un quart, et les murs pour quatre florins et un quart.

[1] Archives de l'hôtel-de-ville de Villeneuve-lez-Avignon. Armoire 14, n° 3.

(Extrait en forme.)

L'an mil trois cens soixante neuf, jour de décembre le deuxième, maistre Pierre Brunel, maistre des œuvres regals de la sénéchaussée de Beaucaire et de Nismes, en seivant la ordenance faite par le conseil de Monsegneur d'Anjou estant à Villeneüve, à la requeste de maistre Pons Pierre, notaire royal, et Clément Arnault, sindics et procureur de Villeneüve, et des consuls et prodhomes dudit lieu, ordena et devisa sur la clausure dudit lieû en la manière que s'ensuit.

C'est assavoir, que deux portals se facent. Premiérement, l'un de côsté l'ostel de Beaufort, et l'autre de côsté l'ostel de M. de Boulogne; et seront les tours desdits portals quarrées; et aura dedans mur deux cannes de vuit de quarure de mur à autre; et sera le mur de par dedans terre pour fondement de VII. pals, defuers terre en continuant de VI. pals, et sera de pierre de taille par defuors, et par dedans de pierre de fil esclapée au miex que fere se pourra; et seront lesdites tours deux cannes plus hautes que les murs, et seront lesdites tours mascherolées en la maniére qu'il appartiendra, ou ainsi que celles sont à Avignon; et se cannera si comme il appartient, ou ainsi comme Avignon; et aura de chescun costet desdits portals de frontière LLL. cannes de mur, ou plus, ou moins, selon ce que miex plara as députés; et lesdits portals fins la muraille le sera de l'un portal à l'autre en la maniére que s'ensuit. C'est assavoir à chascune arrestié de mur aura une tour quarrée mascholée et de la hauteur desdits portals de cayrons esclappée de fil bien et gentement, et les arrestiés seront de pierre de taille; et de la en avant de L. cannes à autres aura une tour quarrée celle comme dict est de chascune arrestié; et seront toutes les tours de deux cannes de ornets de quarrure et de spes defuers de terre de VI. pals et dedans terre de VII. pals si comme des portals et de celle hauture; et entre deux tours d'une à autre aura ûn ou deux pilliers de pierre à faire gaischiers, lesquels pilliers auront IV. pals de sallie defuers les murs et VI. pals de frontière, et seront de hauture outre la hauture des murs ûne canne, et seront les gaischiers mascherollés se semble bon aux députés; et als qui aura l'ouvrage vindra les fondemens à la volonté et ordonnance desdits députés, et ou la rocha sera, il dressera la rocha en tel maniére que le mur soit egual au mur dedens et defuers; et auront tuit li murs dedens terre murs entre deux V. pals, et defuers terre V. pals, et seront lesdits murs de hauture entre tremaulx et gros mur et fondement V. cannes; et feront deux boques que sauteront trois quarts de pan de pierre de taille, et defuers et seront assis III. pans plus bas que ledit avant-pied de merlet, afin qu'ils soient chargés de gros mur, et auront les boques dessoubs II. pals et dedens et desubs de III. pals de longuor, et des boques en ensus tout ce fera de pierre de taille, et auront les avant-pieds et les merlés un pan et quart despés. En ladicte muraille per dedens la ville, aura deux boques que sauteront I. pan pour faire l'alée des merlés plus large, et de bequet à autre aura I. pal et demi d'espace, et seront bordées lesdictes allées de bons bars tout d'une pierre, qui iront desdits avant-pieds et couvriront le bouquet, et de six cannes à six cannes par dedens le mur de la ville aura une archiere ou il aura siége, et dessus les siéges aura une canne de large de jambe à autre de pierre de taille, et seront voutées et se cannera vuit et plain en la maniére qu'élle est accoustumée, et ne se cannera riens de la sallie de boques, ne de la bardaison, forsque la hauture et à la longuour, si comme mur doit canner; à la fondementas se faran soqus foras de terras de cartiers, et quicoques fera lesdits murs, il les fera de bon mortier et de bon chaux et de tel pierre, comme dict est, devant miex se fera lestel au dit des députés, et ne li seront tenus de riens que de l'argent et des deniers que l'on li baillera. Il donra bonne fermance de faire l'œuvre selon la quantité des deniers qual en recevra ..... Pierre Fabre a.... veut faire les portals et les tours par la maniére dessus divisée la canne carrée pour cinq florins et un quart, et de l'autre mur la canne pour quatre florins et un quart.

XXIV.

Réparations à la fontaine du chemin de Lates par R. Boyer.

(Ann. 1370[1].)

Die xix. aprilis, ego R. Boerii de Claromonte Lodovensis diocesis per me et meos promitto vobis consulibus maris facere reparationem fontis itineris de Latis prout continetur in rotulo papiri hic affixo, pro pretio sexaginta florenorum auri de Francia.....

Deu far maistre R. Boyer peirie en la fon de Latas aissi com dis apres.

Item deu parti per adobar la fon sus al quap del quam dels eretie del Sen Gillhian paraire et segir la ma la paret del dich quam entro sus al pontil juxta los abeuradors.

It. mais deu far i. barc nou en que passe sus laigua al costat et del lonc del dich pontilh.

It. mais deu far venir parten de larc laigua dintre la tore per conducts.

It. mais deu enbatumar la dicha tore en tal manieira que estre ben apontz et adobar al megua bon esta lo griffo.

It. mais deu metre trots los quanos en tohat de peira ben enmortaira e ben enbatumar los dich quanos.

It. mais ben cubrir apontz los ditz quanos en tal manieira que la quauza estre ben apontz.

It. los davan dits abeurados deu adobar et enbatumar que estien ben apontz e que sian tenens aygua.

It. lo davan dit R. es tengut de aver totas sas airmas e sas guis, et maistrague de sas mas ses plus, et los senhors cossols devon aver totas las autras causas en aysso necessarias.

It. deu aver daquel pres fats desus ditz lx. fl.

It. e lo davan dits R. Boyer es tengut que se la dicha fon prenie negun menesquap que fos per sa fauta dayssi a xii. ans, que el dich R. o deu adobar del tot a sa mession.

[1] Liber manualis.

XXV.

Autre réparation à la fontaine du chemin de Lates, par R. Boyer.

(Ann. 1370.)

Die xiv. augusti, ego R. Boerii de Claromonte pro me et meis promitto et convenio vobis dominis..... consulibus maris presentibus et cum notario stipulanti facere unam crotam sive voutam infra turrem fontis itineris de Latis de die in diem altitudinis in medio VII. palmorum, ita quod vos habebitis in ipso opere yssendriamenta, lapides, calcem, arenam et aquam in dicto opere necessaria, et solvetis mihi pro labore meo tresdecim libras tur., franco pro viginti solidos turonenses. Item etiam promitto pavimentare tres cameras conductorum aque decurrentis in dictam fontem bene et sufficienter quod sint una juxta campum C. de Montejudeo, alia juxta campum Andree Dominici et alia prope et juxta partem domus recluse itineris predicti. Item reerigere parietem dicti campi G. de Montejudeo in quantum est direptus, cum sit contiguus decursus dicti fontis et sine ipsius reerectione dicta aqua non potest faciliter habere suum decursum. Promitto etiam facere canones terreas canali per quem dicta aqua transcurret ad dictum fontem juxta campum heredis G. paratoris quondam, scilicet a quadramo ipsius campi superiori usque primam cameram desversue ipsius, et circa hec habebitis omnia in predictis necessaria et solvetis mihi pro labore meo triginta sex libras tur. predictas, etc.

XXV (*bis*).

Licencia demoliendi fontem pontis Gadii Juvenalis pro edificando fontem noviter repertum retro hospitalem Sancti Spiritus.

(ANN. 1465[1].)

Die XII. mensis augusti noverint universi quod apud Montempessulanum et in loco infra scripto ac coram dominis consulibus Johannes Rate et Johannes Bessoni, habitatores cayrerie Pilaris Sancti Egidii, qui dixerunt quod nudaris quidam fons fuit repertus retro hospitale Sancti Spiritus, quem habitatores dicte carerie erigere et construere inceperunt, et magnas expensas jam fecerunt et sine adjutorio non possunt complere reparationem jam inceptam, et ulterius dixerunt quod prope pontem Gadii Juvenalis est quidam fons et lapides qui de nihilo serviunt, ideo requisiverunt dictos dominos consules quatenus velint et dignentur sibi licenciam dare demoliendi dictum fontem pro convertendo materiam in reparationibus predictis, nam redundabit in utilitatem et commodum reipublice dicte ville, et dicti domini consules, premissis auditis et consideratis, licenciam eisdem dederunt demoliendi dictum fontem et materiam predictam implicandi in reparationibus fontis noviter reperti, dumtamen arma consulatus in edificio fiendo habeant ponere, et dicti habitatores ita promiserunt, etc.

[1] Liber contractuum consulatus.

XXVI.

Reconstruction de la flèche du clocher de Notre-Dame, par Johan Bosquet.

(ANN. 1595[1].)

Item die septima octobris noverint universi quod nos..... operarii fabrice ecclesie beate Marie de Tabulis etc., tradimus vobis Johanni Bosqueti peyrerio Montispessulani presenti etc., de voluntate, licentia et auctoritate dominorum sex consulum Montispessulani presentium nec non venerabilis viri domini Jacobi de Manhania prioris dicte ecclesie et providorum virorum magistri Deodati Astringii bacalarii in legibus, Jacobi Car-

[1] Liber manualis notularum consulatus.

casone, Jacobi Albareti, Petri Boniffilii, Raymundi Carelas, Petri de Lauzi, quod dicti domini asserunt fore bonum ad construendam agulham cloquarii dicte ecclesie beate Marie de Tabulis et ediffìcandam modo et forma sequentibus, et quod vos debetis destruere totam dictam agulham a capite usque in finem vestris propriis sumptibus et expensis, item expost debetis edificare et construere dictam agulham et debetis ponere in initio ejusdem octo lumdas boni lapidis longitudinis duodecim palmorum et altitudinis ac grossitudinis, prout intererit et erit necesse, alliati quilibet cum bonis assis ferri, et expost construendo dictam agulham debet facere altitudinis duodecim cannarum dicedendo a pede dictorum lumdadorum sive lumdas usque ad summum ipsius agulhe, et quod debeat construere et rediffìcare dictam agulham boni lapidis peyrerie de Pignano et quod sit bene massonatum et bene assatum de bonis assis ferri positis et affixis cum geyso, ac tam de lapidibus quam de presenti existunt in dicta agulha sit sibi licitum reponere in dicta constructione tamquam fuerit bene sufficienter. Item quod debeatis et teneamini facere in dicta agulha octo fenestras, scilicet in qualibet parte sive pan unam fenestram, et supra quamlibet fenestram ponere unam ymaginem lapidis quam de presenti existunt in dicta agulha, et eo casu quo dicte ymagines frangerentur demoliendo vel construendo, quod vos dictus Johannes Bosqueti non teneamini ad eas construendo, dumtamen in vestri consciencia et probitate custodiatis quod non frangantur meliori modo quo poteritis. Item quod vos teneamini ponere pomum et pomellum supra dictam agulham, ipsa completa in summitate dicte agulhe quod vobis tradentur, quodquid pomum et pomellum fient expensis nostrûm operariorum et operis sive fabrice dicte ecclesie. Item quod teneamini facere in illis duabus fenestris in quibus se apilant sive sustinent capita saumeni in quo apponetur magna campana sive sen gros, unum filum de carteriis in qualibus dictarum duarum fenestrarum longitudinis sive de lespes ipsius parietis et de lespes duorum palmorum, et in omnibus predictis subscriptis teneamini lapides, calcem, arenam, ferrum, gieyssum, magistragium et omnia alia necessaria ad dictum edifficium sive constructionem. Et quod nos non teneamur vobis nisi tradere pomum et pomellum prout supra dictum est. Item in casu quo vos frangeretis aliquid in dicto cloquecario demoliendo vel construendo, ascendendo vel descendendo, causas vel res vobis ad predicta necessarias, quod vos teneamini vestris propriis expensis reedifficare et construere bene et sufficienter. Item quod in dictis sex saumenis fuste quos debent poni in dicto cloquario pro pulsandis campanis, videlicet campana grossa et aliis campanis, quod vos teneamini facere foramina ubi apponentur dicti saumeni, et claudere alia foramina parietis que erunt necessaria, et quod vos debeatis facere voyrimenta lampadarum capitonum saumenorum que exibunt extra parietem bene et sufficienter taliter quod capita dictorum saumenorum non possint balneare aliquo modo, ac tamen vos dictus Johannes Bosqueti non teneamini habere saumenos fuste neque ipsos apponere seu affigere. Item quod teneamini demolire seu demoliri facere dictam agulham hinc ad festum omnium Sanctorum proxime instans. Item quod teneamini incipere ad demoliendum dictam agulham prima septimana Quadragesime venientis, et continuere ad reediffîcandum et noviter construendum taliter quod dictum edificium sit omnino completum hinc ad proximum instans festum beati Johannis-Baptiste mensis junii. Et completo omnino opere predicto, modo et forma predictis, nos predicti nominibus teneamur vobis tradere, solvere et deliberare pro omnibus predictis quingentos et quadraginta francos auri quos promittimus vobis seu vestris solvere per has soluciones, primo videlicet de presenti centum francos, item prima die instanti Quadragesime alios centum francos, item quando dicta agulha erit constructa et edifficata in altitudine duarum cannarum cum dimidia alios centum francos auri, item expost cum dicta agulha erit plus in altitudine septem cannarum et sint apposite dicte octo ymagines lapidis que de presenti existunt, alios centum francos auri, item completa omnino dicta agulha et edificio predicto, restantes centum et quadraginta francos auri. Pro quibus omnibus universis et singulis sic attendendis, servandis et complendis obligamus vobis dicto Johanni presenti etc., omnia bona dicti operis sive fabrice dicte ecclesie presentia et futura sub omnibus cohercione et destrictu sigilli parvi regii Montispessulani etc., et ego predictus Johannes Bosqueti predicta accepturus promitto vobis dictis dominis operariis dicte ecclesie presentibus et tibi notario stipulanti etc., pro omnibus illis etc., predicta et superius scripta attendere et complere bene et sufficienter sine fraude prout supra protestatum est, pro quibus etc., obligo vobis ut supra stipulanti etc., et confiteor me a vobis habuisse et recepisse dictos primos centum francos auri quictans etc., cum pacto de non petendo etc. Actum infra domum consulatus ville Montispessulani, testibus presentibus domino Berengario Ricardi presbitero, Raimundo Chaygaya, Raimundo de Cambis peyrerio, Jacobo Terrissi scutifero dominorum consulum, habitoribus Montispessulani, et me Bertrando Pauli etc.

XXVII.

Réparation au Pont de Castelnau.

(Ann. 1403[1].)

Conte de las mesios fachas per lo pon de Castel nou aconmensat a XVII. febrier p. S. P. mostiers.

Las despensas del pon de Castel nou a XVII. febrier comensem.

Premieyramen per V. jornaus de tonbarel Antoni Pongalar a XI. gros lo jorn...	III. f.	VII. g.
Plus a G. Bosc V. jornaus a XI. g. per jorn.	III. f.	VII. g.
Plus a Biasana V. jornaus a XI. g. per jorn.	III. f.	VII. g.
Plus a J. Biemon II. jorns a XI. g. per jorn.	I. f.	VI. g.
Plus per V. jornaus que a estat J. Bosc per aplana larena sub lo pon.		XIII. g. IIII. p.
Plus per IIII. jornaus de peyrier a III. g. per jorn.		XII. g.
Plus per IIII. jorns de manobra a VII. m^e. per ome.		IX. g. IIII. p.
Plus dilus VII. omes a VII. m^e. per ome.	I. f.	IIII. p.

[1] Liber notarum.

Plus per II. jornaus de sen Johan Dayrolas. VII. g.

Dimas. — Plus VIII. omes a cargar los tombarels a VII. m. per ome monton. IIII. g.

Dimecres. — Plus per XII. omes a II. g. la pesa. I. f. XIIII. g.

Dijous. — Plus VIII. omes a quarga los tonbarels. I. f. IIII. g. VI. p.

Disapte. — Plus VIII. omes a carga los tombarels. I. f. IIII. g. IV. p.

Plus per XII. banastas que aven conprat. VIII. g.

Plus per los despens fachas an pan a dona als omes e caratiers per pan, e vin, e favas, avens per tos despens de bocas monton. II. f. V. g.

Plus per I. ome que a estat IIII. jorns. X. g.

Sa XVIII. l. VIII. s. IX. d.

Fuit recognita die XXV. februarii.

XXVIII.

Nivellement de la fontaine de Saint-Clément.

(ANN. 1410 [1].)

Lan M. CCCC. X. a II. davril, lo sen Esteve Salvador, sieutadan de Narbona, loqual am alcuns valens homes fustiers, peyriers et autres de vila ses tirats devers la fon de Sant Clemens per anivellar si laygua de la dicha fon poyria venir per conduts en esta vila, fes sa relacion als senhors cossols en presencia del sen P. Girart peyrier, et sen P. dels Puech fustier, que an vist e son estats presens quant els lay es estats.

Et premieyrament fes relacion que per lo nivel an trobat que laygua de la dicha fon pot venir a las auzidas del parapiech del cloquier de Nostra Dona de Taulas.

Item que la mayre de la dicha fon que es dereyre lo mas de Johan Maistre que ha XII. palms de pregont, ha una cana daut plus que la dicha fon de Sant Clemens.

Item a la dicha fon de San Clement daygua hun palm et miech cayrat que pot venir en esta vila.

Item lan que dessus, dimecres a IIII. davril, lo dich sen Esteve Salvador refferit als dits senhors cossols que el e lo sen P. Girart peyrier, et lo sen P. dels Puech, son tornats a la dicha fon per mesurar et anivelar quantas canas a de la dicha fon entro en esta vila.

Et dis que parten de la dicha fon seguen lo drech camy de Montferrier, et de Montferrier seguen hun camy et venen sobre la candoraria dels heretiers den Guiraut Roqueta, et passada la Gironda seguen hun camy vers la guarrigua del sen Johan Columbier, venen vers Botonet et de Botonet al Palays, an trobat V^{m} canas.

Die quinta mensis aprilis, noverint universi quod ego Stephanus Salvatoris anivelator, civis Narbonensis, confiteor vobis consulibus ville Montispessulani presentibus.... quod pro labore meo per me impenso in anivelando si fons Sancti Clementis vallis Montisferrandi posset trahi per conductus ad presentem villam pro servicio gentium et habitantium in eadem, ad quem fontem equitavi quater cum quibusdam fusteriis et peyreriis et aliis bonis hominibus hujus ville,

[1] Liber notarum.

et pro omnibus aliis que ratione dicti negocii et a dicto consulatu petere possem, vos solvistis mihi realiter sex libras et quindecim solidos turonenses ultra duas libras et quinque solidos turonenses quas in diminutionem predictorum predecessores mihi tradiderunt de quibus, etc.

XXIX.

Reconstruction du clocher de Notre-Dame, par Johan Bosq.

(Ann. 1412 [1].)

Die vicesima secunda mensis aprilis, noverint universi quod ego Johannes Bosqui lapicida Montispessulani promitto et convenio vobis honorabilibus viris consulibus, quod ego diruam summitatem agulhe campanilis beate Marie de Tabulis, et inde ipsam reedifficabo, et alias de meis obratgio, lapidibus, calce, arena, aqua, barris ferreis et de tota alia materia in infra scriptis necessaria, meis expensis, pro pretio facto ducentorum scutorum in infra inserto cartello expressatis. Reparabo bene et sufficienter omnia illa que fulgur damnificarat in dicta agulha, et etiam reparabo carterium dicti campanilis quadrati per dictum fulgur damnificatum, et omnia alia pacta inter me et vos faciam meis sumptibus, etc.

Segon se los covenens del presfach que los senhors cossols an baylat al sen Johan Bosq peyrier, de reparar lagulha et lo cartier del cloquier de Nostra Dona de Taulas, del dampnatge que y a donat lo lam quant y es tombats.

Premieyramen deu derroquar et desbastir lo dich sen Johan Bosq de lagulha del dich cloquier entro desot la guabia de la dicha agulha tres o quatre fihs o tant quant ni aura dampnificat lo lam en redon.

Item en apres lo deu tornar bastir et reparar de tot lo lonc de la dicha agulha tot lo dampnage que lo lam y a donat ben et sufficientmen que istie si ben aponch et si seguramen coma istava enans que lo lam y dones lo dampnatge, exceptat que ne deu levar de tot la dicha guabia et non la y tornar, et de las VIII. fenestras que son desot la dicha guabia, non y deu layssar mas quatre petitas, totas ves que la una sia si granda que hun home y puesca passar.

Item que per maistratge, peyra, caus, arena, aygua, barras, ferre et per tota la autra materia que intrara et sera necessaria en tornan le dicha agulha en lestat que era enans que y tombes la mala causa, excepta la dicha guabia, los dits senhors cossols li devon donar per presfach cent escuts daur paguadors de jorn en jorn pro rata segon quespachara lobratge.

Item per so que lo dich sen Johan Bosq avia pres lo dich presfach als dits cent escuts et tornar y la guabia coma era devans, que en loc de la dicha guabia deu reparar en lo cloquier desus dich quayrat XVIII. o XX. volses aqui ont son plus necessaris de reparar et may guastats.

Item dautre part et per autre presfach de autres cent escuts lo dich sen Johan Bosq las quatre auzidas del cartier que lo dich lam a dampnaciat del dich cloquier cayrat que es et son dentre lostal del sen Deo Ambrosi, so es assaber dous auzidas de sot et las autras dous auzidas de sobre deu bastir et claure de maistratge, peyra, caus,

[1] Liber notarum.

arena, aygua et de tota autra matiera, a sos despens de bonas jazens de peyra per manieyra de jazens que dous pessas fassam lespes de la paret del dich cloquier. Et sobre aquela filada meta jazens apeladas perpezaus et que en cascuna de las dichas quatre auzidas fassa et laysse una petita fenestra de lau de quatre palms et del larc de dos palms, per lasquals fenestras puesca passar la vos dels seyms del dich cloquier cant sonaran. Los quals cent escuts los dits senhors li devon baylar o far baylar coma desus de jorn en jorn, en devayssens coma fara et despachara lo dich obratge.

Item que lo dich sen Johan Bosq deu aver fach et complit ben et sufficiemnens los dits obratges dayssi a la propdana venen festa de la Santa Maria Magdalena.

XXX.

Firmin Cueyas, peyrier.

(Ann. 1452[1].)

Noverint universi quod providus vir Firminus Crueyas peyrerius Montispessulani habere confessus fuit a dicto clavario etc., pro suis laboribus per ipsum anno proxime preterito et anno presenti impensis in visitando turrim que fit in Montepessulano pro horologio et ordinando modum per quem turris predicta construeretur et hedifficaretur, videlicet decem mutones auri sibi dicto Crueyas pro premissis taxatos et ordinatos de quibus quittavit etc.

1 Liber clavarie.

XXXI.

Pont Juvénal.

(Ann. 1447[1].)

Visitatio facta pontis Gadii Juvenalis.

Die vicesima mensis aprilis, dominus Poncius Grimaudi per alteros conconsules missus ad visitandum pontem de Gadii Juvenalis cum domino Ph. de Nevers burgensi Montispessulani et Raimundo Coste una cum providis viris Firmino Cueyas, Joh. Planche, Joh. de Lyon et Bertrando del Rosier lapicidis, Stephano Aymes et R. Dolameserii fusteriis, qui quidem domini lapicide et fusterii retulerunt prefatis consulibus se vidisse, inspexisse et visitasse ruinam dicti pontis Gadii Juvenalis prout et alias visitarunt anno proxime preterito, et dixerunt quod a dicta visitatione citra pila pontis predicti ruinosa cum duabus arquatis hinc inde pila ipsa in medio sit valde deteriorata et in periculo funditus ruendi, et ideo, habito colloquio ad invicem et consultato negocio, fuerunt opinionis concorditer quod dicte arquate et pila ruinose demoliantur ex toto, et disruta pila ipsa usque ad aquam inspiciatur inde ex quo provenit ipsa ruina ipsius pile, et si visa reficiatur, fundetur bene, construatur grossior quam sit nunc de palmis et cum retracha, et inde construantur dicte due arquate prout et ante erant, dumtamen sint altius constructe quam nunc sunt, et utilius erit predicto ponti quam si fieret una arquata de dictis duabus et minoribus expensis.

Item dixerunt quod in dicta constructione ipsius pile erunt necessarii quamplures carterii grossi et in magna quantitate tam ad dictam pilam quam

1 Brevetus notarum.

ad barandam ipsius pontis, fuerunt opinionis quod dicti consules committerent duobus lapicidis qui accederent ad locum de Piniano et perquirerent locum ubi esset peyreria, et expensis ville disropuent seu disropui facerent dictam peyreriam et si dicta peyreria esset bona, quod daretur permissio extrahendi dictos carterios pro dicta pila pontis.

Dicta die, post prandium coram dictis consulibus dictus Cueyas, Joh. de Lyon et Bertrandus de Roserio retulerunt iisdem dominis, et cum petatur per eosdem dominos quanto pretio fieret dicta ordinanda reparatio, dixerunt quod ipsi fundamentum pile si habere facerent tale quod in fundatione ejusdem pile posset reperire, quod non facerent pro mille scutis, et tale quod facerent pro minori summa, et dictas duas arquatas et pila ab aqua superius prout dixerunt constabit ultra sexcentas libras turonenses, verumtamen protestati fuerunt quod propter dictam per eosdem non intendunt se astringere pro dicto precio dictam reparationem faciendi de quibus protestati fuerunt, domini consules eorumdem preloquentium admiserunt protestationem.

XXXII.

Guillaume Pelet et Johan de Lorraine.

(Ann. 1461[1].)

A pagat lo clavari a maistre Guill^e^. Pelet et a Johan de Lorrena peyriers de la villa de Montpellier la soma de quatre lieuras tourn., et aysso per la peyna et travailh par elses et aultres peyriers agutz en demolir et mettre a terre et a cargar sobre las carretas los sesterals de pierre que los habitants del pilar Sanct Gilly tenoyent devant lors hostaulx adfin de las portar en lorgeria antiqua de la dite villa, et aysso per commandament de mossen lo juge del petit sagel, commissari a aysso deputé per lo rey notre sire, et aussi aultres sesterals entans en aultres carrieyras si non en la dita orgeria antiqua, et en icelle orgeria aucuns dels sesterals susdits batir et edifficar.

[1] Livre de la clavarie.

XXXIII.

Bertrand Vital.

(Ann. 1427[1].)

Pro campanili sive pignaculo beate Marie de Tabulis.

Item die xxi. mensis junii, cum pignaculum sive campanile ecclesie beate Marie de Tabulis minaretur ruinam et esset in periculo cadendi, quod si fieret, esset magnum scandalum et faceret damnum maximum et irreparabile, ideo dicti domini consules volentes providere erga premissa prout tenentur ex injuncto eis officio, proclamari fecerunt voce tube per villam Montispessulani et hoc per preconem publicum, ut quicumque volens dictum campanile demolire tantum quantum esset demoliendum, nec non estatgare bene et sufficienter juxta casus exigentes, nec non edifficare tres filatas lapidum sive cadrantium cum calce et arena bene sufficienter, prout in talibus fieri decet, quod veniret die et hora presentibus in plano ante domum consulatus ad videndum livrationem de premissis fiendam, ob quod dictus preco, dictis die et hora, existens in dicto plano, voce tube et ad extinctum candele ardentis predictam demolitionem, estagiarum

[1] Liber consiliorum domus consulatus.

facturam, et trium filatarum edificationem, modo et forma predictis fiendam livravit Bertrando Vitalis alias del Rosier peyrerio Montispessulani tam minus et ultimo offerenti, sive pro minori precio premissa facere volenti, precio quinquaginta librarum turonensium, et hoc in presencia consulum Montispessulani. Actum in plano dicti consulatus, etc.

Item die xxvi. junii, fuit actum inter eos quod dictus Bertrandus Vitalis debet ponere super dictum campanile unum penellum quem debent habere expensis ville et coperire dictum campanile de lauzis sibi traditis.

XXXIII (*bis*).

Bertrand Vital.

(Ann. 1427[1].)

Pro campanili beate Marie de Tabulis.

Item die ii. augusti de vespere, noverint universi quod, cum honorabiles viri consules demoliri fecissent certam partem agulhe campanilis ecclesie beate Marie de Tabulis eo quare minabatur ruinam propter terre motus qui a die carnisprivii ultimo lapsi citra vel circa in presenti patria terribile rigueruit, habito primitus super hoc consilio et deliberatione maturis cum burgensibus, mercatoribus et aliis notabilibus hominibus ville Montispessulani, et deinde ipsum reedificare volendo proclamari fecissent voce tube per trivia et compita Montispessulani talia fieri solita per preconem publicum longo temporis spacio, ut quicumque qui vellet demolire de dicta agulha illud quod erat ad demoliendum usque ad pavimentum gabie, et deinde ipsum campanile reedifficare eo modo et pactis contentis in medio papiri folio hujus tenoris: Tot peyria que volra penre, soes assaber etc., quod veniet die et hora presentibus in plano consulatus ubi dictum obragium livraretur ad extinctum candele ardentis illi qui pro minori et ultimo precio ipsum obragium facere vellet cum et sub dictis pactis capitulis, etc., in dicto medio papiri folio contentis. Tandem ipsi domini consules volentes premissa deducere ad effectum, ipsum obragium et capitula predicta, ibidem convocata multitudine populi tam peyreriorum quam aliorum copiosa, preconisari fecerunt per dictum preconem voce tube, et novissime factis per certos peyrerios diversis dichis in ipso obragio, dictus preco dictum obragium livravit voce tube et ad extinctum candele ardentis ut est moris, presentibus omnibus dictis dominis consulibus, Bertrando Vitali peyrerio Montispessulani precio septuaginta et octo librarum turonensium illi qui ipsum obragium pro minori precio facere voluit et qui ultimo in ipso obragio minorem dicham fecit. Actum in plano dicti consulatus, etc.

XXXIV.

Construction d'une échauguette par Bertrand Vidal.

(Ann. 1445[1].)

En aquest an, an fach derrocar los dich senhors obriers la torre que era de detras la cort del sagel, del comensamen entro a ras de terra, car volia tombar et era tota separada de la muralha et badava de dessus la dicha muralha mays de dos pans, et puoys an fach bastir lo badam daquela que era

[1] Liber consiliorum domus consulatus.

[1] Thalamus dei ouvriers.

del larc de tres canas et mays a legal de lautra muralha et de laut et de lespes daquela, et en miech del dich badam del dich mur an fach fayre hun pilar de vi. pans despes de part de foras, et de sobre lo dich pilar an fach fayre hun gachien a la manieyra et forma de hun daquelles dos gachiens del portal de Latas, et aysso per Bertran Vidal alias de Vosia peyrie que costan de far de las mans tant soletamens cent et seys lieuras et plus hotra la materia que en es estada necessaria.

XXXV.

André Bonicy, peyrier.

(Ann. 1452[1].)

Preceperunt clavario presenti quod solvat Andree Bonicy lapicide, videlicet summam septuaginta sex libr. quindecim solidorum tur. eidem debitorum, et hoc pro pretio facto eidem tradito per vos consules reficiendi et reedificandi certam partem meniorum inter portale de Montpeylaret veniendo ad portale Aule, item et pro debastiendo usque ad primum solerium turrim que est de retro domus Alb. Panesii, pro quo precio facto et concordato habere debebat ab iisdem consulibus septuaginta tres libr. et pro demoliendo dictam turrim usque ad secundum solerium tres libras, et quindecim solidos tur. qui sunt in summa septuaginta sex libr., etc.

XXXVI.

Symon, maître des œuvres.

(Ann. 1447[2].)

Magister Symon magister operum regiorum senescallie Bellicadri et Nemausi retulit dictis consulibus se visitasse et inspexisse pontem Gadii Juvenalis, nedum semel, quinimo bis et ter et quater, et ordinasse in scriptis reparationem in eodem ponte necessariam modo et forma contentis in quadam papyri cedula manu sua dicti magistri operum scripta taliter :

Lordonnance du maistre des heuvres pour le fait du Pont Juvenal.

Et premeyrement que les deux arcs soient faits ainsi comme il appartient.

Item quant les dits arcs seront bien faits que soit levée la pierre de par dessus pour porter au proffit de ladite besoingne.

Item quant les dits arcs seront levés, les deux pilles des dits arcs soyent abatues jusques au ras de leau.

Item quant les dites pilles seront abatues, quelles soyent mises a nyvel ainsi comme il appartient.

Item du cousté que la pille est conservée, quelle soit regardée pour savoir si elle est bien fondée.

Item si le cousté de ladite pille nestoit pas bien fondée, que les dites pierres soient levées et regardées, et regardé le dit fondement que il est, et si ledit maistre ne trove bonne fondemente, quil ayt a piloter de bons paulx de chesne qui seront dun palm de gros en teste et a la longueur que fera besoing.

Item que les dits paulx soyent mis hung pres de lautre au cousté de la riviere et par dedans ladite pille de palm en palm.

Item que les dits paulx soient cueillis en saison.

Item quant ledit pilotis sera planthé, que soient sangles, de troys en troys palms de sangles de chesnes qui ayent

[1] Brevetus notarum.
[2] Brevetus notarum.

hung palm de large et demi pan despes.

Item par dessus ledit pilotis se ayent a mectre de grosses pierres a la longueur de v. palms et de troys et que soyent cramponnées deux assises bien et deuement. Et le forniment dedans ladite pille soit de pierre de taille a la hauteur de celles de devant et cramponnées la ont sera necessaire.

Item par dessus la dite fondemente se leveront les dites pilles a la grosseur et a la hauteur quelles estoient par devant.

Item ledit maistre refferra lesdits deux arcs, ainsi comme la besoingne le requiert.

Item ledit maistre fera les deux parebandes par dessus les deux arcs, ainsi comme la besoingne le requiert.

Item fornira le dit maistre chaux et areyne, boys, angens, fer, plom et toutes autres choses, et rendra la dite besoingne faicte bien et deument, ainsi comme il appartient, a dit de tous maistres pour le pris et somme.....

XXXVII

Simon Guilleminot.

(Ann. 1471[1].)

Precium factum pro cloquerio sive pignaculo de Tabulis.

Noverint universi quod consules scientes et attendentes posuisse ad inquantum publicum reparaciones fieri necessarias in pignaculo beate Marie de Tabulis, et ipsas fiendas per quadrivia proclamari fecisse modo et forma contentis in quodam tilleto hujus tenoris : Baros manda la courtetc., et inde ad extinctum candele ardentis dicte reparaciones fuerunt librate Symoni Guilhaminoti lapicide tanquam pro minori precio facere offerenti, videlicet ad summam quadringentarum libr. turon., qui dixit quod dictas reparaciones faciat modo et forma contentis in quodam papyri folio ibidem per ipsum ordinato aut saltem correcto cujus tenor talis est.

Segon se las reparacions necessarias a fayre al cloquier de Nostra Dona de Taulas.

Premieyrament es necessari commensar a la soque sobre lo bauffroy et aqui far dos encastres cascun de quatre saumiers, et al bot de cascun saumier aura dos grossas baras de fer que traversaran tota la paret, et prendran sur los saumiers et seran del long duna canna en so que sera mielhs avisat et deforas seran sarradas am bonas claus de fer.

Item parelhament es necessari reparar et mettre aponch lo premier solier et rejoindre totas las parets et tanquan los traucs ben et suffisentment am bons clausons, cauc et arena et autra materia necessaria.

Item es necessari far en lagulha tres encastres per manieyra de cros et sera los dits encastres fachs de bons saumiers et auran claus de ferre per deforas et per dedins.

Item es necessari de bastir tous los traucs que son en ladita agulha de bona peyra de lespes que son los cayrons que y son, et retornara los bordes a lur premier estat.

Item au pie de la gabia retornar las cadascas al premier estat afin de sostener ladita gabia coma auparavant et las barandas de la gabia et tout ben et degudament.

[1] Brevetus notarum.

Item las fenduras que son en ladita agulha et cloquier, es necessari de reparar et y metre cadascas ou cartiers, talament que sia ben ligat et las autras reparacions necessarias a y far lo tout ben et degudament a dicha des gens de mestier.

XXXVIII.

Symon Guilleminot. Nicolas Marie.

(Ann. 1475[1].)

Relacio facta per expertos de visitacione pontis Gadii Juvenalis.

Magistri Symon Guilleminoti et Nicholaus Marie lapicide Montispessulani retulerunt mediis juramentis dominorum consulum, viso prius tilleto cride et precii facti dicti pontis, visitasse et palpasse dictum pontem et reparaciones factas de novo in eo et juxta Deum et eorum conscientiam agnovisse, quod arcus et barande de novo facte seu reffecte et intraponate sunt bene et sufficienter facte. Verumtamen retulerunt quod dicte barrande non sunt complete de longo ad longum pontis prout compleri debebant juxta tenorem dicte cride, et sic illi qui receperunt dictum precium factum tenentur illas complere. Item etiam retulerunt quod ultra contenta in dicto tilleto, dicti operarii intraponaverunt circa principium dicti pontis a parte hujus ville in solo dicti pontis quosdam parvos carterios lapidum cujus proxime dicte rey dicte intraponacionis sit facte ultra contenta in dicto tilleto cride, domini consules tenentur dictis operariis. Item plus retulerunt quod dicti operarii secundum mentem dicti tilleti debent et tenentur in capite pontis ultra riperiam Lani reducere las gardas, videlicet lapides deffensivos ne cadrige possint ingredi juxta pontem prout erat in tempore preterito, videlicet sine traponacione actento quod dicti deffensivi lapides sive gardas non fuerunt adhuc repositi per dictos operarios.

[1] Liber notarum

XXXIX.

Jaume Bosquet. Simon Guilleminot.

(Ann. 1472[1].)

Relatio super vite beate Marie de Tabulis.

Anno MCCCCLXXII. et die quinta januarii, quia fuerat relatum per Guhelmum de Cruce et quosdam alios quod si vitis quam domini consules faciunt fieri in ecclesia beate Marie de Tabulis in cantono a parte logie veteris pro ascendendo ad turrim relogii perficiatur, quod causabit periculum et casum parietum dicti cantoni ac turris dicti relogii, et voute super quam fit dicta vitis, et quo sequi poterit scandalum et damnum maximum, ideo dicti domini consules mandaverunt et fecerunt visitari locum predictum et videri oculis per nobiles et honorabiles viros Petrum Columberii et Oliverium Le Maletier, burgenses ac operarios dicte ecclesie, ac Jacobum Bosqueti magistrum seu locum tenentem magistri operum et Symonem Guilhaminoti peyrerios expertos. Qui quidem experti inde, scilicet die presenti, retulerunt dominis consulibus secum operariis dicte ecclesie dictum locum visitasse et oculis vidisse et visitando et videndo secundum veritatem et eorum bonum apparere cognovisse quod perficiendo in dicto loco dictam vitem nullum potest sequi damnum nec periculum nec scandalum.

[1] Brevetus notarum.

XL.

Pierre Copiac.

(Ann. 1471 [1].)

Precium factum pignaculi Sancti Firmini.

Noverint universi quod consules una cum domino priore ecclesie parochialis Sancti Firmini, scientes et attendentes non est diu ad inquantum publicum posuisse ad faciendum pignaculum ecclesie predicte Sancti Firmini modo et forma contentis in quodam tilleto per quadrivia dicte ville proclamato cujus tenor talis est : Baros etc., qua proclamatione facta, Petrus Copiac lapicida obtulit dictum pignaculum facere modo et forma contentis in dicto tilleto pro VIII[c] et octuaginta libr. tur., et pro dicto precio dictum precium factum fuit eidem Copiac tanquam minus dicenti ad extinctum candele ardentis libratum. Deinde venit prefatus Copiac qui petiit sibi incartari dictum precium factum, et tunc dicti consules et prior presenti ibidem Petro Copiac in scriptis redigi fecerunt conventiones et pacta, modumque et formam quomodo dictum pignaculum debet reparari, quorum tenor talis est :

Segon se los pactes et convenens advenguts am los senhors consols de Montpellier et prieur de Sant Fermi duna part et Peyre Copiac peyrier dautra, sus lo fach de far lagulha del cloquier de sant Fermy.

Primo sera tengut lo dit Copiac de reparar la soqua del dit cloquier ben et degudament talament que puesca portar lagulha que se deu far.

Item sera tengut de refforsar tous los cantons et pilars de ladita soqua, et la ont a doas fenestras, non y aura que una, et seran los dits pilars ben liats et de lespes de la paret que y es, et se entent de ainsi far de las fenestras bassas et autas.

Item sera tengut de far en ladita soqua una cuvertania a faisson desperon que sera de bon saumier de meme ou autra fusta sufficient que auran de tout cayre ung palm et miech, et sera ladita cuvertania barada al miech am ung sercle dessus et dessoubs am bonas claus de fer et als bouts coma l'encastre del cloquier de Nostra Dona de Taulas.

Item en ladita soqua fara escalliers de fusta bons et sufficiens per montar jusques al plus hault del cayrat am las barandas necessarias.

Item fera an ladita soqua al plus hault bon soulier garnit de somiers, fustas bonas et sufficiens et sera lo dit soulier lozat de bonas lauzas.

Item sur la dita soqua fera barandas am clara voye ou autrament ainsi que sera avisat par los dits senhors consols.

Item sera tengut lo dit Copiac de far sobre ladita soqua lagulha que sera de laut et de lespes et am la forme daquelle de Nostra Dona de Taulas am los ymages et gorges necessaris an la forme daquels de Nostra Dona.

Item sera tengut de far la gabia et pom de la dita agulha an la forma daquel de Nostra Dona et y mettra la cros que ly sera bailhada.

Item sera tengut de far an ladita agulha dos soliers ben et degudament de bons somiers et travesaus, et seran los dits somiers enbastits comme s'appartient.

Item sera tengut de far et mectre an ladita agulha las escallas necessarias per montar al plus hault bonas et sufficiens.

[1] Brevetus notarum.

Item sera tengut de fornir tota la materia que sera necessaria a far las causas dessus dichas a sos propres couts et despens et de aver acomplit les dites causas daysi a dos ans prouchainements.

Item sera tengut lo dit Copiac de donar bonas et sufficiens fermensas d'ayssi a demain a VIII. horas.

Et los dits senhors seran tenguts de pagua lo pres per las paguas que sen segon, soes assaber de jorn en jorn segon que besongnara.

XLI.

P. Copiac.

(Ann. 1472[1].)

Precium factum super vite et coperto beate Marie de Tabulis.

Noverint universi quod... consules universitatis ville Montispessulani scientes et actendentes se fecisse poni ad inquantum publicum dicte ville vitem quamdam necessariam in ecclesia beate Marie de Tabulis, nec non copertum voute ejusdem ecclesie cum barandis ibidem necessariis, proclamari fecisse modo et forma contentis in quodam tilleto cujus tenor talis est :

Baros, etc.

Scientes etiam domini consules quod, post multas cridas, etc..., jam dicte reparaciones fuerunt liberate ad extinctum candele ardentis, ut in talibus est fieri consuetum, Petro Copiac peyrerio tanquam pro minori precio dictas vitem, copertum nec non et barandas facere offerenti, videlicet pro summa trecentarum decem et novem librarum turon. etc.

Ibidem incontinenti personaliter constituti discreti viri Petrus Ranerii alias Fores, Johannes Chanceau alias Negre, Petrus Borgonhon et Nicholaus Marie lapicide, certi et ad plenam certificati de tradicione et concessione reparacionum vitis, coperti et barandarum fiendarum, facta per dominos consules dicto Petro Copiac, etc., constituerunt se Petro Copiac fidejussores ac reos debitores, etc.

[1] Liber manualis.

XLII.

P. Borgonhon.

(Ann. 1493[1].)

Maistre Pierre Borgonhom, maçon, a passé quittance de la somme de quatre livres six sols huit deniers torn. pour xx. jornées maçons que ont vacqué la septmaine passée, IIII. journées a v. sols pour luy, et les autres XVI. pour les autres maçons a III. s. II. d. pour les reparacions en lesglise Notre Dame des Tables.

(Ann. 1495).

Maistre Pierre Borgonhon, maistre peyrier, a passé quittance de la somme de III. l. XIII. s. IX. d. pour XXIII. journées de peyriers qui ont vacqué ceste septmaine pour faire une partie des revestures des grans armes du roy ordonnées estres mises es portaulx du Pilar Saint Gyle, la Sauneria et de Lates.

XLIII.

Salaire des peyriers.

(Ann. 1493[2].)

Du samedi XIII. davril mil IIIIc IIIIxx XIII.

Aujourdhuy sont venus au consulat

[1] Livre de quittances.

[2] Livre de quittances

par devant messeigneurs les consuls, maistre Beraud Cailhier, maistre des œuvres es baronies de Montpelier et Homelas, et maistre Pierre Borgonhon, lesquels ont notifié et certifié qu'ils nen peuvent plus trouver des maçons pour besoigner aux murailhes, sinon au pris de IIII. s. II. d. pour chascun peyrier par jour, et II s. XI d. par journée de maneuvre, et que autrement ils ne peuvent besoigner aux dites murailhes, et apres que les dits seigneurs consuls ont eu advizé conseil ensemble, et eulx informés que gaigneroient aux autres ouvraiges qui se fesoient en la ville, que les dits maçons et maneuvres gaignent semblables journées, et considérant ausi que les jorns a present sont les plus grans de lannée, ont advisé et ordonné que on eust des dits peyriers et maneuvres au dit pris de IIII. s. II. d. pour peyrier par jor, et II. s. XI. d. pour maneuvre, puis que autrement ne se peut fere afin que ledit ouvraige se achevasse.

XLIV.

(ANN. 1492.)

Visitacion faicte des murailhes du Portal de Montpelleret.

Aujourd'huy IXme jour doctobre mil IIII[c] IIII[xx] et XII, messeigneurs les consuls..... et maistre Berault Calbier maitre des œuvres, et aussi maistre Nicolas Marie, Pierre Borgonhon, Bernard Desmazes, Guillaume Macabre maçons et principals maitres de massonnerie de ladite ville, et Anthoine Blaquieyre fustier, lesquels tous ensemble de la maison du consulat se sont transportés au portal de Montpelleret pour veoir et visiter ledit pourtal et le canton estant a la main senestre dudit portal, yssant dehors la ville et desoubz le grant arc dudit portal qui estoit en danger de tumber a cause que les pierres sont mangées du vent marin et autrement pour la mauvaisté ou vilhesse des dites pierres, et savoir que estoit necessere de faire, et, apres tout cela veu, sen sont entrés dans les fossés estant entre ledit portal et le portal de la Sala pour aussi veoir et visiter les muralhes estans entre les dits deux portaulx ont n'y a eu deux ou troys parties de grandement dangereux de tumber si prevision prompte n'y estoit donnée, et, la dite visite faiste, tous ensemble et moy notaire dessoubs present avecques eulx se sont retornés audit consulat, et eulx estans dans la clavaria dudit consulat, se sont enquis avec les dits maçons et fustiers que estoit de faire et si on devoit donner a pris fait le dit ouvraige ou le faire faire a journées, et si estoit plus profitable le faire faire a pris fait que a journées ou a journées que a pris fait. Lesquels massons et fustiers eu entre eulx adviz et colloque, apres on dit et respondit aux dits seigneurs par la bouche dudit maistre Nicolas que le dit ouvraige est fort dangereux et qu'il devient nécessaire a faire faire et que on doit promptement donner ordre que soit fait, et touchant du proffitable ont dit que actendu que cest ouvraige qui se doit faire appréciabile, que on ne peust bonnement scavoir ce que sera besoing de faire pour ce que faut soustraire, et obscur de savoir que sera plus utile et prouffitable faire faire le dit ouvraige a journées que ne serait pas en fesant faire a pris fait et le plus toust que faire se pourra, et oye la relacion des dits massons, les dits seigneurs consuls sont restés de y faire promptement besoingner.

Fait en la claverie , etc.

XLV.

(Ann. 1495[1].)

Visite des murailles.

Lan presen mil CCCC. LXXXXIII. a v. del mes de jun, fonc facha la visita de las muralhes de la present vila de Montpellier per los honorables senhors consols et obriers de la dita vila, una am lo honorable senhor Pierre du Jardin recebedor de la blanqua de la sal per nostre senhor lo Rey autriada per la reparacion de la dita muralha, adven en lur conpanhe mestre Peyre Borgonhon peyrie et luoctenent de mestres dobras en lo pays de Lengadoc, dont am atrobat a far breumen las reparacions necessarias que sen segon per evitar maiors despensas que sen poyrien ensegre que non y met remedi en breu.

Et premieyramen acomensan al portal de Sant Guillem en tiran al portal de la Saunarie es grandamen necessari de sostrayre et emendar dos pilars de la muralha en lo valat del portal de Sant Guillem, et ausi environ dos canas cayradas de la muralha prop de chascuns dels dits pilars, car lo chancre et marin a mangats los dits pilars et muralha dont son perilhores de tonbar.

Item es ausi necessari de sostrayre dins los xii. pans del dit portal prop de lesqualie per loqual lon monta a la dita muralha, environ dos canas, car la peyra que y es, es tota mangada (A).

Item es necessari de far rebastir environ ung jornal de peyrie de la paret del Boiadis per loqual chascun intra als xii. pans.

Item per so que una figuieyra ho las rassinas daquela an assortit ung merlet de la bistorre que es davan lo couven de la Observansa, es necessari de demassonar lo dit merlet et apres remassonar et derassinar la dita figuieyra.

Item apres la dita bistorre ung petit es necessari de demassonar et apres remassonar environ quatre canas tant de la barrabanda que del pavat de la dita muralha et de arraba et deracina ung amellie loqual assortit et sortis la dita muralha dont es grant prejudisse en aquela.

Item es ben necessari de sostrayre et emendar ung pilar de la dita muralha en lo valat al dessot de la susdita bistorre.

Item es ben necessari de demassonar dels corredos que son sus lintrada dels xii. pans del portal de la Saunaria losquals ten Bernat Tarrassonna, et derrassina los amelies que an assortit et sortisson la dita muralha en aquel endret, et apres de lo retornar a massona et enlauza los dits corredos, car non son enlauzats per que la dita muralha beu laygue pluvinal dont es grant domatge a la dita muralha (B).

Item es ben necessari de remenar lo

[1] Liber notarum.

Variantes d'une visite en 1495 par Nicolas Marie et Pierre de Baumes.

(A) Item es ben necessari de remenar lo cubert de la torre del portal de Saint Guillem devers la villa, car y plou pertout, et ausi de retenir lo coladis que es al dit portal, loqual es en peril de tonbar et de far scandal.

Item es necessari de far enbatumar lo dessus de la torre que ten lo campanic prop lo susdit portal, car la volta beu laygua pluvial.

(B) Item es ben necessari de recobri environ doas canas del guabiliam del portal de la Sonnaria, car es tout ubert et es estat cremat, et aussi de remena lo cubert del dit pourtal devers la villa, car hi plou pertout.

cubert de la torre de la Babota, car y plou (c).

Item es necessari de demassonar environ una cana del paret de la muralha a lendrech del Signe et apres remassonar, car las figuieyras an suslevat lo dit pavat per loqual la dita muralha beu laygua.

Item es grandamen necessari de remenar lo cubert de la torre que es de tras los Tres Reys, car lo y plou per tot dont tot lo solie es gastat et peyrit, et ausi es ben necessari de massonnar de boget tres fenestras de la dita torre devers lo marin, car quant plou lo regiscle intra dins la dita torre dont lo dit solie et scalias daquela se poyrisson (D).

Item es necessari de sostrayre tres pilas (E) de la muralha al valat dels arbalesties, car aquels que y son, son fort mangats et gastats.

Item es necessari de remenar lo cubert del portal de Latas devers la vila et ausi de enbatumar lo pavat de la volta, car beu layga pluvial dont es grant interes a la dita vouta, et ausi es ben necessari de remassonar larquet de lintrada de la dita torre, car autrament vay al sol.

Item es necessari de demassonar et apres remassonar environ II. canas de la parabanda apres la dita torre davers lostal de Jaquet de Andrea, car de tot vay al sol.

Item es necessari de far remenar la torre que ten mossen lo tresorie del palays, car y plou per tot.

Item es ben necessari de far remenar lo cubert de la torre que ten mossen lo jutge del palays, car y plou.

Item es necessari de remenar lo cubert de la torre del portal de Montpelayret, car y plou per tot.

Item es necessari de remenar le cubert de la torre aprop seguen, car y plou per tot (F).

Item a lintrada de la torre detras lo sagel cal metre un cartia de peyre per pausa lo gofon et far metre la saralba a la dita porta, cas es tota uberta.

Item es necessari de remena lo cubert de la torre de la Sala, car lo y plou en belcop de pars et ausi es mot necessari de pavar la muralha despueys la dita torre fins a la petita bistorre apres seguen, car la muralha beu layga pluvial dont fay gran domatge a la dita muralha.

Item es ben necessari de remena lo cubert de la torre apres lo portal de la Sala, et metre ung bras al scalia de la fusta de la dita torre, autramens anara tota al sol.

Item es ben necessari de pava la muralha de la dita torre fins a la petita bistorre apres seguen et non remens de remena lo cubert de la dita bistorre, car autramens anara al sol.

Item es necessari de remenar lo cubert de la torre detras lostal de S[r] Glaudo Pansa hoste del Capel Roge, car y plou en belcop de pars.

Item es ben necessari de remena lo cubert de la petite bistorre que es de tras lo monestia de Sancta Catharina et y metre de cabrious et fustas necessarias, autramens vay al sol (G).

(C) et de metre una candela a la tenalha de ladita torre.

(D) et no remys de far doas portas en la muralha de ladita torre, affin que las gens non passon per las ditas muralhas coma fan.

(E) et ung canton.

(F) et de remenda son solie et estalie, et far una porta sus la muralha al pie de ladita torre, affin que las gens non passon per ladita muralha.

(G) Memoria de mandar querre Rocomora a causa del guasilian que es en la plassa que ten de la villa,

Item es ben necessari de cubri la torre que es prop lo portal nou de teules a dos degots, laquala jamays non fonc cuberta dont la vouta beu laygua pluvial, et que non la cubri sera perilh de tomba dont sera gran domatge.

Item es necessari de far una porta al passatge de la torre detras lo palays et una autra a lintrada de la torre del portal del Peyron afin que las gens que monton sus las muralhas per lo palays, non puescon segue las ditas muralhas coma fan.

Item es ben necessari de remena lo cubert del portal et avanportal del Peyron, car y plou per tot dont las fustas se poyrisson (n).

XLVI.

Nicolas Marie.

(Ann. 1470[1].)

A Nicholau Marie peyrier de Montpellier la somme de sieys lieuras quinze sous tour. per la pena quel a agut a faire lescriptori quel a fach dessoubs los escalliers del consolat, reparar los bancs de peyre que sont contra leglisa de Nostra Dona de Taulas.

(Ann. 1481.)

Magistro Nicolao Marie lapicide Montispessulani, tres libras tresdecim sol. et quatuor den. tur., scilicet sex solid. viii. den. pro duabus jornalibus quibus vacavit mandato consulum in ponendo super pontem gadii Juvenalis certos lapides ut cadrige super ipsum pontem transirent, tres libras pro estayrando carterios lapidorum pro coperiendo partem ecclesie beate Marie de Tabulis a parte domorum combustarum cum hoc quod si plus deficiat, tenebitur estayrare illud quod fuerit necessarium, et alios sex sol. et octo den. pro componendo lapidem in quo fuit reposita aqua benedicta, in ecclesia beate Marie de Tabulis.

(Ann. 1491.)

Maistre Nicolas Marie perier et chef de lobre pour la edifficatiou du pilhier pour le soustenement de l'esglise Nostre Dame des Tables, a la part de la petite loge, a confessé avoir eu et receu du clavaire trois livres v. sols tournois pour quinze journaulx de periers faits en la dite reparation, les douze à raison de iiii. sols ii. den. et les troys pour le dit chef d'obre a cinq sols tourn. par jorn., acquité, etc.

loqual ho mudat en grant prejudice de las autras plasses del dit valat. Memoria de mandar querre Barres et los autres que an plusiors portas es xii. pams detras Saint Germain per las leur far sarrar.

(n) et remenda son solie et escalie maiormen de sarra un trauc que es a la trioulissa.

Item es ben necessari de releva la paret des xii. pams deldit portal davant lo pos de la Valfera, car ne es tombada environ una cana per que las gens intron dins los xii pans.

1 Lib. clav.

XLVII.

Enquête sur la veyrière de saint Blaise.

(Ann. 1495[1].)

Les seigneurs consuls ont fait veoir et visiter le bastiment et reparacion qui se fait de présent en lesglise Nostre Dame des Tables devers le costé de la petite loge par les maistres maçons et ouvriers cy dessoubs nommés, assavoir si au dit bastiment et paret qui présentement se fait et bastist en la dite esglise, lon fasoit une fenestre ou verriere pour donner jorn et clarté sur lautier de Saint Blaze et fons dicelle esglise, si la dite fenestre feroit do-

1 Liber notarum.

maige au dit bastiment ou non, et si est possible la y faire sans faire ou donner dommage a la dite paret. Lesquels maçons apres ce quils ont bien veu et visité les dits ouvraiges, ont dit lun apres lautre selon Dieu et leurs consciences leur advis et oppinion comme sensuyt.

Premierement maistre Nicolas Marie quil est necessaire fere la dite verriere en la dite paret, laquelle se peust bien fere pour donner jor et clarté sur le dit autier de Saint Blaise et fons de la dite esglise sans prejudice du dit ouvraige ni procurer aucun dommaige a la dite esglise.

Maistre Mondon Borgonhon a esté doppinion que si aucune fenestre se fait en la dite paret, portera dommaige a la dite esglise et selon son advis on ny doit point fere.

Maistre Johan de Cormon alias de Paris a esté de loppinion dudit maistre Nicolas Marie.

Maistre Anthoine Riboton a esté de loppinion dudit maistre Mondon Borgonhon.

Maistre Simon Guilhaminot a été de loppinion dudit maistre Nicolas Marie.

XLVIII.

Sacristie et escalier de Notre Dame par Jehan Cormon.

(Ann. 1477[1].)

—

Precium factum super sacristia ecclesie beate Marie de Tabulis et super gradibus porte dicte ecclesie, que porta est a parte plani domus consulatus Montispessulani.

—

Anno domini M.CCCC. LXXVII, noverint universi quod.... consules Montispessulani tradiderunt ad et sub pactis et conditionibus inferius expressatis discreto viro Johanni Cormon peirerio, habitatori Montispessulani, ad precium factum, videlicet sub precio sexaginta quinque libr. duodecim sol. et sex den. tur. sacristiam et gradus sive escaliers de quibus in pactis infra scriptis fit mencio...... Hanc autem tradictionem fecerunt dicti consules dicto Johanni Cormon pro eo quod, factis cridis publicis per plures dies et vices, nullus fuit nec apparuit qui pro minori precio vellet facere dictam sacristiam et dictos gradus sicuti ipse Cormon obtulit facere...., ut de cridis, pactis et aliis predictis constat in cedulis ibidem per me notarium lectis et declaratis quarum tenores sunt tales :

Crida.

Barons manda la court del Rey nostre sire, et per comandament de mons[r]. le baile, et a la requesta dels senhors consols, am fa assaber a tous peiriers que vouldran entreprendre lo presfach dune sacristia que los dits senhors consols voulon fare faire dariere la gleysa de Nostra Dona de Taulas, soes assaber de la capela de Saint Salvayre fins a la capela de Saint Johan, e lo mur sera ponchier et de dos palms despes, et aura dault doas canas et ung palm. desus terre et de lonc cinq canas et se incorporara lo mur dedins las colonas de las ditas capelas, et per dessus sera vautada de vouta en crosieyra et pavada dessus de lauzas, et seran tenguts de copar los pilars que son a langle de las ditas capelas per de foras, et faran la porta de la dita sagrestia lay ont hom lur devisora et fenestras necessarias, loqual presfach los dits senhors consols bailheran am aquel que per mendre pres

[1] Liber manualis.

lo vouldra prendre a faire et se livrera a la candela au mens demandant dissapte propdavament venent davant la porta del consolat.

Item mays tous peiriers que vouidran entreprendre a faire tout de nou los escaliers de la porta de la dita gleysa devers lo plan del consolat et autant de marchas coma y a, los dits senhors consols baileran lo dit presfach au aquel que a mendre pres lo vouldra entreprendre, etc. etc.

Pacta.

Sec se lo presfach que los senhors consols volon bailar a faire al mens offrent.

Et premierament una sagrestie darrier la gleisa de Nostra Dona de Taulas per defforas soes entre la cappela de Sant Salvaire et de Sant Johan en la forma que sen sec. Premierament fara ung mur ponchier de dos pams despes et de dos en dos filadas ung jazent, et aura de long lo dit mur cinq canas so es de ung pilar de la capela de Sant Salvaire fins a pilar de la capela de Sant Johan als cals pilars so liara lo dit mur, et aura daut dessus terra net dos canas et ung palm, et fara lo fondament bon et sufficient a son perih et fortuna.

Item copara los dos pilars que son per defforas als angles de las ditas cappelas au ras del parament daquelas.

Item copara lo mur de la dita gleysa per defforas fins al parament per dedins la gleisa.

Item fara ung mur contra lo parament que sera demorat dedins la gleisa de mur ponchier et lo lyara al mur vielh.

Item fara ung arc entre las doas cappelas soes de luna a lautra de lespes que demorara lo mur copat, et so de bons cartiers de peira de Pinian, et unira per dessus lo dit arc.

Item fara una porta de bons cartiers de peira de Pinian, per la cal ou entrara per dedins la gleisa dins la sagrestia.

Item cobrira la sagrestia an vouta facha en croziera, et per dessus la pavara de lauzas de la peyra de Saint Ginieis, et passaran deforas lo mur que sera devers la carrieyra ung palm et sus petits boquets que saliran defforas lo mur.

Item pavara lo sol de la sagrestia de bons cairons, et sera tengut aquel que prendra de forni tota la materia que y sera necessaria, a sos propres despens, soes oultra et per dessus las peiras que se tiraran dels pilars et mur.

Item fara una o dos fenestras segont que sera advisat per los senhors consols.

Segondament los escaliers de la porta de la dita gleisa devers lo plan del consolat ont y a IX. marchas, et lo fara a tres pans et so de grans cartiers de peira de Pinian, o de Vendrargues, o de la Lauza, o de Fontmanha, o de la plus forta peira que hom poira fornir environ dos legas de Montpellier, ainsi que sera advisat per los dits senhors consols, et fornira tota la materia que hi sera necessaria, a sos propres despens, et las peiras que aras son en lo dit escalier, sera daquel que prendra lo dit presfach.

XLIX.

Pour la réparation de l'église de Notre Dame des Tables.

(Ann. 1492[1].)

L'an mil quatre cent LXXXXII et le jeudi darrier jour du mois d'octobre, sachent tous que, comme messieurs les consuls de la presente ville de Mont-

[1] Liber notarum.

pellier ayant fait crier et proclamer par les cantons et carrefours d'icelle ville acoustumés en tel cas, que vouldront prendre a prix fait de recouvrir ce qui est descouvert de l'eglize Notre Dame des Tables devers les maisons brulées, de lauzes enclavades a chaux, arene et cyment en la maniere contenue en la crye sur ce faicte et comme cy dessoubs est contenu, et apres ledites cryées le dit prix fait a esté baillé et delivré a la chandoilhe estaincte devant ledit consolat a maistre Bernard Desmazes peyrier comme moins disant et offrant pour le prix de xxxi fr. xi s. t.

Et pour ce l'an et jour dessus dits, mes dits sieurs les consuls ont baillé audit Me Bernard ledit prix fait de ladite reparation en la forme et maniere que sensuit, cest assavoir que ledit Me Bernard sera tenu de descouvrir et lever les lauzes de pierre que sont sur ladite eglize ou fault faire ledit pris fait depuis la tourre du reloge jusqu'a la tour du clochier devers les maisons cremades, et ycelles lauzes descendre et mectre en la place dudit consolat bien et deuement et en facon qu'elles ne se puissent rompre.

Item sera tenu ledit M[e] Bernard de recouvrir ladite eglise audit prix fait des lauzes qui sont deja en ladite eglise, et de celles que sont au plan dudit consolat, et dautres que lui fourniront lesdits sieurs consuls devant ladite eglise se mestier est, a demye joinctes de deux bons pouces et les fere entrer dedans les murailles et entoures de ladite eglise aussi de deux bons pouces, a chaux, arene de riviere et cyment bien souffisamment audit de maistres et expers en ce.

Item sera tenu ledit M[e] Bernard de lever et oster bien et deument toutes les herbes et racines de bois qui se trouveront audit descouvert entant que plus ne puissent nuyre a ladite eglise.

Item sera tenu ledit M[e] Bernard Desmazes faire ladite reparation a ses propres cousts et despens, sans que lesdits consuls lui soient tenus d'autre chose fors seulement de lauzes, chaux, arene et cyment que y seront necessaires, dont partie desdites lauzes, chaux et arene de riviere sont desja en ladite eglise et aultre partie devant ledit consolat, et le demeurant que y sera necessaire, seulement seront tenus fere mectre devant ledit consolat ou devant ladite eglise, et apres les faire porter ledit perier sur ladite eglise comme bon lui semblera, et aussi seront tenus lesdits sieurs consuls payer audit M[e] Bernard ladite somme de xxxi livres xi s. t. ainsi qu'il fera ledit ouvraige.

Item sera tenu ledit Me Bernard de mectre la main audit pris fait de jour en jour, et le parfaire au plus tot que sera possible avant le temps d'yver et que la pluye y puisse plus nuyre.

FUSTIERS.

L.

Ordonnance de la Charité des Fustiers.

(Ann. 1304[1].)

La carta dels esqolas de la Caritat.

Anno Dominice Incarnacionis MCCCIV, scilicet xi. kls maii, domino Philippo rege Francorum regnante, noverint universi presentem paginam inspecturi, quod nos Petrus Massilhan et Guillelmus Ferrerii et Berengarius Martinene et Raymundus Marsialis fusterii, habi-

[1] Arm. C, cass. 1, n° 1.

tatores Montispessulani, consules fustarie portalis de Petrono et portalis novi de Montepessulano, et homines qui de dicto officio fustarie utuntur seu uti consueverunt qui juxta dicta portalia morantur vel circa in illa parte, qui consules officii communiter nuncupantur, attendentes et considerantes quod quedam magna elemosina fit annuatim et fieri est consuetum in Montepessulano in honorem Dei in die Assentionis Domini que Caritas vulgariter nominatur, volentes illam augmentare totis viribus et posse, idcirco pro nobis et aliis consulibus qui pro tempore fuerint consules in dicto officio constituti et omnibus hominibus de dicto officio de communi concordia, consilio et voluntate eorumdem, volumus et ordinamus quod unusquisque de dicto officio presentes et futuri qui de novo per se vel alium scolarem vel scolares vel alias aliam personam extraneam recipiet ab inde in antea causa docendi eidem officium fustarie, vel aliquam personam causa instruendi in dicto officio, cum instrumento vel sine instrumento ad certum tempus vel non, cum salario vel sine salario, infra unum mensem computandum a die receptionis illius persone que recepta fuerit de novo per aliquem magistrum causa in dicto officio fustarie instruende, quod magister illius scolaris seu persone pro unoquoque scolari seu persona que recipiet, seu pro unoquoque cui magister fustarie docebit dictum officium, exceptis filiis fusteriorum tunc qui in dicta parte morantur seu morabuntur in futurum, det et solvat, dare et solvere teneatur amore Dei dicte Caritati seu consulibus dicte Caritatis et dicti officii seu alteri eorumdem ad simplicem requisitionem dictorum consulum seu unius eorumdem quinque solidos monete curribilis.

Item volumus et ordinamus quod unusquisque de dicto officio fustarie qui scolarem vel scolares seu aliquam personam recipiet causa docendi eidem dictum officium, quod ille magister fustarie sit incontinenti, dum receperit, dicte Caritati seu dictis consulibus officii pro dictis quinque solidis solvendis obligatus et bona sua efficaciter obligata.

Item volumus et ordinamus quod ad requisitionem consulum dicti officii, quibus credatur bone fidei plenimento seu unius vel duorum eorumdem, curia Montispessulani domini regis Maioricarum, et quelibet alia competens curia, quod illos magistros qui scolarem vel scolares receperint causa instruendi in dicto officio, compellat et compellere possit ad solvendum pro unoquoque quinque solidos, absque omni dilatione et contradictione et exceptione, pignora de domibus illorum magistrorum solvere volentium extrahendo, que pignora tradi debeant consulibus dicti officii fustarie seu alicui eorumdem per ipsos tenenda seu per alterum eorumdem tam diu donec in dictis quinque solidis dicte Caritati seu consulibus recipientibus nomine ejusdem et expensis tunc factis in eosdem petendo plene fuit satisfactum.

Item volumus et ordinamus quod unusquisque de dicto officio qui per se hospitium tenet, ordinationem istam et omnia in ea contenta laudet approbet et confirmet et eam se tenere et observare et observari facere promittat per bonam fidem suam plenitam et requisitam cum omnis juris renunciatione et cautela.

Quam siquidem ordinationem et omnia in ea contenta nos dicti consules pro nobis et aliis consulibus dicti officii futuris laudamus, approbamus et confirmamus et eam nos tenere et observari facere promittimus tibi notario infra scripto, ut publice persone stipulanti nomine dicte Caritatis et vice illorum quorum interest et interesse poterit, per bonam fidem nostram plenitam et requisitam. Post hec, anno et die quibus supra, nos Johannes de Fraxio, Guillelmus Martini, Guillelmus de Melgorio, Bernardus de Connas et Petrus ejus filius, Johannes Roqueta, Johannes de Ayrolis, Raimundus Michaelis, Johannes Camboni, Robertus de Ribolis, Stephanus Ylarii, Guiraudus de Vilareto, Johannes Massilhan, Petrus de Breychaco, Johannes Bordini, Andreas de Cabanis, Andreas Guarini, Petrus Guarini, Johannes Mameti, Johannes de Castronovo, Johannes de Claperetis, Petrus de Fraxio, Johannes Ylarii, Guillelmus Bertini, Petrus Forc, Michael Augustini et Raimundus Turc, Guillelmus Petri filius, Guillelmus Petri pater, Guillelmus Bordini, Stephanus Popiani, Bonifacius Habotz, Petrus ejus filius, Guillelmus Andrehis, Guillelmus Conort, Johannes de Bruguieyras, Bernardus de Amibano, Johannes Guiraudi, Bernardus de la Calm, Petrus de Casmals, Saturninus Dentremons, Petrus de Crualhon, Petrus Gribalt, Petrus Marquisii, Stephanus de Vilpelhaco, Johannes Capion, Guillelmus de Crualhon, Stephanus de Conangles, Guillelmus de Rocamaura, Guillelmus Dentremon, Guillelmus Maura, Bernardus Felguieyras, Raimundus Molruci, Deodatus Capion, fusterii, habitatores Montispessulani in parte portalis novi et portalis de Petrono, plene certificati de dicta ordinacione facta et introducta in honorem Dei per dictos consules quam tenere volumus et in ea concentamus, idcirco dictam ordinationem et omnia in ea contenta laudamus et confirmamus et eam nos tenere et observare et observari facere promittimus, etc. Acta sunt hec in Montepessulano in presentia et testimonio, etc.

LI.

(Ann. 1248 [1].)

Promesse faite par les fustiers de Montpellier aux ouvriers de la ville de faire un portail près de la demi-tour qui est proche la porte d'Obilion.

In nomine domini nostri Jeshu Christi, anno Incarnationis ejusdem M. CC. XLVIII, videlicet decima kalendas aprilis, nos Petrus de Carnas, Petrus Pelegrini et Michael Guiraudi, fusterii et habitatores Montispessulani, procuratores constituti a probis hominibus fusteriis Montispessulani commorantibus infra portale de Obilione et in vico fustarie prope idem portale et extra, absque omni dolo et fraudis machinatione, nomine proprio et officio dicte procurationis ac potestate, cum hac carta publica promittimus et firmiter convenimus paciscendo vobis dominis operariis Montispessulani, quod nos dicti procuratores fusterii prenominati, ex concessione tam a vobis dominis operariis nominatis quam ab aliis vestris consociis nobis data, faciemus et creabimus edifficare unum portale, quo est nunc portale clausum de petra, quod portale clausum est juxta bisturrem que est prope portale de Obilione, faciendo

[1] N° 24 du sac D de l'arm. G.

fieri et edifficari dictum portale adeo magnum et altum per quod animalia cum cadrigua caricata trabis seu cairatis, vel alia fusta possit seu possint transire et intrare in vallatum absque lesione, dampnificamento dicte bisturris et anportalis quod est ante dictum portale de Obilione. Nam in dicto portali quod a nobis faciendum est ut dictum est, faciemus unum arcum voutis vel lumdare de fusta, si vobis dominis operariis nominatis et aliis vestris consociis vel magistro vestro quem ibi posueritis vel statueritis, ad cujus noticiam fieri debet edifficium dicti portalis et aliud edifficium infra scriptum, videbitur. Portas insuper in dicto portali de fusta faciemus ex toto ipsas muniendo ad vestram noticiam vel dicti magistri, propter hoc super buada que est in dicto vallato per quam buadam aque decurrunt de gazillanis flocarie quanto se extendit ipsa buada a muro usque ad scamam dicti vallati, faciemus et creabimus fieri quemdam parietem de bogio et de caironibus cum pilaribus habentem altitudinem decem palmorum et amplius si vobis et dicto magistro de petra videbitur faciendum. Subtus vero pontem per quem intratur ad portale de Obilione faciemus clausuram de vittibus et palibus, et hoc totum edifficium predictum tam dicti portalis et buade predicte quam et dicte clausure promittimus, iterata stipulatione, ad vestram noticiam vel dicti magistri completuros nos et modis omnibus compleri effecturos hinc ad primum venturum festum beati Johannis Baptiste, tamen ex concessione vestra et aliorum dominorum consociorum vestrorum, nos dicti nominati fusterii et omnes alii fusterii presentes et futuri commorantes et commoraturi in vico de Obilione, scilicet prope portale et extra portale, poterimus mittere, ponere et tenere omnem fustam nostram in dicto vallato, solvendo tamen illam tacitam infra scriptam quousque fuerit solutum dictum edifficium quod fiet in predictis. Insuper quilibet habitator Montispessulani presens et futurus, habens fustam sibi necessariam ad edifficandum, poterit illam tenere in dicto vallato, quanto tempore voluerit sine peccunie datione, quousque ipsam fustam in suo edifficio posuerit, sed si forte ipse habitator vel habitatores presentes et futuri Montispessulani aliquam fustam vellent tenere aut tenerent in dicto vallato ad vendendum, hoc facere queant, dumtamen solvant illam tacitam quam nos et alii de officio nostro solvemus ut dictum est. Verum ad recipiendum et ad colligendum tacitam eamdem vos dicti domini operarii et vestri successores futuri operarii unum habebitis hominem qui vobis teneatur reddere rationem et, finito vestro officio, successoribus vestris dictis operariis de hiis que de dicta tacita receperit, de qua quidem tacita restituentur nobis et aliis probis hominibus de officio nostro expense omnes quecumque fient in dicto edifficio. Tacita vero predicta talis erit: cairatus dabit tres denarios melgorienses, et bilonus a viginti solidis melgoriensibus inferius, unum denarium melgoriensem, et a viginti solidis supra, duos denarios melgorienses, et duodena pergarum tres denarios melgorienses, et dotzena jazenarum tres denarios melgorienses, et tota petia de fusta vel quantitas fuste que venditur viginti solidos, dabit tres denarios melgorienses, et hec duratura est tacita quousque recuperavimus nos et alii fusterii predicti sumptus quoscumque fecerimus in edifficio supradicto. Et ita modo predicto nos et alii fusterii dicti et ceteri habitatores Montispessulani poterimus explechare dictum vallatum tenendo fustam nostram tamdiu quamdiu vobis operariis nominatis et consociis vestris et successoribus vestris futuris operariis Montispessulani placuerit, et si forte vobis vel dictis vestris successoribus non placeret nos et alios fusterios dictos et ceteros habitatores Montispessulani explechare vel dictum explectum habere in dicto vallato, nos et alii fusterii et omnes illi qui fustam tunc haberent in dicto vallato, sine omni defentione et contradictione ad vestram et vestrorum dictorum successorum monitionem tenemur extrahere totam fustam que tunc erit in dicto vallato, sumptibus nostris et ex toto ipsum liberare vallatum ab omni dicte fuste impedimento, dicto edifficio nichilominus in suo statu remanente prout vobis et dictis vestris successoribus placuerit, redditis vel restitutis nobis et aliis dictis fusteriis dictis sumptibus qui restarent nobis et aliis dictis fusteriis ad restituendum, qui facti fuerint in dicto edifficio. Quorum sumptuum restitutio et redditio, liberato prius dicto vallato de dicta fusta, debet a vobis dominis operariis et a dictis successoribus vestris operariis Montispessulani fieri sine questione nobis et aliis dictis fusteriis a quibus factum esset dictum edifficium. Sed nos, quociensoumque volueritis vos dicti domini operarii vel a nobis vel a successoribus vestris predictis operariis fuerimus moniti aut requisiti, reddemus sine fraude computum et rationem de expensis tunc a nobis factis in dicto edifficio, propter hoc et quisque dictorum fusteriorum poterimus habere unam clavem in dicto portali per quod intrabitur in dicto vallato, et vos et dicti domini operarii et dicti successores vestri aliam clavem, et quandocumque et quotienscumque habitator aliquis Montispessulani presens et futurus, volens mittere, ponere seu tenere fustam pro suo edifficio in dicto vallato a nobis vel ab aliquo habente clavem dicti portalis, dumtamen sit de officio nostro, ille tunc clavem habens eamdem, petierit sibi tradi ipsam clavem, sine contradictione eidem habitatori tradetur ipsa clavis. Que omnia et singula supra scripta, etc..... observare, tenere et complere, et modis omnibus dictum edifficium efficere, creare et complere, infra dictum tempus promittimus, etc. Consequenter nos dicti operarii nominati per nos et alios nostros cooperarios Montispessulani laudamus et concedimus in modum prescriptum consilio prius requisito ab illis dominorum consulum Montispessulani.

Acta sunt hec et laudata anno et die quo supra. Testes, etc.

LII.

(Ann. 1363 [1].)

Construction d'une charpente à l'hôpital Sainte Marie, par Pierre Salvanh, fustier.

Item die secunda mensis novembris, ego Petrus Salvanh fusterius Montispessulani pro me et meis, bona fide et sine dolo, promitto et convenio per solemnem et legitimam stipulationem et ex pacto expresso vobis Petro de Lagantrimo mercatori Montispessulani pro se etc., me hedifficare seu hedifficari

[1] Liber notularum.

facere meis expensis propriis de fusta et clavellis bene et sufficienter unum techatum cujusdam domus hospitalis beate Marie Montispessulani per hunc modum, scilicet quod tiranni habebunt de longitudine sex canas et mediam et de altitudine duos palmos et medium vel duos palmos et tertium cum espes degut et cum duobus palmis minus quartum despes, ita quod de uno ad alium tirannum habebit de largitudine quatuor canas, et quod ponantur tiranni tantum quantum erunt necessarii, ita quod tenalhe habebunt quinque quartum de altitudine et tres despissitudine et saumenum habebit duos palmos minus quartum de altitudine et espes fusti, et intravati de duobus in duobus palmis de can, et quod sint folhati dicti cobles de bastardo de duodecim de palmo, et completi de fulha picta de albo et nigro et fulhati extra parietem, et debeo enriostare et encabrionare et ponere debeo tegulos et ponere crinas et boietum in saumenis et parietibus et ponere tegulos super dictum techatum et crines facere, salvo quod vos habeatis dictos tegulos et calciam in pede hedifficii, vos vero mihi debetis dare et solvere pro pretio predictorum, scilicet pro qualibet canna quadrata sex libras et quinque solidos turonensis monete hodie currentis, de quo pretio universali predicto a vobis confiteor et in veritate recognosco me habuisse et recepisse quinquaginta sex florenos auri et duos tercios floreni boni ponderis, de quibus, etc.

LIII.

(Ann. 1363[1].)

Tour de la cloche de Notre Dame, par Ayric, fustier.

In nomine Jesu Christi amen. Anno M.CCC.LXIII et die v. mensis decembris, noverint universi quod ego Petrus de Ayrico fusterius Montispessulani promitto et convenio..... vobis honorabilibus viris consulibus ville Montispessulani..... vobis etiam religioso viro domino Berengario de Salvio canonico Magal. et priori ecclesie beate Marie de Tabulis....... aptare bene et sufficienter tornum cimbali majoris campanilis dicte ecclesie, seu in ipso torno facere et ponere unum vel duo ingenia fustea talia quod ipsis ibi positis ex tunc in antea dictum majus cimbalum, quod cum v. vel vi. hominibus consuevit pulsari, pulsabitur continue et faciliter seu trahetur per unum hominem vel per duos ad plus. Quodque si facto dicto opere et completo aliquid ibi appareat minus bonum vel insufficiens, illud totum tenear aptare, reparare et emendare meis custibus et expensis. Hoc autem opus seu ingenia facere promitto et complere tam de manibus quam de fustibus et ferris bonis et sufficientibus, hinc ad proximum festum Nativitatis Domini pro pretio sexaginta florenorum boni auri et boni ponderis mihi solvendorum de die in diem dictum opus faciendo, scilicet viginti per vos dominos consules, et aliorum viginti per vos dictum dominum priorem, et residuorum viginti florenorum per prepositos confratriarum illarum sanctorum et sanctarum in quorum festivitatibus dictum majus cimbalum pulsare consuevit, etc.

[1] Liber notarum.

LIV.

(Ann. 1393[1].)

Reconstruction de la chapelle du clocher de Notre Dame.

Item anno quo supra et die xiii. mensis octobris, noverint universi quod nos dicti Stephanus de Claperiis, Guillelmus Raynardi et Stephanus Garandelh operarii fabrice ecclesie beate Marie de Tabulis de voluntate dominorum........ consulum ville Montispessulani ac venerabilis domini Jacobi de Manhania prioris dicte ecclesie, dicti Ambrosii Jacobi Albareti campsoris, Raymundi Cazelas piperarii, cum hoc etc. tradimus vobis Duranto Fabri fusterio Montispessulani presenti etc., ad operandum in cloqueario beate Marie de Tabulis modo et forma ac sub pactis et conventionibus infra scriptis. Segon se los convenens que an los obries de la gleya de Nostra Dona de Taulas an sen Duran Fabre fustié de Montpelier en la reparacion del cloquier. Primo que sen Duran deu far venir del bosc de Quilha o de Nyzon vi. fust de royre bos et sans et sufficiens et talhats et escayrats en la luna vieilha del mes doctobre de lan presen, et que tots los vi. fust aion de lonc alments v. canas iii. palms. Item que los ii. royres que portaran lo cen gros aion ii. palms de tot cayre a tot lo lonc almens que aion et los iiii. autres saumiers aion ii. palms daut et i. palm. e d. despes a tot lo lonc. Item que el deu bayssar tots los cens et levar totas las fustas que y son de presen et metre los dich saumiers en la plassa hon devon estar, et deu traucar cascun saumier a cascun cap ii. traues per metre a cascun traue i. pern de fer per clause los dits saumiers et deu enclavar los ii. saumiés que anaran en cros sus los iiii. et clavelar sufficieymens. Item que dejos los iiii. saumiés que portaran los sens deia metre autres iiii. saumiés daquels de lobra que y sont de present que sosteneon las candelas et las enpazas et sostenran los saumiés ont cargara los sens. Item que meses que sien los dits saumiés en lur plassa que el deu tornar los cens lay ont devon estar en tal guiza que prescon sonar sufficieymens. Item que el deu far totas las causas dessus dichas a sos propis despens exceptas que nos ly em tenguts daver tota la fusta que y fara mestiers otra los dits vi. royres et de tota la ferramenta que y fara mestier, et per totas las causas dessus nos ly deven dar cent frans daur dels quals ly dam de present quaranta frans, et quand los dits royres sien sur el cloquier xx. frans, et quant la dicha obra sera acabada deu aver la resta que son quaranta francs. Item es de covenen que facha tota la obra dessus dicha, que el deu far en lobra en las causas necessarias del cloquier o de la gleya vi. jornals de son officii ses costz. Item que el deu aver complida la obra dessus dicha dayssi a la festa de sant Johan Baptista lan M. CCC. LXXXXIII. Pro quibus sic attendendis, etc., obligamus vobis dicto Duranto Fabri presenti omnia bona dicte fabrice sive operis ecclesie predicte sub viribus parvi sigilli regii Montispessulani, renunciantes, etc... et ego dictus Durantus Fabri promitto vobis dictis dominis operariis adimplere predicta, etc., pro quibus obligo, etc., et confiteor me habuisse a vobis dictis dominis operariis reali numeratione pecunie interveniente, in presencia mei notarii, etc.,

[1] Liber manualis notarum.

scilicet dictos quadraginta francos quitans, etc. Actum in domo consulatus Montispessulani, etc.

LV.

Réparation à Notre-Dame et autres travaux de fusterie.

(Ann. 1419.)

L'an M. CCCC. e XVIIII. e a xiii. de mars me a comandat lo sen Pe de Series a fa la reparasio que se sec al cloquie de Nostra Dona de Taulas et de pagua me tot so que si fera, e may tot se que me devien los senios cosol de lan davant losieu e avieo promes en sa bona fe coma mercadie.

It. sec se la despesa per dos roires de tres canas e d. de lonc cascu — xxv^{l}

Pus per portar los dits roires al caratié — xv^{s}

Pus per resa los dos royres de tot lo lonc et obra forem vi. fusties dos iorns que son xii. jornadas — vi^{l}

Pus anem tots vi. al clocuié per ordena de monta tot so que farie mestie, montem cordas, fustas per estatchar e aprestem la roda, estem dos iorns tots e son xii. — vi^{l}

Pus anem tots a la dicha obra dilus e montem las iiii. pesas dels roires al clocuié, tots vi. — iii^{l}

Pus lo dimas comensem de tora lo roires coma era nesesari, tots vi. — iii^{l}

Pus lo dimecres ferem mortairas, tenos e asemblao coma esta, tots vi. — iii^{l}

Pus lo diious tornem ley tots per adoba lo sollie ont estam los que sono lo sen gros, per tots vi. — iii^{l}

Pus sec se la fusta que es mesa en lo sollie tres canas de trau de i. tes e tres cartos — i^{l} ii^{s} vi^{d}

Pus v. canas de plancat — i^{l} x^{s}

Pus de clavels de iiii. m. c. — x^{s}

Pus de que avem fait lo gruat per monta las fustas v. canas e dos pams — iii^{l} xv^{s}

Pus i. tros de roire de sen Arnaut Taillapam de que demanda x. franc, ara font tot asort e disendem nostras cordas e feramenta que imearem miet iorn — i^{l} x^{s}

Ai obra, esten e ay mes tres iorns e per savembasio, aut per lo servire de cordas, polieras e roda — ii^{l}

Pus per iiii. taulas que se portero a la sala de lavescue per mosenior lo Daufi, e viii. taulos, ay recuobrat tres taulas entieiras et una de dos canas en cuatre pesas et dos taulos restero ley vi., deves de la taula — iii^{l}

Per los taulos vi. — iii^{l}

Pus per claure lo liet de mosenior lo Daufi de foliat iiii. canas — i^{l} x^{s}

Per fa de lana e lo loguie de las taulas — ii^{s}

Semons acuo de S. Jhon Bremon a i. par de taulos de pues que mosenior de Fois lay dinet que ac taulas e banc e avem o tot bailat, aduco que ley esta de prenen per se plasa nos demandar lo cere e que los vuollia baila, e per lo loguie desus i^{l}

Soma lxxi^{l} xii^{s} vi^{d}

Soma lxxi^{l} xii^{s} vi^{d} que valon a xxxx gr. per moto xxviii. motos ii. ters, ay me ressebut a iii. de mars l. f. que valon a iiii. francs lo moto xii. motos e mueg, resta mes degut xv. motos iii. gr. e mueg.

Jou^{es} Ayffredy.

LVI.

Catafalque pour les obsèques de Charles VII.

(Ann. 1461[1].)

In causa liberationis capelle fustee pro funerariis domini nostri Regis.

Simon Domenjot promisit facere capellam fusteam sibi ostensam pro xxi. libris modo et forma contentis et depictis in papyro sibi ostenso.

xxiii. augusti consules dederunt ad pretium factum Michaeli Canorgue ad faciendam capellam fusteam modo et forma sequentibus.

Primo fundabit super quatuor pedibus fusteis rotundis longitudinis duarum cannarum et latitudinis duodecim palmarum et altitudinis duarum cannarum, et erit facta ad modum volte lapidee videlicet longuies rotunde et crosata que erit in medio erit ad certum punctum et illam facere debebit per totam septimanam venientem pro pretio undecim librarum et duodecim sol. tur.

—

A Micquel Canorgua fustier la somma de setze lieuras torn. et aysso per la capella de fusta per el facha en leglisa de Saint Germain per la bera et per las fustas mises sobre lo cor de la dite eglesa a mettre las candellas et per sa peyna et labor, et per lo loguier dels fustas et per el et per aultres fustiers agudas en gubernant los cerges, et aultras obras faches per lo cantar del Rey nostre sire fach en ladite eglesa Saint Germain.

A Simon Domenjot fustier de Montpellier la somma de tres lieuras dels sols turn. per totas las fustas de la capella fache en leglesa de Saint Germain per lo cantar de Rey nostre sire. Laqual capella tota entiera a la requesta de mossen lo sacrista et aultres religios del monasteri de Saint Germain, los senhors consols affin de perdurable memoria an ordonnat demorar en lo dich monasteri a tosjours. Mays aussi mossen Anthoni Laurens sacrista, affin que la dite capella demourast en lodit monasteri, a promis donar al dit Simon Domenjot dos lieuras et detz sols torn.

[1] Brevetus notarum.

LVII.

Stalles et torchères de Notre Dame.

(Ann. 1482[1].)

Petro Sales fusterio trez libr. tur. pro cathedris repositis noviter ex anno M. CCCC. LXXX. in capella Nostre Done de Tabulis cum suis marchepiers et etiam pro duobus tenedors de torches in eadem capella, que omnia ipse Sales fecit et furnivit suis propriis expensis.

LVIII.

Orgues de Notre Dame.

(Ann. 1491[2].)

Jacobus Viguier fusterius confessus est habuisse pro octo dietis fusteriorum missis ad mutandum lo tabernacle

[1] Liber clavarie.

[2] Liber notarum.

altaris Sancti Michaelis et pro aptando corratorium in quo erant les orgues et faciendo unum escallier ad ascendendum supra dictum corratorium, et ad magnam vitrariam.

LIX.

Beraut Calhier.

(Ann. 1468 [1].)

Consules dederunt ad pretium factum Beraudo Calhier ad reparandum turrim sancti Jacobi in suburbiis Montispessulani modo et forma contentis in proclamacione, et ultra hoc tenebitur ponere unum boquetum in quodam saumerio dicte turris et non tenebitur folhare nisi salhidas quas folhabit de folhato novo, et folhatum quod est in eadem turri revertere et etiam duo pilaria facere bene et debite, et hoc pro precio triginta octo libr. tur.

(Ann. 1468.)

Criée pour la réparation des tours du portail de la Salle-l'Evêque.

Baros manda la court..... fay hom assaber a tota persona de qualque condicion que sia, sia fustier ou autre, que vuelha prendre a pres fach de recubrir la grant torre que es entre lo portal de la Sala et de Saint Gile, et lautra petita torre que es de costa, far tout lo cubert de nou et sera tengut de y mectre bona fusta nova coma son tirans, saumiers, tenalhas, solas, travesens, fulhat, riostas, cabrions, teules, chau et arena, et fara lodit cubert en la forma que es, et tout de bona materia, et sera tengut de far las doas premieyras rengas a teule banhat et una cadena de chau et arena tout a lentorn et en montant encadenat de chau et arena lo dit teulat de quatre

[1] Brevetus notarum.

en quatre palms, et aussi fara lescalier sobeyran tout nou, et aussi metra una bona sotbarba desoubs lo saumier del solier sobeyran.

(Ann. 1468 [1].)

Devis pour la réparation des tours du portail de la Salle-l'Evêque.

Segon de las causas necessarias et fayre a las doas tores que son apres lo portal de la Sala tirant al portal Saint Gile.

Primo es necessari de recubrir tout de fusta nova la grant torre et en aquela far tout de nou las solas, tirans, tenalhas, saumiers, travasens, riostas, cabrions et fulhat, tout de bona fusta nova que sera de lespes daquela que y es, et se fara lodit cubert a palms comma es, et aura a la sima ung pomel que salhira sur los teules dos palms, loqual sera cubert de plom, et de sur aquel se metra una bandieyra de ferre, laqual bandieyra pagara la villa tant solament, et y mectra bos teules comma dich es en la crida.

Item en la dita torre fara lescalier sobeyran tout nou am una perga ou baranda, et reparara lescalier del solier sobeyran, et sera tengut de y mectre ung bon saumier del gros que es aquel que y es tout nou, et aussi reparara lodit solier talament que hom puesca anar segurament de sobre.

Item fara lo cubert de la petita torre ques aqui pres, en la forma que es de present, et y poyra mectre las melhors fustas que salhiran de la granda, et aussi repara lo solier et y mectra una baranda davant, et tot a sos despens exceptat la bandieyra que pagara la villa, et autrament tout ainsi coma se conten en la crida.

[1] Brevetus notarum.

PEINTRES ET VEYRIERS.

LX.

Ordinacio Caritatis Veyreriorum.

(Ann. 1365 [1].)

In nomine Jhesu Christi amen, anno Incarnationis M.CCC.LXV. et die ultima mensis februarii, noverint universi et singuli quod existentes et personaliter constituti in domo consulatus ville Montispessulani, et in presentia honorabilium virorum consulum dicte ville, Hugo Johannis et Guiraudus Gaucelmi veyrerii Montispessulani et consules Caritatis officii veyreriorum dicti loci, nominibus suis propriis et consulario predicto ac aliorum de dicto officio sibi adherentium et adherere volentium in hac parte, dixerunt et proposuerunt coram eis se cum aliis veyreriis Montispessulani, esse in concordia consentiendi et volendi ordinaciones infra scriptas ad honorem Dei et ad augmentum helemosine et Caritatis que singulis annis die festo Assentionis Domini communiter in Montepessulano fieri consuevit......, quas requisiverunt per dictos dominos consules ratificari et approbari, et in perpetuum valituras et observaturas declarari. Potissime cum longe temporibus fuerit observatum retro lapsis, ut inferius continetur et ea olim starent per scripturam autenticam, que fuit combusta in domo Joannis Coste veyrerii Montispessulani, dum fuit positum incendium in domo dicti domini Johannis tunc consulis dicte Caritatis tuncque habitantis in suburbiis extra portale Latarum Montispessulani et in nonnullis aliis hospiciis circumvicinis per inimicos et latrunculos in dictis suburbiis tunc existentes, prout ipsi nunc consules Caritatis de predictis informarunt dominos consules majores supra dictos, quarum ordinationum tenor talis est.

Primo, quod quicumque volens levare et levans de novo operatorium officii veyreriorum in villa Montispessulani, solvat et solvere teneatur consulibus dicti officii ad opus dicte Caritatis pro suo introitu, semel duntaxat decem sol. turonenses monete usualis.

Item quod quicumque magister dicti officii, seu caput hospitii utens officio veyrarie in villa Montispessulani, solvat et solvere teneatur dictis consulibus dicti officii presentibus et futuris ad opus dicte Caritatis singulis annis duos sol. duos den. turonensium predictorum.

Item quod quicumque candelerius cepi Montispessulani et quivis alius vendens vitrum in villa Montispessulani, non exercens principaliter officium veyrarie, solvat et solvere teneatur dictis consulibus dicti officii veyreriorum singulis annis ad opus dicte Caritatis tresdecim den. turonensium predictorum.

Item quod quicumque habitator Montispessulani non audeat tenere in platea aliqua extra domum suam aliquod genus vitrorum seu ipsum portans per villam cum cavascello vel aliter, preter quod in septimana proxime precedenti festum Nativitatis Domini et tunc in platea ante domum consulatus Montispessulani juxta ecclesiam beate Marie de Tabulis dicti loci, et quicumque contrarium fecerit tociens quociens id fecerit perdat hujus modi vitrum dicte Caritati applicandum et ad cognitionem consulum Caritatis ipsius qui tunc possint portare

[1] Liber consiliorum et instrumentorum domus consulatus.

per villam cum cavascello ut est consuetum.

Item quod nullus magister vel discipulus utens dicto officio veyrerie in villa Montispessulani, audeat portare aliquod genus vitrorum per villam Montispessulani empalhatum vel enfenatum, et in casu quo quis contrarium fecerit hujus modi vitrum detur amore Dei ad opus dicte Caritatis ad voluntatem consulum officii ejusdem.

Item quod nullus utens dicto officio nunc vel in futurum in villa Montispessulani, audeat tenere diebus dominicis vel festivis coli et festivari ab ecclesia mandatis ante domum suam aliquod genus vitrorum, et in casu quo quis contrarium fecerit hujus modi vitrum applicetur dicte Caritati ad voluntatem consulum Caritatis predictorum, quociens contrarium fuerit factum.

Item quod quotiescumque occurat funus domini capitis hospicii dicti officii vel ejus uxoris, nullus veyrerius vel veyreria audeat tenere vitrum extra januam operatorii sui vel portare aut portari facere vitrum per dictam villam, de tota illa die qua sepelietur ipsum funus vel fient exequie ipsius, et quociescumque quis contrarium fecerit hujus modi vitrum applicetur dicte Caritati ad voluntatem consulum Caritatis predictorum.

Item quod quotiescumque accedat funus alicujus filii vel filie alterius veyreriorum Montispessulani, nullus veyrerius vel veyreria audeat tenere vitrum extra januam operatorii sui aut portare vel portari facere vitrum per dictam villam, illa die qua hujus modi funus sepelietur et quousque ipsum funus sit sepultum, et in casu quo aliquis contrarium fecerit hujus modi vitrum applicetur dicte Caritati ad voluntatem consulum Caritatis predictorum.

Item quod quicumque veyrerius vel veyreria Montispessulani, tenens vel habens nunc vel in futurum pecunias communes dicte Caritatis vel ad ipsam spectantes, teneatur de eis reddere computum et rationem et reliquum restituere consulibus dicte Caritatis presentibus et futuris quamprimum et tociens quociens super hoc fuerint simpliciter requisiti. Promittentes et convenientes dicti consules officii superius nominati dictis dominis consulibus majoribus presentibus, etc., pro dicta Caritate et ad ejus commodum et augmentum se tenere et servare omnia et singula superius expressata et nunquam in aliquo contravenire vel facere, etc. Audita dicta requisitione sibi per dictos consules Caritatis facta, eaque admissa tanquam justa et juri et rationi consona, in quantum potuerunt et debuerunt virtute et auctoritate eis data predictas ordinationes approbaverunt. Acta sunt hec in dicta domo consulatus, etc.

Post hec, eisdem anno et regnante et die undecima mensis marcii...., noverint universi et singuli quod Hugo Symonis, Guillelmus Abelhe junior, Guillelmus Cotelli et Johannes Coste veyrerii Montispessulani, certificati ad plenum per me notarium predictum et infra scriptum de ordinacionibus supra dictis et earum qualiter et de omnibus et singulis supra dictis ipsa omnia et singula pro se et suis successoribus laudaverunt, etc.

Deinde, anno Nativitatis Christi M. CCC. LXVIII et die xvii. mensis junii, constituti in presentia honorabilium virorum..... consulum nunc dicte ville Montispessulani, Petrus Fabri veyrerius et consul Caritatis veyreriorum predictorum, ac Guiraudus Gancelmi veyrerius dicti loci pro se et aliis de dicto officio sibi adherentibus et adherere volentibus in hac parte cum et sub protestationibus supra ab ipso Guiraudo et Hugone Johanne veyreriis factis et eis habitis pro repetitis, volunt et consentiunt cum licentia dictorum consulum majorum quod quilibet nunc vel in futurum habitator Montispessulani portans tabletam per villam ipsam cum vitro pro ipso vendendo, solvat in principio hujus modi officii et actus semel tunc consulibus dicte Caritatis veyreriorum pro commodo et augmento ipsius Caritatis et helemosine quinque sol. turonenses. Verumtamen si aliquis diceret se pauperem et non posse solvere hujusmodi v. solidos, quod domini consules majores dicte ville possint super hoc moderare prout eorum conscienciis videbitur faciendum, et dicti domini consules ad ipsorum requisitam predicta laudaverunt, ratificaverunt et confirmaverunt et ea perpetuo valere voluerunt, statuerunt et ordinaverunt. Hec acta sunt in dicta domo consulatus, etc. Subsequenter anno indictione pontificatu et regnante quibus supra et die vicesima tertia mensis junii Johannes Gervasii veyrerius et consul dicte Caritatis et officii veyreriorum una cum dicto P. Fabri, Raimundus Orguelh, Ugo Johannis, Guillelmus Cotelli, Johannis Abelhe et Johannis Coste veyrerii Montispessulani pro se et suis in dicto officio successoribus certificati de premissis per me dictum notarium, eadem laudaverunt, approbaverunt et confirmaverunt tenereque et servare voluerunt et promiserunt sub obligatione et renunciatione supradictis. Actum ubi supra, etc. Sumptum est pro dictis veyreriis.

LXI.

Hordenansas de la Caritat de los Penheyres e Veyriers de Monpelier.

(Ann. 1400[1].)

In nomine Domini amen, anno Incarnationis M. CCCC. et die xiii. mensis madii, noverint universi quod existentes et personaliter constituti in domo consulatus ville Montispessulani et in presentia honorabilium virorum consulum dicte ville Montispessulani, etc., videlicet, Michael Johannis pictor, consul particularis officii sive misterii pictorum Montispessulani, Johannes Lingue, Petrus Gautoni, J. Galaubi, Raymundus Martelenas, Guillelmus Gailhardi, Bernardus Popiani, Petrus Cabassuti, Johannes Fizas, Johannes Micailheti, Bernardus Fanabregol, Johannes Rainaudi et Dominicus Terissa, pictores et *vitrerii* Montispessulani nominibus suis propriis et consulario predicto et aliorum de dicto officio eis adherentium et adherere volentium in hac parte, ac etiam pro omnibus eorum in futurum in dicto officio successoribus facientes, ut dicebant, longe majorem et saniorem partem omnium pictorum et *vitreriorum* Montispessulani....... dixerunt et proposuerunt coram dictis dominis se ipsos cum aliis pictoribus et *vitreriis* Montispessulani esse in concordia constituendi et faciendi ac volendi ordinaciones infra scriptas ad Dei honorem et ad augmentum helemosine et Caritatis que singulis annis die festi Assentionis Domini communiter in Montepessulano fieri consuevit........ Quapropter dixe-

[1] Liber instrumentorum et consiliorum.

runt........ quod fiant ordinaciones contente in quodam papyri folio layca lingua scripto, per eos ibidem exhibito et hostenso ac dictis dominis consulibus et michi notario infra scripto tradito, quarum tenor sequitur in hec verba.

Segun se las hordenansas fachas entre los penheyres e veyriers de Montpelyer sus lo fach de la Caritat et de la procession de la Santa Ostia e non res mens de lur mestier propi.

Tot premieyrament adordeneron los maistres e macips e volgron que tot maistre que tengua botigua, deia paguar cascun an una ves a lalmorna de la Caritat III. s. III. d. tornes.

Item que tot vaylet que prengua verquieyra, stranh o privat pague a la dicha almorna II. s II. d.

Item tot aprentis que intre al mestier per apenre lo mestier, deia paguar lo premier an d'intrada v. s., e en lo cas que lo dich vaylet non pagaria los dichs v. s. que lo dich maistre sia tengut de los paguar, mas que aia istat an lo dich maistre I. mes sia encartat o non.

Item que tot maistre que tengua botigua et que prengua vaylet per obrier guazanham verquieyra, que lo dich maistre li deia rebatre, si cas era que anar sen volgues, lo drech de la Caritat, so es assaber II. s. II. d., o autramen lo dich maistre sera tengut de paguar la dicha soma per el als cossols de la dicha Caritat per convertir a la dicha Caritat.

Item que tot maistre tenen botigua deia tener una brostia la cal deia far a sos despens anbun cadenat an clau, en la cal brostia se meta lo denier Dieu de nostre senhor, can luoc li vendra de prene alcun obratge que las gens fasen far obratge volran de grat donar, de que las claus de las dichas brostias deia tener lo cossol que sera del desus dich mestier entro al jorn de davant la festa que sapertendra de obrir las dichas brostias per far lalmorna de la dicha Caritat. [Et per senhal del mestier las deia penher a baras coma pals[1] de totas colos finas.]

Item que tot vaylet strangier e privat, filh, frayre e nebot de maistre que vuelha levar botigua, seia tenguts de paguar a la dicha Caritat v. s. lo premier an e apres paguara coma los autres fan.

Item que negun filh, frayre, nebot de maistre non seia tengut de paguar los dessus dichs compes tan can an lo payre, o frayre, o oncle demorara, enpero si cas era que anes demorar anbautre del mestier o leves botigua, es tengut de paguar a las dichas cauzas dessus escrichas.

Item que per aras e per ya las guarlandas de largen per las cals se solian portar, non se deian portar jamays per home dels dessus dichs mestiers mas que aquo se convertesca a la Caritat.

Item que per aras e per ya las foguasas las cals se solian dar, non se donon daqui avant an sian ajustadas en la dicha almorna.

Item per lo fach de la procession del jorn de la Santa Ostia que cascun maistre filh, frayre e nebot de etat de XIIII. ans en sus, e tot vaylet prenen salari de VI. francs en sus, deian esser lo jorn dessus dich a la procession an lur torche cascun, e aquel que y falhira pague v. s. a la Caritat. Si non en lo cas que el fos malaute o en priso o fos de foras per obratge que agues pres se maistre era, e si vaylet que fos cas que son maistre

[1] Une lecture fautive de ce passage nous avait fait voir là des pinceaux ; il ne s'agit que d'un ornement plus simple, des barres ou des pals, dont le blason donne la forme (*Voy. pag* 67.)

lagues trames de foras, sens francs. [que per caute la mas per drecha necessitat totas ves crezen lo maistre o lo vaylet a lur sagramen corporalment tocat sus los sans evangelis de Nostre Senhor.]

Item que cascun cosol deia cascun an rendre conte al cosol costituit de novel compte scrich en bon ordre en lo libre de la dicha Caritat, et que deia donar las causas las cals son edificadas a honor de la dicha almorna e del dich mestier per inventari escrich en lo dich libre.

Item en lo cas que alcun maistre, molher, filhs o filhas de maistre, o encaras mays vaylets van de via a trespassamen, cascun maistre et joves homes dels mestiers et atrassi apprentis sia tengut de acompanhar lo cors entro a la seboltura et daqui pueys acompanhar los parens entro a lostal, et qui y falhira, sia tengut de paguar a la Caritat xii. s. los maistres et vi. den. los joves homes.

Quare requisiverunt dictos dominos consules eisdem humiliter supplicando quatenus predicta dignentur laudare approbare ratificare et confirmare, etc.... Acta fuerunt hec infra domum consulatus Montispessulani, testibus presentibus etc. Sumptum est instrumentum.

LXII.

Instrumentum coadhunationis sive adjunctionis Caritatis officiorum sive misteriorum, Brodatorum, Tapisseriorum, Casubleriorum, Pictorum et Veyreriorum.

(Ann. 1438 [1].)

In nomine Domini nostri Jhesu Xristi, amen, anno Incarnationis Domini M. CCCC. LVIII. die xxiv. mensis aprilis, ... noverint universi quod discreti viri Johannes Remusati brodator, Johannes Lernende, Bartholomeus Cathalani, Matheus de Turre, Petrus Gavaton pictores, Georgius de Vallibus, Johannes Mureti tapisserii, Johannes Bardeti brodator, Jacobus de Prato veyrerius, facientes, ut dicebant, corpus misteriorum sive officiorum ipsorum seu majorem partem et saniorem dicti corporis, existentes in domo consulatus ville Montispessulani in presentia honorabilium virorum....... consulum dicte ville et universitatis ejusdem dixerunt et proposuerunt coram eis se velle facere et intendere quasdam conventiones et ordinationes infra expressatas per ipsos et eorum successores perpetuo servandas, adimplendasque et custodiendas in honorem et reverentiam Domini nostri Jhesu Christi omnipotentis et gloriosissime beate semper virginis Marie ejus genitricis, beati Luce evangeliste et totius curie supernorum civium, et ad commodum et utilitatem Caritatis officiorum ipsorum antedictorum, prenominati brodatores, casublerius, pictores, tapisserii, veyrerius, in presentia dictorum dominorum consulum ordinationes et conventiones infra scriptas fecerunt ut sequitur.

Ad honor gloria et exaltacion del nom de Nostre Senhor Dieu Jhesu Xrist, lo qual per resemer luman image volt expandir son precios sang sus lalbre de la veraya crotz, de la sua gloriosa vierges Maria sa maire, dels apostols sant Luc evangelista et de tota la cort celestial de paradis, las infra escrichas ordenansas an estadas fachas per los maistres peinctres, veyriers, brodayres, tapissiers et casubliers de la villa de Mont-

[1] Liber consiliorum et instrumentorum.

pellier s[r] Johan Remusat brodayre, s[r] Galhart Delmas casublier, s[r] Jehan Lernaude, s[r] Barthomieu Cathalan, s[r] Mace de la Tour peyntres, s[r] George de Vaulx, s[r] Johan Muret tapissiers, s[r] Peyre Gavaton penheyre, s[r] Johan Bardet brodayre, s[r] Jamme del Prat veyriers, maistres de lart de brodaria, peincturaria, tapissaria et veyraria, tant per els que aras son de present comma per lors successors que seran a venir, sian maistres de la dicha art, companhos et apprendisses que autres usant et exercent lasdits arts de penheyre, veyrier, brodaire, tapissiers que casubliers en la dita villa de Montpellier, fan per las dichas ars las ordenansas sequens, per lasqualas ordenansas en neguna maneyra, mais per expres proteston, non volon, ny entendon tacitament ne expresse faire rassa, trassa, conventicula illicita, ne manupoly, ne negun prejudice estra fach al drech ne juridiction del Rey nostre senhor de Montpellier, ne a autra juridictio ecclesiastica o secular aven en Montpellier, que en lo dich cas volon expressament las presens ordenansas et conventions sequens estre nullas, cassas, irritas et per nullas et non fachas esse tengudas, lasquals protestations adels salvas en cascun dels capitols enfra escrichs, los dessus nominats en la presentia dels dichs senhors consols an fach las ordenansas et conventions sequens. Premieyrament am convengut entre els que tout enfant ou autre que sia de la hart de peynetres, veyriers, brodayres, tapissiers et casubliers en Montpellier, sia incartat et obligat devers son maistre que lo apprendra, pagara per son apprentissatge per una vegada cinq souls, o son maistre per el, sens far ne sercar diffuge o cauthela de pagar, per so car vay al servise dels paulres de Jhesu Xrist. Item que dayssi anant per tos temps per sercorir a la dicha Caritat et autres casts que per lo temps avenir poyrran venir a la dicha Caritat cascun maistre de las arts dessus declaradas pagaran per los compes cascun an dos souls et sieys. Item mais am convengut ensemble que tot companhon de las dichas arts ou duna daquelas gasanhant salary dayssi anant pagara a la Caritat per cascun an als consols que seran de la dicha caritat per adonc quinze deniers tornes, et en cas que lo dit campanhon sen anes o agues conget de son maistre, lo dich maistre sera tengut de far pagar los dichs xv. deniers al dich companhon, et en cas que non o feses, lo dich maistre sera tengut de retenyr los dichs xv. deniers de so que aura gasanhat lo dich companhon passat quinze jorns. Item mais an convengut coma dessus los dichs maistres dessus nommats, que tout maistre et companhon de las dichas arts deia et sian tenguts lo jorn de lAssencion de nostre Senhor acompanhar lo pan de lor Caritat daqui ont partira jusques al molon ont se amolona et engregna lo pan de la Caritat general que se fay lo dit jorn en Montpellier, et aquels que y falhiran se maistre sia pagara dotze deniers, et lo companhon pagara sieys deniers tornes salvan legitima excusation, loqual argent se mectra al profiech de la dicha Caritat et augmentacion daquela. Item mays an convengut ensemble que tot maistre sia tengut de pagar son compes per cascun an sens excusation estan deforas o dedyns, si non quel agues estat deforas per ung an et ung jorn. Item mais an convengut ensemble coma dessus que daquesta hora en avant tot maistre et companhon gasanhant argent deia estre et de fach sia tengut de acompanhar la procession del Cors precious de nostre Senhor am sa torcha, et en cas que non y seria, los maistres pagaran dotze deniers tournes et los companhons vi. d[rs] per los convertir a la dicha Caritat et necessitats daquela, legitima excusation cessant. Item coma dessus an convengut que daquesta hora en avant los consols de la dicha Caritat sian tengut de far assaber als maistres et companhos de las dichas arts lo trepassament o mort daquel que sera anat de vida a trespassament que sera de las dichas arts, sia de maistre, de maistressa et dels companhons, et aysso sus la pena ds sinc souls convertadors la mitat a la dicha et lautra mitat en pan per donar per reverencia de Dieu als paulres de nostre Senhor. Item convenon coma dessus que tout maistre et companhon daquesta hora en avant deien et sian tenguts de acompanhar lo corps del mort que sera del dich mestier jusques a la fossa, et de la fossa acompanhar los parents del mort jusques a lostal dont sera partit lo dich mort, et tot maistre que y falhira per sa fauta pagara dotze deniers, et lo companhon sieys deniers, legitima excusation cessan, per lo dich argent convertir a la Caritat dessus dicha. Item convenon et an convengut ensemble entre los maistres et companhons de la dicha art que qualque companhon sia peinctre, veyrier, brodaire, tapissier ou casublier qui voldra levar botiga del dich office en la present villa de Montpellier, pagara per una vegada tant solament cinq souls, losquals se convertiron a la dicha Caritat et necessitats daquela. [E tot ayso ay promes e jurat davant la companhie sus sans evangellis a iiii. de may lan MCCCCLVI.] Predictas autem ordinationes omnes et singulas prenominati pictores, veyrerii, brodatores, tapisserii et casublerii, dictis eorum protestationibus repetitis, laudaverunt, approbaverunt et confirmaverunt, et eas omnes et singulas observare et custodire et contra eas seu aliqua ex eis nunquam de facto seu de jure per se seu per alium venire promiserunt per se ipsos et omnes successores eorum magistros dictarum artium socios et scolares dictorum officiorum, et juraverunt super sancta Dei evangelia per ipsos et quemlibet ipsorum gratis manualiter tacta, etc.

LXIII.

Expertise d'une peinture de Pierre Gauthon.

(Ann. 1390[1].)

Item die prima julii magister Johannes de Juviaco diocesis Laudunensis habitator Avenionis, et Johannes Lingue habitator Montispessulani, pictores, visa nota pactorum picture retabuli et scabelli Sancti Jacobi Montispessulani et visis dictis retabulo et scabello, dixerunt quod Johannes P. Gautoni teneatur scimaces superiorem et inferiorem dicti scabelli pingere bono auro et fino et amovere stellas pictas in dictis retabulo et scabello, et inde iterum pingere ipsos retabulum et scabellum super azurum ibi positum de bono azuro et de acra et iterum stellare totum bono auro et fino, et quod hoc sit factum per totam septimanam insequentem, quo facto satisfiat eis in salario sibi promisso cum instrumento et ultra in duobus franchis auri pro aliquo eorum voluntate.

[1] Liber manualis notularum.

LXIV.

Guillaume Bladnovel, miniaturiste.

(Ann. 1443[1].)

Guillelmo Bladinovi scriptori littere formate pro pena et labore per ipsum impensis pro faciendo in libro per dictos dominos consules empto, armas consulatus infra dictum librum, et etiam pro scribendo quoddam inventarium bonorum Sancti Germani in libro ordinato per ipsos dominos consules pro ista causa, etc.

LXV.

Johan Larnaude, peintre.

(Ann. 1461[2].)

Los senhors consols commanderon al clavari de paguar a maistre Johan Larnaude pinctre habitant de Montpellier so es la somma de sieys lieuras huech sols et quatre deniers torneses et aysso per sa peyne et travailh daver fach las pincturas del mandament dels senhors consols faictes per honorar las exequias del Rey nostre sire faches al monastere de Saint Germain.

(Ann. 1468[3].)

Consules scientes Johannem Larnaude fuisse anno preterito assetiatum in talhia, licet esset affranquitum pro picturis anno quolibet in consulatu fieri solitis super intorticiis et alias, scientesque etiam pro picturis operis temporibus retrolapsis anno quolibet sibi exsolutam fuisse summam xx. solid. turon., ideo dicti domini consules cum dicto Larnaude pactum fecerunt ut sequitur.

Primo quod ipse Johannes Larnaude tenebitur omnes et quascumque picturas anno quolibet tam pro consulatu quam opere consulatus fieri consuetas facere suis expensis et sine custu. Item fuit et est de pacto quod tociens quociens erit necesse facere aliquas picturas pro intrata sive pro exequiis alicujus domini vel domine de sanguine regio vel alio quocumque, ipse Joh. Larnaude tenebitur suis expensis illas facere. Item fuit et est de pacto quod casu quo pro consulatu esset necesse facere aliquas picturas extraordinarias ipse Larnaude tenebitur illas facere sine custu, traditis sibi tamen stoffis et coloribus. Et domini consules mediantibus dictis pactis promiserunt ipsum eumdem Johannem Larnaude pro bonis que nunc possidet tenere quittum et immunem a solucione quarumcumque talhiarum, tamdiu quamdiu pacta predicta tenebit et explebit.

[1] Liber clavarie.
[2] Liber clavarie.
[3] Brevetus notarum.

LXVI.

Relieur.

(Ann. 1472[1].)

A mossen Johan Terondel capelan de Montpellier la somma de una lieura et dels sols turn. per son trebail et pena que a agut en reliar et reparar lo libre dels miracles de la gloriosa vierges Maria Nostra Dona de Taulas de Montpellier et dung autre libre del consolat en lo cal se escrivon et meton los noms dels senhors consols et obriers de ladite villa et aussi los noms dels eligidors.

LXVII.

Jehan du Puy, peintre.

(Ann. 1491[2].)

Johanni de Podio pictori duodecim

[1] Liber clavarie.
[2] Brevetus notarum.

libras pro pictando solem et litteras ejusdem subtus relogium ad demontrandum horas et pretio facto, et pro revestendo scuzellum regium tinctura de azuro.

Jehan du Puy peintre a passé quittance de la somme de xv. liv. et ce pour avoir peint les armes du roy nouvellement mises sur le portal de l'église Nostre Dame des Tables.

(Ann. 1492[1].)

Traditio picturarum domus consulatus.

Domini consules....., confidentes ad plenum de probitate et legalitate discreti viri magistri Johannis de Podio pictoris, eidem de Podio officium pictoris domus consulatus dederunt et contulerunt ad jura vadia et emolumenta consueta, videlicet hoc modo quod dictus de Podio anno quolibet tenebitur facere omnes picturas ordinarias et extraordinarias domus consulatus, prout idem de Podio hujus modi officium pictoris gratis recipiens et acceptans et eisdem dominis consulibus gratas et gracias refferens promisit dictas picturas domus consulatus ac cereorum facium et candelarum sive intorticiorum ordinarias et extraordinarias facere anno quolibet, et jam dicti domini consules promiserunt eidem de Podio pictori presenti ipsum tenere quictum francum et immunem de omnibus talhis regiis aliisque subsidiis et affariis communibus presentis ville, et hoc tantum quantum dictum officium pictoris tenebit et dictas picturas bene, honeste, fideliter et debite, prout acthenus est consuetum fieri, faciet, etc.

(Ann. 1492[2].)

Maistre Johan du Puy pinctre et verrier de Montpellier a passé quittance de la somme de vingt livres et cinq sols pour avoir faictes deux verrieres grandes a l'église de Notre Dame de Taules, l'une sur la grant porte regardant sur les changes ont a faictes les armes du roy et de la reyne, et lautre sur la chapelle de Saint Michel ont y a en tout cviii. palms verre a raison de iii. s. ix d. t. pour chascun palm.

Faict en la claverie etc.

[1] Liber instrumentorum.
[2] Livre des quittances.

(Ann. 1493.)

Joan du Puy verrier a passé quittance de xxv. s. t. pour avoir raffaicte une verriere estant sur lautier de Sanct Blaze dans ladite eglyse, marché faict avec lui.

Maistre Jehan du Puy pinctre et verrier a passé quittance de la somme de xlix. s. iii. d. t. pour avoir faict une verriere neuve tiran x. palms et demy au dessus des orgues et pour avoir adoubé deux autres verrieres en leglise Notre Dame des Tables.

(Ann. 1495[1].)

Johanni de Podio pictori summam septem libr. et decem sol. tur. pro quinque vitreariis sive veyrias factas per eum in fenestris aule domus consulatus ex precio facto.

(Ann. 1496[2].)

Johanni de Podio pictori et vitriario duas libras tur. pro verrina per eum facta in fenestra superiori clavarie consulatus.

Magistro Petro Ligny notario summam xxvii. sol. pro scriptura et grossa ordinacionum artis draperie pro ponendis in tabulariis postibus tenendis in logia magna in qua panni sigillantur.

Johanni de Podio pictori duas libras

[1] Liber notarum.
[2] Liber notarum.

duos solidos et sex den. tur. pro pictura per ipsum facta in tabulario ordinacionum artis draperie.

(Ann. 1497[1].)

M° Johanni de Podio pictori III^{or} lib. tur. pro lapidibus quos ipse tradidit ad faciendum los pitafles sive armas dominorum los Medicis.

LXVIII.

Pierre Bracy, sculpteur.

(Ann. 1494[2].)

Precium factum traditum Petro Bracy de Brucelles.

...... Consules convenerunt cum magistro Brassin talhatori imaginum de faciendo tres scutos ubi erunt arma domini nostri regis cum duobus angelis ipsius arma et scutum portantibus et corona super dictum scutum et in pede cujuslibet revestimentum in quolibet pede unum parvum angelum cum armis predictis ville, promittentes sibi dare et solvere pro quolibet scuto decem libr. tur. et dictus Brassin promisit bene et decenter facere longitudinis quatuor palmorum et latitudinis competentis secundum longitudinem ipsius, pro quibus etc...

Dicti domini consules promiserunt providere de lapidibus necessariis ad faciendum dictum opus.

Et pro quadam ymagine portalli Montpelleiret summam trium librarum quam confessus fuit habuisse quittavit, etc.

(Ann. 1495[1].)

Pierre Bracin tailheur dymages et G^{me} Guillem pintre ont passé quittance de la somme de cinq livres tourn. tam pour une ymage de Notre Dame tailhée en pierre de deux pans et demy de long que pour la peinture dicelle mise au portal de Montpellieret.

Fait en la claverie présents maistre Pierre Borgonhon, Andrieux du Roux sarrurier, etc.

Maistre Pierre Bracy tailheur dymages a passé quittance de la somme de trente livres tourn. pour avoir fectes les armes du roy es troys portaulx de Lates, la Saunarie et Saint Gily, marché faict avecques luy.

ARGENTIERS.

LXIX.

Carta de las ordenansas dels Argentiers.

(Ann. 1355[3].)

In nomine Domini amen. Anno Incarnationis ejusdem MCCCLV, et die duodecima mensis junii, domino Johanne Dei gratia Francorum rege regnante, noverint universi quod cum esset debatum inter honorabiles viros dominos consules universitatis ville Montispessulani ex parte una, et argenterios ejusdem ville habitatores ex parte altera, super eo quod dicti argenterii fabricabant et operabant vasa et alia opera argentea que non erant de argento fino vocato argento Montispessulani ut dicti argenterii facere solebant juxta sacramentale per dictos argenterios et custodes dicti ministerii prestari consuetum et in libro consulatus Montispessulani inter alia sacramenta contentum et insertum ut dicti domini consules asserebant,

[1] Liber notarum.
[2] Liber instrumentorum.
[3] Grand Thalamus, fol. 153 v°.

[1] Livre des quittances.

et etiam dicti domini consules assererent dictos argenterios fabricare et facere debere dicta opera et vasa argentea de dicto argento fino Montispessulani et non de deteriori sive minus fino argento, dictis vero argenteriis dicentibus et asserentibus vasa et alia opera argentea que per eos in dicta villa fiunt, fabricantur et operantur, esse de bono argento ut fieri debet, cum dictum argentum de quo dicta opera et vasa fiunt, exeat album de igne et ita fuisse, ut dicebant argenterii predicti, usitatum operari et fabricari vasa et alia opera argentea predicta de tanto tempore citra de quo memoria hominum in contrarium non existit. Dictique etiam domini consules dicerent et replicarent quod non sufficit quod dicti argenterii dicta vasa et opera faciant et fabricent de tali argento quod exeat album de igne, ymo, ut dicebant, debent et tenentur dicti argenterii dicta vasa et opera fabricare de bono et fino argento ad legem duodecim denariorum argenti fini juxta consuetudinem Montispessulani, dicentesque in Montepessulano nulla fiant vasa argentea vel aurea nisi fina et quod argentum finum est et esse debet legis duodecim denariorum argenti fini, et quod dicti argenterii operabantur et faciebant minoris legis prout manifeste apparebat per diversas rerogationes, probas et assays factas per diversos probos homines tam argenterios quam campsores, quam etiam assertores et alios in talibus expertos, de mandato dictorum dominorum consulum et predecessorum eorumdem seu ad instanciam eorumdem de vasis et operibus argenteis ad instanciam dictorum dominorum consulum captis ab argenteriis predictis et de eorum operatoriis et domibus et ad domum dicti consulatus adportatis pro sciendo, videndo et examinando si dicta vasa et opera essent bona et de bono et fino argento ut esse debent prout est per dictos dominos consules fieri consuetum de dicto ministerio et aliis ministeriis dicte ville. Cumque multe rationes, allegationes, oppositiones et deffenciones dicte, allegate et reddite extitissent tam per dictos dominos consules quam per argenterios predictos diversis diebus et temporibus in domo dicti consulatus inter se et etiam coram dominis officialibus et curialibus regiis dicte ville, tandem post multos tractatus inter partes ipsas habitos pluribus diebus et horis partes ipse scilicet honorabiles viri domini....... consules Montispessulani ex parte una, et Petrus de Caranta, Berengarius de Fabrica, Stephanus Cauves, Johannes de Claperiis, Johannes Loregue, Johannes Martini, Bernardus Saurelli, Martinus Corbuel, Guillelmus Cabanis, Amquinus de Marmis, Petrus Serras et Raynaudus Ligerii argenterii tenentes operatoria argentarie in dicta villa nomine eorum et aliorum dicti eorum ministerii ex parte altera, de et cum voluntate auctoritate et licencia et assensu venerabilium virorum dominorum...... in dicta domo consulatus existentium et presentium, volencium, consencium et auctorisancium transegerunt, pepigerunt et per viam transactionis et amicabilis compositionis ab inde in antea perpetuum valiture et inviolabiliter et cum effectu observature, se convenerunt partes predicte pro bono publico et bono statu dicte ville in hunc modum. Videlicet quod ab inde in antea omnia vasa et alia opera argentea que ab inde in antea fient in dicta villa per dictos argenterios et alios quoscumque dicti eorum ministerii eorumque successores in dicto ministerio, sint et esse debeant legis undecim denariorum et oboli argenti fini ad minus.

Item quod fiant duo patroni argenti legis undecim den. et quatuordecim granorum argenti fini, qui patroni sint signati signo sive ponchono Montispessulani, ad quorum exemplar dicti argenterii faciant et operentur vasa et alia opera argentea per eos deinceps in dicta villa fienda, tamen habebunt remedium argenterii in dictis eorum operibus de duobus granis argenti fini, ita quod non possint reprehendi dumtamen dicta opera sint ad legem undecim denariorum et oboli argenti fini, quorum patronorum unum teneant domini consules Montispessulani in domo dicti eorum consulatus, et alium teneant custodes argentarie.

Item fiet alius patronus undecim denariorum et oboli signatus dicto signo sive ponchono Montispessulani, qui perpetuo remaneat penes dictos dominos consules et in domo dicti consulatus, ad finem quod si contingat fieri asay sive proba de borillas sive de vasis et operibus argenteis per dictos argenterios factis et fabricatis in dicta villa, et assaiatores qui dictos asays sive probas facerent vel haberent suspectos aut dubitarent dictum asay sive probam non esse bene factum, quod eo tunc et in eo casu fiat proba examinatio sive asay de dictis vasis et operibus argenteis sive borilhas cum dicto patrono legis undecim denariorum et oboli.

Item transegerunt dicte partes quod quilibet argenterius tenens operatorium faciat aliquid signetum in vasis et cloqueariis ac aliis peciis et operibus argenti per eum et in suo operatorio deinceps fiendis et operandis et fabricandis antequam dicta vasa et alia opera argentea tradat custodibus pro signando eadem, et quod custodes non debeant signare aliquod opus argenti in dicta villa fabricatum nisi illud opus sit primitus signatum signeto illius qui dictum opus fabricaverit et operatus fuerit.

Item quod quilibet magister dicte artis seu ministerii argentarie ipsemet tradat suum opus suo signeto primitus signatum dicto custodi pro signando illud opus, et nullus alius pro eo dictum opus tradat dicto custodi nisi taliter magister esset absens a villa Montispessulani vel infirmitate detentus aut alia legitima causa impeditus, in quo casu aliquis homo certus et notus de operatorio dicti talis magistri absentis vel infirmi aut alia causa justa excusati, cujus nomen per custodes vel custodem dicti ponchoni scribatur, tamen in omni casu dictum opus sit signatum per dictum magistrum cujus erit, ejus signeto antequam tradatur dicto custodi pro signando illud ponchono Montispessulani.

Item quod ille custos qui tenebit ponchonum Montispessulani, teneat penes se unam brostiam pro quolibet tenente operatorium argentarie, in qua brostia ponatur boyrilha illorum vasorum que signavit et signabit illius cujus erit dicta brostia, et quod custodes argentarie semel vel bis in anno faciant fieri de illis boyrilhis probam sive assay ad finem ut sciatur qualiter et de qua lege quilibet operatus fuerit illo anno argentum suum, et si per dictos custodes reperiatur quod aliquis argenterius operatus fuit aliqua vasa sive opera argenti minoris legis quam undecim denariorum et oboli, quod hunc dominis consulibus Montispessulani, quicumque fuerit, denunciare teneantur custodes predicti, et si facta iterum proba examinatione sive assay per dictos dominos consules de dictis borilhis in domo dicti consulatus deffectum vel culpam inveniunt in dictis borilhis illis, reddant curie seu dominis curialibus Montispessulani pro justicia de predictis ministranda.

Item quod dicti custodes argentarie possint scindere vasa et alia opera argentea non sufficientia pro suo libito voluntatis ut est hactenus fieri consuetum.

Item quod nullus argenterius audeat vendere aliqua vasa argentea in Montepessulano facta et fabricata, quousque primitus fuerint signata signeto sive ponchono Montispessulani.

Item quod quilibet homo magister et operarius dicti ministerii argentarie juret quolibet anno semel, si et tum fuerit per dominos consules Montispessulani requisitus, super sancta Dei evangelia operari per modum supra scriptum et se tenere et servare inviolabiliter omnia et singula supra et infra scripta.

Item quod quandocumque contigerit fieri asay per aliquos assayatores in et de aliquo opere seu operibus argenteis et de dictis patronis argenti supra fieri ordinatis, quod de illomet plumbo et de illismet cineribus et cum uno et eodem igne fiat assay borilhonum et operum predictorum et etiam dictorum patronorum, scilicet quod cum illis cineribus et cum illo plumbo et cum illo igne fiant asays patronorum predictorum cum quibus fient asays borilhonum et operum predictorum et econverso. In aliis vero dictum officium sive artem argenteriorum predictorum tangentibus novationem aliquam facere nolunt seu intendunt partes predicte ut dixerunt, nec aliquid aliud mutare vel ordinare nisi prout est per eos hactenus fieri consuetum, et sic dicte partes, etc. Hec acta fuerunt in domo consulatus, etc.

Postea, anno et regnante quibus supra, Johannes de Lunello, Jaufredus Dutoc, Petrus Aubray, Jacobus Andree, Columis de Montis et Guillelmus Artela argenterii Montispessulani existentes in domo dicti consulatus, etc. supra scripta laudaverunt ratificaverunt, etc.

Postea, etc., Barnabe de Vico Marmo argenterius habitator Montispessulani, etc. ratificavit, etc.

Postea, etc. Petrus de Carmis argenterius Montispli, etc. ratificavit, etc.

LXX.

Ouvrages d'or.

(Ann. 1401[1].)

Noverint universi quod existentes in presentia honorabilium virorum......... consulum Montispessulani et personaliter constituti Petrus Bertrandi, Colinus Duranti et Dominicus del Boy argenterii consules officii sive misterii argenteriorum dicte ville Montispessulani et custodes dicti officii, ac Andreas de Quadraginta, Johannes Nicolai, Jacobus Nicolai, Jacobus Yssaurati, Huguninus de Ponte, Stephanus de Furno, Johannes Poderce, Johannes Lorfevre et Guillelmus de Lauzin argenterii dicte ville....., considerato sacramentali dicti eorum misterii cujus tenor inferius est insertus, ordinaverunt quod ab inde in antea ipsi argenterii et alii dicte ville argenterii et eorum in dicto officio successores non operentur seu faciant aut permittant operari aurum quod opera-

[1] Liber notarum.

bantur pro vendendo nisi sit de sexdecim quadratis ad minus, et quod illud aurum quod tradetur eisdem argenteriis pro operando, sit ad dictos XVI. quadratos vel ad majus vel ad minus possit operari ad illos quadratos ad quos eis fuerit traditum tocatum quod sit ad toquam, non obstante quod juxta seu subtus dictum sacramentale consuetudinum dicti consulatus hactenus fuisset scriptum manu magistri Leonardi Peyrussoni condam scriptoris dicti consulatus, quoddictum aurum deberent operari ad decem et octo cayratos, quod scriptum fuit ibidem baratum et anullatum. Et sic promiserunt ipsi consules minores, custodes et alii argenterii dictis dominis consulibus majoribus presentibus, etc.

LXXI.

Supplique des Argentiers aux Consuls.

(Ann. 1427[1].)

Als honorables et venerables seignours les seignours consols de la viala de Montpelier. Suppliquant humialement a touta la honour et reverencia que podon et devon, Jacme Yssemat, Steve del Forn, Johan Poderos, Bartomieu de la Font, argentiers demorans et residans en la dite viala, am touts los autres adherens et adherir voulens del dit mestier de la argenteyrie, que coma a vous autres honorables seigners sia lo poder addonat et ordennat de tots temps de servar e guardar los obriers del dit mestier et ad aquels donnar et autreiar lo seignal de la dicta viala et dels prenne lour sacrament sans autre meyan, et que de soubs la dicta vostra ordennansa los dessus dits argentiers aiant usat de lour dit mestier am lo seignal de la dita viala et lour ponchor a metre tant solament en tassas et en culhiers et en tout autre gros obratge ponderos, cascun en son endreyt, et seguond se que aysso sia per alls et lours predecessors tostemps acoustumat que non es memoria del contrari, et sian venguts per devant vous Marcelha de Bellencot et Johanin per vous supliquar et requerir un cas de nouvelletat del qual non sont jamais fact ny acoustumat en la dicta ville de Montpelier, lo qual cas es quels requieron que las scenturas que se faran en Montpelier sian seignadas dalcun certan seignal, la qual causa non fonc jamais acoustumada del seignal de Montpelier ny dautre que hom senhes sentures ny autras causas si menudas, et so per las inconveniens que sen podon enseguir los quals serian prejudiciables a lune partida et a lautra. Et encara mais en oultre los dessus dies Marcelha et Johanin se sont sperforsats et se perforsaran de rompre certa ordennansa generalment facta entre nostres predecessours et nos autres del dit mestier, la quala es que tout compaignon nouvellement vengut deia paguar v. sterlin per una vests de tot son temps, et los dissaptes I. blanc per cascun maistre que obra on fay obrar apres la grant campana de Nostra Dona sonada, la qual pecunia, quant es levada et recuillita, se convertis a las Caritats. Que vous plaissia de vostra gracia que coma aquels a cui aparten et que es acoustumat sens degun meyan come dit es de nos conservar, mantenir et guardar en noustres privileges et libertats et franquises, et que vous plaissa que dengun autre devant vous ny apres non aia la conoiscensse coma non deu, quar nos em prests destar a vostra bona ordennanssa.

[1] Arm. F, cass. 7, n° 28 bis.

LXXI (*bis*).

Ordenansas sus lobrage de largentaria.

(Ann. 1427[1].)

Per los argenties. Primo que largent de la vayssella sera de la ley acostumada a xi. den. xiiii. gr fin et iii. grans de remedi que son xi. d. x. grans.

Item mays que cascun jurara que sera garda subre los sanhs evangelis que per amor ny per favor ny per hody en las mans dels senhors consols de Montpelier que non senhara neguna vayssela se non que sia de la ley dessus et al cas que non ho sia que la rompa. Item per so que aquesta causa sia plus segura de comensament se metra en scrich los noms de las gardas et per aquel an premier se mettra hun A dessot lo senhal de la viela et apres lo senhal de largentier affin que se conosca quals gardas fazuen aquest an tal senhal, et se registrara en lo libre de la viela et en hun autre libre que auran los argenties en lur cayssa. Item que cascun argentier aura una boyta escricha de son nom ont se metran los borilhs daquel an et dins la boyta aura i. plomp ferit del senhal de largentier, et al cap de lan sen fara ensay de copela per lessaiayre real daquel argent affin que se puesca conoysse se a ben obrat ho mal, afin que se puesca emendar, et deion far la relacion als senhors consols per aquel an, et que lan apres las gardas novelas fasson parelhament coma dessus mudan la letra de l'*Abc*.

Item que argent getadis de senturas bonament non pot venir si net a gitar a xi. d. xiiii. gr et xi. d. et xii. gr coma faria argent de sterlins que es de x. d. xxii. gr, et per so sembla que tout argent de senturas et autres hobratges getadisses non podon obrar coma es dich ad esterlins, so es assaber a x. d. xxii. grans et dos grans de remedi, car non poyrian obrar si juste, non remens que los dits argenties juraran que al plus pres del fin obraran sens se attendre al dich remedi. Item per so que se puesca conoysse que es fach en Montpelier, las dichs gardas juraran coma dessus, et metran dins lur boyta hun papier en que sera holopat lo borilh per so que non se mesele an los borilhs de la vayssela, et se fara per memoria un senhal tal coma aquest [mark] en lo nom de largentier dessot affin que y aia deferencia de la vayssela a las menudarias, et al cas que se trobara fauta que largent non sia de la ley dessus, que lobratge sia despessat et emendar en la manieyra contenguda en la carta vielha. Item cant de laur, tout hobratge que se fara daur, anels, senturas, reliquaris, formalhs, cadenas et tots autres menuts hobratges sian de xviii. cayrats al mens, al cas que lo senhor que volra far fayr lobratge dessus de aur fin a xxiiii. cayratz ho a xxiii. ho a xxii. ho a xxi. ho mens et que largentier li hobre mays al dessot de xviii. cayrats, non puesca hobrar et jurara de hobrar plus pres del fin de xviii. cayrats sens se attendre al remedi. Item que las gardas juraran en las mans dels senhors consols parelhament de laur coma de largent, encaras si era si grant hobratge daur que se pogues senhar et lo senhor de qui sera lobratge ho requerie, que aur de xxiii. cayrats et dos quarts si puesca mettre lo senhal de Montpelier de la vayssela et lo segnal de largentier. Item de aquels

[1] Arm. F, cass. 7, n° 28 *bis*.

que seran hobrads a xx. cayrats et hun quart de remedy, que si lo senhor de qui sera la vayssela, si se pot senhar, se senhe del senhal de largentie, de esterlins parelhament.

Tarif du poinçonnage.

Per senyar las senturas syant paucas ho grandas	II. blancas.	per peça.
Per senyar culyes.	II. den.	per peça.
Per senyar tassas	I. bl.	per peça.
Per senyar calysys	II. bl.	per peça.
Per senyar relycyairys . .	I. bl.	per marc.
Per senyar copas grandas.	I. bl.	per marc.
E per autres juel croses que vendran a senyar. . . .	I. bl.	per marc.

LXXII.

Ordonnance sur les Argentiers.

(Ann. 1495 [1].)

De par le roy notre sire et par commandement de monsieur le général maistre des monnoyes au present pays de Languedoc, on vous fait assavoir a tous orfevres et argentiers, marchans, changeurs, billonneurs et autres quelconques habitans et reparans au present pays de Languedoc.

Et premierement on fait assavoir en ensuyvant les ordonnances royaulx faictes et passées sur le fait des monnoyes que aucuns orfevre ou argentier ne sera receu en la presente ville de Montpellier s'il n'est certifié pour souffisant prodhome de bonne et honeste conversacion.

Item les dits orfevres et chacun deulx auront les melleurs balances qu'ils pourront et les marchs justes et raisonnables sans aucun remede surs le foible, mais sur le fort aura remede, cest assavoir en ung poys pesant xxv. marchs jusques a ung astellin et demy de fort et des marchs.

Item la piece pesant huit marchs aura remede de force jusques a troys fellins.

Item en la piece pesant quatre marchs force aura remede jusques a demy astellin.

Item la piece pesant deux marchs aura remede force jusques a ung fellin.

Item en la piece pesant ung march aura remede de force jusques a demy fellin.

Item la piece pesant quatre onces, force jusques a ung quart de fellin, et an demorant es petites pieces pesans ensemble autres 'quatre onces pouront estre fortes lune portant par lautre pour ponsionnées jusques a demy fellin sans quelconque autre remede de force sur quelqune des pieces dessus dites sus peine damende arbitraie selon les cas.

Item aucun des dits orfevres de la presente ville de Montpellier ny autre du dit pays ne se passera maistre sil nest certifié du dit mestier autrement comme dessus est dit.

Item devant quil soit passé maistre, il apportera en la chambre des monnoyes ou par devant nous son poinçon lequel sera empraint aveeques les autres dudit mestier et baillera caucion souffisant jusques a la valeur de dix marchs dargent ainsi quil est acoustumé.

Item chacun orfevre avant toute ouvre se obligera corps et biens de faire les ouvrages tant dor que dargent a la loy contenue es dites ordonnances, cest assavoir argent a argent fin ou argent de court et faire et amender tout lor et largent quil aura ouvré, soit signé de son poinçon ou non totes et quantes foys que la faulte y sera trouvée ou apperceue.

Et au surplus gardera et observera chacun orfevre ou argentier de point en point sans enfraindre les dites ordon-

[1] Liber notarum

nances royaulx faictes et passées sur le fait des monnoyes.

Item que aucun orfevre ou argentier, changeurs, marchans merciers, billonneurs ni autres de quelque estat ou condicion quil soient, ne seront si hontés ni hardis de fondre ni faire fondre, affiner ni depactir aucun bilhon tenant or ou argent ailheurs que a lostel de la monnoye royale de la presente ville de Montpellier, ou autre plus propchaine monnoye du royaulme du lieu ou lieux ou aura esté cuilli et assemblé le dit billion, et que lessay en raport a quoy il sera trouvé en soy fait par lessayeur de la dite monnoye et sus peine de confiscation du dit bilhon et autres peines es dites ordonnances royaulx des monnoyes.

LXXIII.

Clochettes, écussons et chainettes, par l'argentier Jacques de Romans.

(Ann. 1366[1].)

Item die ultima septembris, ego Jacobus de Romanis argenterius promitto vobis domino Johanni Martini consuli et clavario presenti stipulanti facere et operari de meis argento et esmauto xxiv. campanetas minutas argenti deauratas intus et extra, xiv. scutellos argenti deauratos cum armis domini nostri pape de utraque parte et alios xiv. scutellos argenti albi cum armis consulatus ab utraque parte, cum xxxviii cathenetis parvis argenti deauratis et xiv. parvis cathenetis argenti albis ponderis cujuslibet dictorum scutellorum et campenetarum dictarum unius uncie, pro pretio cujuslibet marche argenti deaurate xi. florenos auri de Francia et cujuslibet marche argenti albe x. florenos Francie, cum quibus obligo, etc. et promitto predicta complere hinc ad xxii. diem instantis mensis octobris, etc.

LXXIV.

Deux argentiers étrangers reçus citoyens.

(Ann. 1390[1].)

Item die xxii. maii, domini consules receperunt in cives, etc. ad et quod gaudeant libertatibus, etc. Johannem lo Fame de Brugis diocesis tornacensis et Petrum Deby de Trevis argenterios, et quod sint liberi a talhiis, etc. ad triennium.

LXXV.

Johan Chastel, argentier.

(Ann. 1443[2].)

Consules preceperunt clavario quod solvat Johanni Chastel argenterio Montispessulani, videlicet triginta unum sol. et octo den., et hoc pro quodam folio argenti per ipsum posito subtus unum lapidem vocatum balays existentem in capite beati Benedicti a parte ante, et pro labore suo per ipsum impenso, dum fiebat inventarium reliquiarum sancti Germani, in visitando lapides reliquiariorum ejusdem sancti Germani.

LXXVI.

B. Mocher, argentier.

(Ann. 1496[3].)

Prix fait baillé à Benet Mocher argentier de Montpellier, du xii. aout mil iiii^c iiii^xx xvi.

M. Johan Prunier secretaire du roy notre sire, habitant de Montpellier, pour et au nom de mons. maistre Pierre Briçonnet, conseiller et secretaire du dit

[1] Liber manualis notularum.

[1] Liber notarum.

[2] Liber clavarie.

[3] Liber notarum.

sire et general de ses finances, en presence, etc., a baillé a prisfait a Benet Moncher argentier a fere et composer deux angels dargent et deux chandeliers dargent blanc que les dits angels tiendront en leurs mains, ausquels seront mis et enployés trente quatre marcs dargent lequel argent baillera et fornira au dit Moncher le dit Prunier pour fere le dit ouvraige et ce de jor en jor. Item sera tenu le dit Moncher daurer les angels, cest assavoir les cheveulx, le colier, les offres, les ponnets des bras, le bout des elles et le bout dabas, et pour ce faire a esté advisé y employer huyt ducas dor lesquelles seront baillées au dit Moncher par le dit Prunier. Item sera tenu le dit Moncher fere les armes du dit Briçonnet aux dits angels ainsi que seront advisées par le dit Prunier et ce aux despens du dit Mocher, et pour la fasson et manufacture des dits angels, chandelliers et autres choses dessus dites le dit Prunier a promis donner et payer au dit Mocher present et acceptant la somme de deux escus petits de xxii. gros piece pour chacun marc tout incontinent que le dit prisfait et ouvraige sera parchevé, etc.

LXXVII.

Retable d'argent de Notre Dame des Tables.

(Ann. 1388 [1].)

Sequitur instrumentum factum quando retabulum argenti x. ymaginum fuit positum in altari ecclesie beate Marie de Tabulis, die ultima mensis octobris, anno Domini M. CCC. LXXXVIII.

In nomine Jhesu Christi amen. Anno Nativitatis ejusdem M. CCC. LXXXVIII. et die ultima mensis octobris, indictione undecima pontificatus sanctissimi in Christo patris et domini nostri domini Clementis divina providentia pape septimi anno decimo, et illustrissimo principe domino Karolo Dei gratia rege Francorum regnante, noverint universi et singuli quod cum prudentes viri operarii operis ecclesie beate Marie de Tabulis Montispessulani et etiam discreti viri prepositi confratrie ipsius Virginis in ipsa ecclesia ab olim et ab aliquibus annis citra de propriis pecuniis confratrie predictorum in presenti villa fecissent et fabricassent seu fieri fabricare fecissent per certos aurifabros unum solemne retabulum argenteum deauratum in quo sunt decem ymagines, scilicet domini Jhesu Christi, beate Marie virginis, beatorum Petri et Jacobi apostolorum, Johannis Baptiste, Blasii martyris atque pontificis, sanctarumque Marie Magdalenes, Catherine, Lucie et Florencie virginum, dictis duabus primis ymaginibus Jhesu Christi et beate Marie in medio dicti retabuli constitutis ad modum personarum sedentium, et ipso domino nostro Jhesu Christo coronante ymaginem et gloriose virginis Marie predicte, fecissent etiam fabricare unum cledacum ferreum cum duabus serraturis clavibus pessulandis situandum ante retabulum predictum pro custodia et securitate predicti retabuli, essetque intencio operariorum et prepositorum predictorum dictum retabulum ponere et assidere supra altare majus beate Marie ecclesie predicte die presenti que est vigilia festi Omnium Sanctorum, et ipso retabulo in dicto altari tenendo et perpetuo servando cum dicto cledaco ad honorem et reverentiam Dei et gloriose virginis Marie, aliorumque sanctorum et sanctarum superius nominatorum, ceterorum-

[1] Liber instrumentorum et consiliorum domus consulatus.

que omnium sanctorum et sanctarum paradisi et ad salutem et prosperitatem animarum et corporum confratrum dicte confratrie, totiusque populi christiani dicte ville presentis et futuri, et alias cum et sub modis conditionibus et modifficationibus infra scriptis. Tandem existentes et personaliter constituti in domo consulatus dicte ville Montispessulani coram honorabilibus viris dominis..... consulibus dicte ville ibidem presentibus et in presentia venerabilis et religiosi viri domini Jacobi de Manhanïa canonici cathedralis ecclesie Magalonensis et prioris ecclesie beate Marie de Tabulis supra dicte et etiam domini Raymundi Johannis canonici Magalonensis et sacriste dicte ecclesie de Tabulis, prudentes viri Stephanus de Claperiis, Guillelmus Raynardi et Stephanus Garandelli operarii operis predicti et discreti viri Jacobus Carcassone, Franciscus Bertholomei, Yssarnus Tincturerii et Petrus Ripe prepositi memorate confratrie beate Marie de Tabulis Montispessulani coram dictis dominis consulibus et in presentia dictorum dominorum prioris et sacriste dictum retabulum de presenti dedicaverunt et obtulerunt Deo et beate Marie virgini perpetuo tenendum in altari beate Marie supra dicte ad honorem ipsorum et totius curie civium supernorum et..... dixerunt et expresse protestati fuerunt ac pro protestato et repetito haberi voluerunt in principio, medio et in fine presentis instrumenti et in singulis actibus infra scriptis quod per inmissionem per ipsos faciendam de dictis retabulo et cledaco in ecclesiam predictam de Tabulis et etiam per assizionem seu situationem ac allocationem de eis faciendam supra altare predictum beate Marie nolunt nec intendunt ipsos retabulum et cledacum vel eorum possessionem et custodiam, quodcumque aliud dominium quod nunc in eis habent, a se vel dictis eorum officiis et successoribus aliqualiter abdicare vel alienare nec eis aliqualiter renunciare aut de et super eis vel eorum aliquo dictis dominis priori et sacriste eorumque officiis et successoribus quibuscumque, ac dicte ecclesie vel alterius eorum aliquod jus novum vel dominium attribuere, concedere vel donare. Quinymo ipsi operarii et prepositi sibi dictisque suis officiis et successoribus omne jus, dominium, possessionem et custodiam ipsorum retabuli et cledaci volunt et intendunt perpetuere et non contingant ipsos operarios et prepositos vel suos successores dictos retabulum et cledacum in dicta ecclesia dimittere et tenere, nonobstante quod longissimo tempore ibidem fore maneatum, super quo nulla possit vel debeat prescriptio allegari vel opponi nec etiam admitti. Protestati sunt etiam dicti operarii et prepositi quod in dicto cledaco erunt suntque et esse debeant continue et perpetuo due serrature cum duabus clavibus ferreis contrariis quarum unam unus dictorum operariorum et aliam unus dictorum prepositorum continuo custodient et tenebunt, ita tamen quod dictis dominis priori, sacriste, operariis et prepositis vel eorum in dictis officiis successoribus quibuscumque nunquam liceat dictos retabulum et cledacum vel alterum ipsorum in quamcumque ecclesiam locum vel personam transferre titulo donationis, venditionis, permutationis vel alio quocumque. Quinymo si dicti operarii et prepositi presentes vel futuri vel aliqui eorum ullo unquam tempore hujusmodi alienationem facere vellent vel attemptarent, dicti domini prior et sacrista et eorum quilibet possint et debeant ipsos super hoc prohibere et eis super hoc resistere realiter et de facto, et e contra casu quo dicti domini prior et sacrista presentes vel futuri vel alter eorum quocumque tempore vellent vel presument hujus modi alienationem vel transportum facere, quod dicti operarii et prepositi presentes et futuri et eorum quilibet possint et teneantur ipsos super hoc prohibere et eis resistentiam facere realiter et de facto.

Nichilominus predicti domini prior et sacrista, operarii et prepositi presentes et futuri et eorum quilibet possint, debeant et teneantur toto eorum posse quemcumque dominum spiritualem vel temporalem saccagentem vel volentem dictum retabulum a dictis ecclesia et altari de Tabulis extrahere et alibi transferre, super hoc reppellere et prohibere sibique etiam resistere realiter et de facto, et ita quilibet ipsorum dominorum prioris, sacriste, operariorum et prepositorum pro se et suis in dictis suis officiis successoribus universis promiserunt alter alteri et michi notario infra scripto, tanquam communi et publice persone pro eis et aliis quorum interest et poterit interesse stipulanti solemniter et recipienti, per bonam suam et cujuslibet eorum fidem plenitam et requisitam. Quibus itaque peractis dicti domini prior et sacrista pro se et dicta ecclesia de Tabulis ac eorum in illis officiis successoribus quibuscumque, auditis et diligenter intellectis dictis protestationibus et retentionibus per dictos operarios et prepositos superius factis eis eorum cuilibet, scienter expresse consentierunt et eas gratis admiserunt, volentes et utraque partium predictarum et expresse consentientes quod hoc presens instrumentum et contenta in eo possint duntamen corrigi et rescindi et emendari semel et pluries ad commodum et securitatem dictorum operariorum et prepositorum et suorum officiorum predictorum, ad consilium et dumtamen unius vel plurium in jure peritorum, facti tamen substantia non mutata. De quibus idem domini prior, operarii et prepositi confessi sunt debere Guillelmo Vernhas causa mutui facti pro dicto retabulo octuaginta unum francos auri solvendos de die in diem de primis pecuniis dicte operis et confratrie que obligarunt sub sigillo per fidem. Dicti contrahentes nomine quilibet nominibus quibus supra petierunt eis fieri unum vel plures publica instrumenta per me notarium infra scriptum.

Acta sunt hec omnia in Montepessulano in domo consulum dicti loci, quorum fuerunt testes dominus Petrus Blavi decretorum doctor, Guillelmus de Manhania, Guillelmus Vernhas campsores, Albertus Dionisi sederius, Andreas de Quadraginta, Jacobus de Romanis argenterii dicti loci ad predicta vocati et requisiti, et ego Petrus Egidii de Montepessulano clericus et auctoritate apostolica notarius publicus dominorum consulum qui, etc.

LXXVIII.

Inventaire des reliques et ornements du Collége de Saint-Benoît et Saint-Germain.

(Ann. 1495[1].)

L'an mil quatre cents quatre vingts et

[1] Archives de la préfecture de l'Hérault.

quinze, les seigneurs consuls, en ensuyvant la deliberation du conseilh de ladite ville ont procuré que par le bon vouloir, plaisir et consentement des seigneurs prieur, prevost, sacrestain, pictancier, clavigier et aultres religieux du venerable et insigne colliege de Saint Germain de ladite ville de Montpellier, l'inventaire des reliquiaires, ornements, joyaulx, livres et vestiaires a este faicte en l'assistance desdits seigneurs consuls et presence de plusieurs tesmoings gens de bien tant bourgeois, marchans que autres notables personnaiges de ladicte ville, lequel inventaire est tel que cy apres sensuyt.

Et primo, infra magnam sacristiam fuerunt reperta in armatrio existente juxta armatrium vestimentorum et in superiori stagia ea que sequuntur :

Primo unum reliquiare argenti deaurati circumdatum de vitro ubi sunt relique beate Marie Magdalenes cum certis aliis reliquiis, ponderis.

Item aliud reliquiare argenti super deaurati ubi sunt reliquie de cruce sancti Andree et sancti Lazary ponderis.

Item una crux argenti deaurati cum esmalhatura cum pluribus ymaginibus, appelata crux pastoralis, ponderis.

Item unum parvum reliquiare saltis pulcrum super deauratum cum esmalathura et duabus parvis portis etiam argenti deaurati cum quibus clauditur, cum certis perlis et lapidibus ubi est ymago cruciffixi, beate Marie et sancti Johannis, ponderis......

Item unum aliud reliquiare sancte spine de corona Cristi deauratum et esmalhatum et in capite illius una parva crux.

Item unum aliud reliquiare argenti deaurati vitro circumdatum cujus pes est de fusta ubi continentur reliquie primo de indumentis beate Marie et de lapide supra quem cecidit sanguis Christi cum pluribus aliis reliquiis.

Item aliud reliquiare argenti deaurati forme precedenti similis, ubi sunt reliquie de ossibus beate Marie Magdalenes et de capite sancte Anastacie cum pluribus aliis reliquiis.

Item una capsa cadrata de argento, deaurata de extra et de infra de fuste ubi continentur reliquie sancti Luce evangeliste, sancti Jeremie prophete, cum quatuor leonetis eam sustinentibus, et desuper crux una de argento esmalhata cum armis domini Urbani pape cum quatuor angelis.

Item una alia similis captia argenti deaurati ubi continetur unum corpus sanctorum Ignoscentium integrum cum aliis pluribus reliquiis intus existentibus.

Item due cruces magne de argento supra deaurate processionales et in qualibet ipsarum est ymago cruciffixi.

In secunda estacione dicti armatrii, primo unum reliquiare argenti deaurati cum esmalhatura in parte superiori et in lateribus ubi continetur ystoria de Assentione beate Marie virginis, quod clauditur cum duabus portis argenti ab utroque latere cum quatuor angelis.

Item ymago beate Cecillie cum reliquiis ejusdem, que ymago est de argento deaurato habens in manu sua patenam de argento viridis coloris, et in alia manu unum florem lilium ubi continentur dicte reliquie altitudinis trium palmorum vel circa.

Item unum reliquiare cum ymagine sancti Jacobi de argento deaurato cadratum cum duabus portis argenti deaurati cum esmalhatura cum quibusdam portis cum quibus clauditur, et de infra reliquie dicti sancti Jacobi et in capite est ymago cruciffixi ab uno latere et ab alio est lapis habens similitudinem jaspidis.

Item unum reliquiare de assidonie beate Marie Magdalenes existentis infra balmam circumdatum pluribus angelotis portantibus plures reliquias, et sustinetur a duobus angelis de argento satis magnis super quodam ymagio argenti esmalhati deaurati.

Item capud beate Ursulle cum corona argenti deaurati, munita parvis perlis, fracta in certis partibus et habet faciem incarnatam cum pectore etiam incarnato.

Item aliud caput argenti sancti Fulcrani cum sua corona argenti deaurati, munita perlis et certis lapidibus cum facie et pectore incarnatis.

Item unam mittram pontifficalem de folio argenti cum suis pedulis, munitam perlis et sex saphiris satis grossis munitis argento deaurato.

Item una parva crux pontifficalis argenti deaurati, munita pluribus perlis cum annulo pontifficali cum lapidibus de vitro.

Item unum par cirochitarium pontifficalium file de lana habentium quamdam rotunditatem argenti deaurati.

Item unam crossam pastoralem argenti cum suo baculo in quatuor petiis argenti esmalhati cum duabus ymaginibus magestatis infra crossam.

In alio armatrio a latere dextro et in superiori estagio :

Primo unum reliquiare argenti deauratum parvum ad modum capsie, circumdatum lapidis jaspidis satis grossi, ubi continentur reliquie sancti Yppoliti cum aliis reliquiis, et circumdatur pluribus perlis et aliis lapidibus parvis.

Item unum parvum reliquiare argenti deaurati ad modum columnne factum, habens de supra unum parvum vas de vitro rotundum, munitum ab utroque capite de argento deaurato, ubi sunt reliquie sancti Thome cum aliis reliquiis.

Item unum reliquiare parvum de argento munitum de supra cristallo cum quadam parva parte digiti sancti Victoris martiris.

Item unum reliquiare de argento ad modum turris, circumdatum de vitro, ubi sunt reliquie sanctorum Cosme et Damiani, cum aliis reliquiis, cum una parva cruce de supra argenti deaurati.

Item due parve cannete de argento deaurato cum esmalhatura, cum ymaginibus depictis satis bene operato cum suis broffetis.

Item alie due cannete argenti deaurati plane cum suo collo longo.

Item ymago beate Marie virginis cum suo filio argenti deaurati, longitudinis trium palmorum cum dimidio vel circa, cum quadam corona parva munita tam perlis quam aliis lapidibus, et habet in manu dextra quemdam florem lilium munitum quatuor saphiris, duobus balays sustentis super tribus leonibus.

Item duo angeli argenti deaurati cum suis alis altitudinis duorum palmorum, associantes dictam imaginem beate Marie, quorum unus tenet in manibus unum reliquiare in quodam vaso vitreo reliquias de romatibus et espatula sancti Germani sustinens super tribus leonetis. Alius vero angelus tenet in manibus in simili forma de reliquiis sancti Martini episcopi et confessoris, sustinens super tribus leonetis.

Item unum reliquiare dictum Veronica depicta super argentum deauratum que sustinetur per duos angelos fusteos depictos colore diverso.

Item capud sancti Germani cum sua mitra et suo collare argento munito deaurato satis magnum, cujus mitra est munita diversis perlis et lapidibus preciosis et vitreis cum esmalhatura a parte inferiori, in qua esmalhatura a parte anteriori est descriptum quod sequitur, videlicet in isto capite, etc., et sustinetur supra quatuor leonetis dembro deaurato.

Item capud sancti Benedicti magnum et magni ponderis cum suo berreto et diamate argenti deaurati et cum suo collare de argento deaurato et quodam pectorali rotundo cum esmalhatura, munitis lapidibus tam saphiris quam aliis et perlis, habens dictum capud esmalhaturam ab utraque parte circumdatam et sustinetur super quatuor leonetis de cupro deaurato, habens etiam faciem incarnatam et etiam dictum capud habet extremitatem dicti berreti a parte anteriori unum lapidem dictum balays incastratum in auro, et in medio dicti capitis a parte superiori unum grossum lapidem dictum saphir grossitudinis et forme unius admidalle cum pluribus aliis lapidibus et perlis.

In secunda statione dicti armatrii:

Primo unum capud magnum sancti Blasii de argento deaurato cum sua mitra et pedulis munitis de perlis et aliis pluribus lapidibus.

Item in collo dicti capitis unum magnum collare de argento munitum de parvis perlis cum certis cedulorum aliorum lapidibus.

Item in eodem capite unum pectorale rotundum de argento deaurato munitum tam perlis quam aliis lapidibus cum esmalhatura dicti capitis, circumdatum ab utraque parte cum armis domini nostri pape et consulatus dicte ville et sustinetur super quatuor leonetis argenti deaurati.

Item unum reliquiare de argento deaurato longitudinis duorum palmorum vel circa cum suo pedelargio, et de super est unum vas vitreum munitum argento deaurato ab utraque parte ubi continetur costa beati Yvonis et Liri confessorum de Bretania cum quadam imagine cruciffixi de supra.

Item una crux satis magna cum quatuor vitris cristallinis munita argenti deaurati altitudinis duorum palmorum cum dimidio vel circa cum duabus ymaginibus beate Marie et sancti Johannis, et a quolibet latere et in medio ymago cruciffixi ubi sunt reliquie digiti sancte Marguerite et sancti Nicolai cum aliis reliquiis.

Item unum reliquiare de argento deaurato factum ad modum lampe a parte superiori cum cruce de supra et ymagine superiori cruciffixi, circumdatum vitro cristallino altitudinis duorum palmorum vel circa, ubi continentur reliquie brachii sancti Petri apostoli cum aliis reliquiis et cum esmalhatura in pede.

Item custodia de argento deaurato ubi portatur corpus Christi qui sustinetur per duos angelos cum alis suis argenti deaurati, et in medio est imago Sancte Trinitatis et sustinetur super quinque leonetis de argento deaurato et habet desuper crucem cum imaginibus beate Marie et beati Johannis altitudinis duorum palmorum cum dimidio vel circa.

Item unum brachium sancti Jacobi argenti deaurati, longitudinis duorum palmorum cum dimidio vel circa et sustinetur super quatuor leonetis argento deaurato.

Item aliud brachium sancti Benedicti similis ponderis.

Item due candelabre argenti albi altitudinis duorum palmorum vel circa.

Item unum turribulum argenti longitudinis unius palmi cum suis quatuor cathenis argenti et sua maneta argento.

Item una brostia argenti albi ad tenendum hostias.

Item duos discos sive bassines argenti ad lavandum manus cum armis in medio sancti Urbani et de subtus alia arma domini Agricolle condam episcopi uticensis et figura solis deaurata, et unum de dictis prelatis habet unum effusorium aque ad formam capitis leonis.

Item reliquiare magnum sancte Crucis altitudinis quinque palmorum vel circa de argento bene deaurato, in quo est reliquiare inclusum infra quamdam capsiam argenti deaurati copertam de vitro, et substinetur a duobus angelis cum suis alis argenti, et in dicto reliquiare sunt sex columpne argenti deaurati super quibus columpnis sunt certe imagines tenentes portancia universa instrumenta representantia passionem Christi, et in parte superiori dicti reliquiarii est imago cruciffixi in quadam cruce cum duabus imaginibus beate Marie Virginis et sancti Johannis.

Item duos magnos calices argenti deaurati cum suis pathenis in medio esmalhatis et uterque ipsius habet esmalhaturas cum certis imaginibus.

Item alios tres calices argento deaurato cum suis pathenis argenti deaurati.

Item alium calicem satis magnum de argento cum sua pathena, cujus pathena est deaurata a parte interiori cum imagine cruciffixi et armis beati Urbani in pede.

Item alios quatuor calices de argento cum suis pathenis et cupis a parte interiori deaurato.

Item unum brachium sancti Germani, altitudinis duorum palmorum cum dimidio, argenti deaurati cum esmalhatura a parte inferiori et armis beati Urbani, et sustinetur super quatuor leonetis argenti deaurati.

Item aliud simile brachium sancti Blasii argenti deaurati.

Item quedam corporalia altaris inmissa infra quamdam custodiam de cirico copertam de folio argenti deaurati cum pluribus parvis perlis cum suis estoch de fuste.

Premissa facta fuerunt infra dictam sacristiam majorem, presentibus quibus supra.

Deinde et consequtive in exitus dicte sacristie et magna cappella et ante magnum altare fuerunt reperta unum retaule magnum super dictum altare cum ystoria beati Benedicti abbatis cum sua ymagine in medio satis magna de argento deaurato, et in pede dicti retauli est descripta dicta ystoria in licteris legibilibus quod retaule est longitudinis dicti altaris.

Item aliud retaule a parte inferiori dicti altaris de argento deaurato, similis longitudinis, esmalhatum in certis suis partibus et cum armis dicti beati Urbani et cum pluribus columpnis et aliis imagiis, quequidem duo retauleria secundum communem extimationem ad nongentas marchas argenti vel circa.

Item una alia crux de folio de argento cum imagine cruciffixi cum pomello a parte inferiori de cupro deaurato.

Item tres lampades argenti existentes ante dictum magnum altare de argento cum suis cathenis et cum duabus lambellis de argento in quibus sunt arma domini episcopi Condomensi.

Et fuerunt reperta sequentia in dicta sacristia :

Primo, in quadam parva capsa cum suo copercello longitudinis duorum palmorum cum dimidio et de infra primo quatuor pectoralia argenti deaurati, quorum duo sunt duplicata etiam argento deaurato cum esmalhatura, quorum unum continet tres ymagines argenteas cum suis tabernaculis munitum perlis circum circa, aliud habet ymaginem Cruciffixi cum aliis ymaginibus parvis circum circa existentibus munitum etiam perlis.

Alia vero duo pectoralia sunt simplicia quorum unum habet ymaginem argenti deaurati sancti Germani cum armis beati Urbani et armis domini episcopi Egriceli.

Aliud vero est munitum pluribus lapidibus pauci valoris et in medio unus lapis grossus dictus turguesa pauci valoris.

Item due pendulle de mitra capitis sancti Germani argenti deaurati cum certis esmalhaturis super certis ymaginibus.

Item septem saphiros parvos, unum lapidis que dicitur paridos, unum lapidis dicte bastide, item unum estopaci, unum granatum fines.

Item plures alii lapides pauci valoris existentes in quodam massapano cum certis sedibus argenti in quibus erant dicti lapides colligati seu affixi vel incastrati.

Item plura frusta argenti cum perlis et lapidibus existentia in quodam parvo saculo telle blance.

Item in quodam alio saculo etiam telle perce sive blance et de infra quedam rosa argenti cum quadam flore deaurata de super cum quodam folio etiam argenti viridis coloris.

Item certa alia frusta argenti deaurati.

Item in quodam alio saculo telle blance et infra tres lambellos argenti cum armis ville et due campane argenti deaurati que sunt de magno pavalhono.

Item due alie parve campanille que sunt de parvo pavalhono etiam argenti deaurati et certa alia parva frusta argenti cum uno parvo leone argenti deaurati.

Item in quodam vase vitreo longo certa quantitas perlarum extimatarum ad mediam onciam vel circa.

Deinde processerunt ad inventarium vestimentorum et caparum.

Et primo, in alio armatrio in quo sunt vestimenta quod est juxta armatrium reliquiarum et inferiori capsa :

Una capa de filo auri brodata cum ystoria veteris et novi testamenti cum suis affris filo auri, folderata panno cirico viridis coloris.

Item duas almatices sive floquets furati de auro coloris rubei.

Item in secundo mejano sive capsa :

Alia capa veluti cremesi bordata de auro et perlis cum simili ystoria et affris auri broductis de perlis folderatis de satino persio.

Item in tertio cayssono sive mejano :

Una casubla coloris percii cum ramagiis de auro.

Item alia similis casubla cum bestioletis et aliis ramagiis.

Item una cappella munita suis casula, capa, floquetis, stolis et manipulis de cirico coloris pertii cum bestioletis et ramagiis de auro.

Item alia capa in eadem capsa de cirico rubey coloris satis usitata.

Item in quarta capsa sive cayssono :

Quatuor cape processionales, una casubla et duo floqueti de cirico borquate de auro coloris albi.

In quinta capsa sive cayssono :

Tres cape processionales brocate de auro rubey coloris folderate de tella percii.

Item in eadem tres casule figurate de auro folderato de tella percii coloris.

Item in sexta capsa sive cayssono :

Due capelle munite brocate de argento coloris percii.

Item in septima capsa sive cayssono :

Due cappelle, una de diamasco nigro figurato usato, et alia cappella est de auro brocata coloris nigri pro officio mortuorum.

In alio armatrio precedenti contiguo :

Primo, in prima capsa sive cayssono, a parte inferiori una cappella munita de auro brocato, et duo affres cape sunt certe ymagines de perlis.

Item una casula cum duobus floquetis brocatis de auro coloris albi.

Item in secunda capsa sive cayssono, una casula de cirico albo treslissa folderata de taffata rubei coloris.

Item alia casula figurata de auro satis usata.

Item alia casula cum duobus floquetis panni de pelpra albi coloris.

Item in eadem capsa una alia capa figurata de auro albi coloris.

Item in tertia capsa sive cayssono, due casule cum sex floquetis figuratis de auro albi coloris.

Item in quarta capsa sive cayssono, due cape, una casula cum duobus floquetis brocatis de auro figuris de papegays.

Item in quinta capsa sive cayssono, due casule, una capa cum duobus floquetis figuratis de auro viridis coloris.

Item in sexta capsa seu cayssono, due casule, una capa cum duobus floquetis figuratis de auro rubei coloris.

Item in septima capsa sive cayssono, una casula cum duobus floquetis de pelpra coloris violeti.

Item in eadem capsa, una capa, una casula cum duobus floquetis de pelpra viridis coloris.

Item in eadem duo cape de emperial rubei coloris, omnia predicta sunt auro figurata sive brocata.

Item in inferiori stagia juxta terram :

Unum pallium pro paramento altaris ubi sunt quinque imagines figurate de auro, folderatum de tella percii coloris et cum certis ramagiis circum circa et armis domini Urbani quondam summi pontificis.

Item aliud pallium pro paramento altaris figuratum cum ystoria Nativitatis Domini, scriptum in pede et folderati taffate jaune.

Item in eadem estagia, tria vexilla de taffeta rubey coloris cum armis beati Urbani.

Item unum parvum pavilhonem bordatum de veluto, figuratum sive bordatum de auro rubei coloris cum certis campanellis argenti deaurati et melgranis deauratis.

Item aliud pavilhonem magnum coloris similis precedenti, figuratum de auro cum campanis argenti deaurati et lambellis ubi sunt arma domini Urbani et ville presentis.

Item unum pallium pro officio mortuorum de baudoqui folderatum telle nigre.

Item unum aliud pallium de baudoquin figuratum certis angelis circumdatum taffatam viridis coloris.

In premissis fuerunt testes, etc.

Extractum a libro inventariorum jocalium et ornamentorum ecclesie sanctorum Benedicti et Germani Montispessulaui in archivis domus consulatus compertum.

LXXIX.

Inventoyre des joyaulx de la chappelle du consolat. *(Extrait.)*

(Ann. 1508 [1].)

L'an mil cinq cens et huyt. En lo autar, l'imaige de Nostre Dame tenent son enfant, elevade en pierre an son mantel de cede changante, et une estole fache an personnaiges ambe los armes de la ville.

Item un retaule de boys pintat a plate pincture richement d'ung quartier an quatre ystories de Nostre Dame, et de l'autre quartier en quatre ystories de la Passion, et an son escabel desousts lo dit retaule ambe huech ymaiges, et al miech lo crucific.

Item ung angel de bois portatif et elevat en riche pinture, portant ung vieyrial ambe plusiors relequies.

Item une cortine de teylle perse, ont a une croix de telle rouge au miech an sa barre de fer et anelz.

Item dos barres de ferre de cascum coustat deldit autar ambe un fil de eram tenant a la voulte de ladite chappelle per tenir courtines.

Item dos traillies cruzes a obrage de Venezie de xx. palms de long et cinq de large.

Item dessoubz lodit autar ung armari double de boys, loqual es devers la porta del tresor et dins lo dit armari a ung sepel de bois et y a so que sensec.

Une caysseтte de loton daurat an ymaiges et peyres faulses per tenir reliquies.

Item un sedemagestatis dessus ung triangle de bois.

Item un reliquiari de coyre daurat an son pe redon et ung cristalh la ont a de reliques dedins, et ung pinacle dault.

Item un cap dargent ambe los armes de la ville ambe dos escussons, la ont a une teste de singlar sobre gueules, et a lung des dits escussons a ung chappel de cardinal, la ont es enchassat la teste de saint Cosme, poysant quatre marcs tres oncies et mieja. Loqual cap de saint Cosme es envelopat an ung vel de cede obrat, et ung tros de tele borgosa, et mes en ung coffre an sa sarrure et clau.

Item ung chappelet de Nostre Dame de perlas an treize florons.

Item un grant sagel d'argent daurat, ont es gravada lymaige de Nostre Dame ambe los armes de la ville dessoubs, et a en escript a l'environ *Sigillum consulum ville Montispessulani.*

Item ung autre petit sagel dargent, ont a en escript *Sigillum parvum consulum Montispessulani.* Losquals dos sagels se tenon avecques une cadene dargent, poysans tous ensemble ung marc une once xiiii. d. en son estuy de coyr ambe los armes de la ville.

Une croix dargent ambe son crucifix, la ont a une croizette dessoubz los pes couverte de cristail, dans laquelle a une crozette de la croix de Nostre Seignor Dieu Jesu Crist, laquelle poize ung marc une once et mieje, et d'autre part son pie de coyre daurat ambe quatre escussons du consolat et son estuech de coyr.

Item ung calice dargent daurat ambe son pomel, et sieys pesses de emailheura, et al pe deldich calice lo crucific

[1] Inventaire de Joffre, arm. C, N° 51.

enmailhat Nostre Dame et ung escusson ambe los armes de la ville, poisant ambe sa platine dos marcs sieys onces et mieja.

Item a la salhide de ladicte chappelle, ung benestic de peyre a tenir aigue senhade remplit de plomb, couvert de boys et son esparsson de boys.

Item au dessus de la porte de ladicte chappelle une ymaige de Nostre Dame tenen son enfant elevade de peyre et entretailhade avecques les armes de la ville, laqualla chappelle se sarre an dos claux et es pinctade ben richement.

LXXX.

Vaisselle des consuls.

(ANN. 1393 [1].)

Item consules Montispessulani scientes et attendentes nos manulevasse a quibusdam mercatoribus ville Montispessulani quingentos francos auri...... pro quibus tradidimus vobis pignora sequentia, Natus Palmerii xi. tasseas et ii. pintas ayguedenas argenti xii. marc. iii. onc. pond., unum greguetum platum, clviii. plata deaurata. Francus Bertolmii ii. pondera piperis.

Petrus Peynerii viii. tasseas argenti deauratas et cupam argenti deauratam, quatuor ayguedetas argenti, unam zonam argenti ponderis xxviii. marcarum cum dimidio, prout confessi fuerunt sub pactis et conventionibus sequentibus, etc..... viii. platellos argenti ponderis xxiv. marc. i. onc., xxx. paraxides argenti ponderis xlii. marc. iii. onc. Item xvii. tasseas deauratas magnas pond. xxv. marc., duos dragies cum pedibus argenti pond. ix. marc....

SENHIERS, HORLOGERS, SERRALHIERS, ETC.

LXXXI.

Fonte de deux cloches par R. Gros et J. Garbier.

(ANN. 1370 [2].)

Raymundus Grossi de Perpinhano et Johannes Garberii de Castris promittimus fundere duas campanas mediocres fractas campanilis ecclesie beate Marie de Tabulis, indeque de metallo ipsarum et alio bono et sufficienti facere alias duas campanas bonas et sufficientes et boni sonitus, ponderis unius xxxv. quintalium alterius xxv. quintalium, bene sonantium, ita quod vos habeatis nobis totum metallum et ea portare ad pedem furni vestris expensis et dabitis nobis et solvetis pro mollis seu formis et pro omnibus expensis stare pro magistragio circa hec necessariis viginti sex francos auri, et ultra hec pro labore nostro decem sol. tur., franco pro viginti sol., pro quolibet quintalli, et deducentur factis dictis campanis pro quolibet quintalli usque ad tres libras pro tara fundenii et ipsas campanas tenebimur portare ad pedem dicti campanilis bonas et integras periculo nostro.

[1] Liber notularum.

[2] Liber notularum.

LXXXII.

Fonte de deux cloches par Daudé Busquet.

(ANN. 1375 [1].)

Item die prima junii, ego Deodatus Busqueti senherius Montispessulani, promitto vobis....... operariis ecclesie beate Marie de Tabulis Montispessulani presentibus, etc., demolire duas cam-

[1] Liber manualis notularum.

panas unam grossam et aliam parvam campanilis dicte ecclesie fractas et eas fundere et inde eas reficere bonas et bene sonantes et melodiose, videlicet majorem ponderis xxv. quintalium vel circa, et aliam ponderis octo quintalium vel circa, portans dictas campanas in pede dicti campanilis sub et cum pactis et conventionibus sequentibus. Videlicet quod vos debetis habere et solvere totum metallum necessarium et dare mihi et solvere pro labore meo, industria et omnibus aliis circa hec necessariis quadraginta quatuor francos auri boni ponderis et cugni Francie, et hoc de die in diem quousque totum dictum opus sit integraliter completum.

LXXXIII.

Sonneur du campanile de N. D.

(Ann. 1403[1].)

Die iv. mensis martii, noverint universi quod ego Petrus Ayle tornerius Montispessulani....., colloco et patiscor me et opera mea ac exercitium et servitium persone mee in custodem campanilis ecclesie beate Marie de Tabulis et pulsatorem horarum noctibus et diebus ac tubicinatorem vigilis sive guache de vespere et de mane, et pro faciendo ibidem vigilias propter incendia, guerras et gentes armorum et pro faciendo ibidem alias servitutes cum alio custode quem vos domini consules infra scripti tenetis ibidem, quas ego faciebam et facere consueveram tempore preterito pro consulatu infra scripto quando istud tenebam officium. Vobis consulibus hanc collocationem facio, hinc ad proximum instans festum beate Marie presentis mensis martii, et a dicto festo in quatuor annos et per quatuor annos proxime sequentes....., verumtamen vos consules debetis et tenemini michi dare et solvere pro meo salario et labore, anno quolibet, viginti quatuor libras turon. et duas cannas panni usque ad valorem cujuslibet canne triginta duorum solidorum turonensium..... etc. Acto autem inter me et vos quod dicto durante tempore ego non possim aut alias debeam in dicto campanili recolligere fayditos nec tubicinatores docere seu ibi trompam facere, et sic promitto esse fidelis, etc.

[1] Liber manualis notarum.

LXXXIV.

Maître des horloges.

(Ann. 1410[1].)

Die Jovis intitulata decima nona mensis febroarii, dicti domini consules tenuerunt eorum consilium cum dominis infra scriptis quos ista vice elegerint de eorum viginti quatuor consiliariis cum quibus possunt facere et tenere eorum consilium in absentia magistratus virtute litterarum regiarum eorum predecessoribus super hoc concessarum, super eo quod cum ipsi domini consules, attentis magnis vadiis que accipiunt duo custodes campanilis beate Marie de Tabulis ordinati ibidem pro trahendis horis et eorum magna negligencia, quia non trahunt eas horis debitis, fecerunt asportari de Divione unum relotgium quod emerant certo precio, cum pacto cum esset bonum et sufficiens, quod relotgium fuit visum per diversos artifices illius artis, et quia repererunt ipsum modicum et insufficiens, fuit de consilio quod remitteretur illi cujus erat et quod faciant fieri unum

[1] Liber instrumentorum consulatus.

aliud bonum, magnum et sufficiens, et quia reperierunt unum magistrum dicti artis comorantem in Avinione qui reputatur unus de sufficientioribus magistris illius artis qui reperiatur in partibus istis, qui obtulit se facere dictum relotgium bonum, magnum et sufficiens pro certo et competenti precio, quod dicant eorum opiniones si ipsi domini consules faciant fieri dictum relotgium vel non. In quo consilio fuerunt domini sequentes....., omnes tenuerunt et fuerunt de opinione quod dictum relotgium cum dicta conditione emptum remittatur illi cujus erat, quia melius est, ut dixerunt, perdere expensas super hoc factas quam si retinebatur et non sit magnum ut decet, et quod per dictum magistrum relotgiorum in Avinione comorantem faciant fieri unum aliud relotgium magnum, sufficiens et honorabile ad honorem ville, et super precio dicti relotgii faciendi se concordent cum dicto magistro ad melius forum et ad minorem summam quod et quam poterunt.

In nomine Domini amen. Anno Incarnationis millesimo quadringentesimo decimo et die vicesima mensis febroarii, noverint universi quod nos Girardinus Petiti habitator Avenionis et Petrus Ludovici habitator Nemausi, fabri et magistri relotgiorum, ambo in simul et quilibet nostrûm in solidum sine partis et persone excusatione quacumque pro nobis ambobus ac quolibet nostrûm et nostris, bona fide et bono animo, omni dolo et fraude remotis penitus et exclusis, cum hoc vero et presente instrumento firmiter valituro, promittimus et convenimus pactum quod expressum solemni stipulatione vallatum facimus, vobis honorabilibus viris...... consulibus Montispessulani presentibus quod nos faciemus et operabimur pro vobis consulario nomine ac universitate dicte ville unum relotgium bonum et sufficiens cum et sub pactis, modis et formis contentis et expressatis in quodam papyri cartello cujus tenor talis est.

Segon se las ordenensas et los covenens fags entro los senhors cossols de Montpelier et maistre Girardin Petit et maistre Peyre Loys maistres del relotge que se deu far en la present villa de Montpelier a xx. de fevrier lan M. CCCCX. Et premieyramen son dacordi los senhors cossols que los dich maistres devon far I. relotge bon et sufficient del pes de xx. quintals de ferre redut obrat ayssins coma pertanh a una bona vila tala coma aquesta es, loqual deu sonar I. campana de xx. quintals am II. apels de I. quintal la pessa o environ, et I. home que sera de fusta appelat Jacomart, que batra lo dig reloge, mays los dits senhors cossols seran tenguts de far entalhar lo dich Jacomart.

Item han de covenens los dig senhors cossols am los dig maistres que els devon obrar lo dich reloge en la present vila de Montpelier a lur propris despens et messions de bon ferre e sufficient aytal quant pertanh al dig reloge.

Item que los dich maistres seran tenguts de metre lo reloge aqui ont los senhors lo volran pausar, mays que los senhors cossols seran tenguts de pagar las cordas et los contrepeses, et prometon de aver fac lo dig reloge dayssi a la festa de la Maria Magdalena propdonamen venen am patis et covenens, que en lo cas que lo dig relogeseria fach davant que la torre que non lo pogues-son pausar tantost, que sien tenguts de venir lo pausar et metre en la dicha torre entroque sone ben a son punch, a lur propris despens et messions, et estar ayssi lun dels dich maistres xv. jorns apres que sera fag et pausat, per mostrar lo atendre ad aquel o ad aquels que los senhors cossols lo volran baylar en regimen.

Item an de covenens los dich se-nhors cossols am los dich maistres que en lo cas que lo y falhira ren de III. ans seguens per lur defaut, que els ne seran tenguts de adobar lo a lur pro-pris despens.

Item son dacordi los senhors cossols am los dich maistres que lur devon do-nar del dig reloge a far ben et suffi-cienmen ensins com dessus es dig, so es assaber la somma de dos cens escuts et dos molons de blat et dos muech de vin.

Item prometon los dig maistres de acomensar lo dig reloge a xv. de mars propdanamen venen.

Item los dich senhors cossols lur de-von als dich maistres de presen de la soma sobredicha per arras et per paga so es assaber xxv. escuts losquals con-fesson aver agust et receuputs, et per totas causas acomplir los dich maistres se obligon amdos ensems et cascun per lo tot lurs personas et lurs bens al petit sagel de Montpelier et a lestatut novel de lacort de moss. lo bayle loqual se acomensa *Si perchristianum*, et los dich senhors cossols obligon los bens del comun presents et endevenidors a las corts sobredichas de pagar la resta, so es assaber dayssi a xv. del mes de may autres xxv. escuts et la resta de jorn en jorn pro rata ensins cant o au-ran gasanhat. De quibus quelibet pars petiit fieri publicum instrumentum per me infra scriptum notarium, etc. Acta fuerunt hec in Montepessulano et in domo dicti consulatus, testibus, etc. Sumptum est instrumentum pro parte dictorum Girardini Petiti et Petri Ludo-vici.

LXXXV.

Colin Bertrand, horloger.

(ANN. 1427[1].)

Item die vicesima quarta mensis no-vembris, noverint universi quod ego Colinus Bertrandi, loci de Roans, factor horologiorum, confiteor vobis honora-bilibus viris consulibus me a vobis habuisse certa munimenta dedicata ad orologium contenta in quodam papiri folio hujus tenoris :

Sec se lo eventari del rellogge que avem baylat a S[r] Colin Bernat de Roans lan M.CCCC.XXVII. a XXIIII. de novem-bre.

Primo una roda del foliot.

Item la roda del movement am la mostra.

Item la roda volant.

Item la roda de la sonarie.

Item la roda de las oras.

Item la roda de lo rencontre.

Item la roda que fa anar la man.

Item la roda que fa aler las oras.

Item la roda de las alas.

Item lo chapelet de desus.

Item I. rodet he II. petits pinhons.

Item una pessa de la roda volan.

Item pus XXIII. ruet petits.

Item pus XXXI. ruet grant.

Item pus II. compas.

Item pus VII. limas am la caysseta.

1 Liber instrumentorum consulatus.

Item pus ½ cayrel de assic o de fere.

Item lo susdich Colin es tengut de far tot lo garniment del rellogge et far lo sonar foras de la campana et de far penhe la taula, et lo deu far assetar et cordas et contrapes et tot cant hi fara mestics et lo deu estanhar de tot.

Item lo martel fecit hinc ac xv. diem mensis instantis.

Item dictus consul debet habere fustam in premissis necessariam, pingi facere de ante et campanam.

Et cum adhuc defecerant certa alia ad complendum dictum orologium, ideo promitto vobis quod ego hinc ad diem quintam decimam mensis decembris instantis omnia alia necessaria in dicto orologio faciam meis expensis exceptis cum fustibus, pictura de ante et campana que vos debetis habere vestris expensis, et ulterius ipsum orologium stanhabo, complebo, assetabo et faciam ipsum sonare bene juste et sufficienter meis expensis, vos autem mihi dare debetis pro labore meo et omnibus aliis in dicto orologio necessariis videlicet sex mutones auri, de quibus, etc.

Cavit Johannes Broda.

Actum in porticu consulatus, etc.

LXXXVI.

Ménétriers.

(Ann. 1481 [1].)

Geronino Melheti mimo Montispessulani recepturo pro se et suis mimis videlicet unam libram et decem sol. tur. et pro stariis quas annis singulis consules dare et solvere consueverunt mimis vocatis los haults menestriers qui per anni discursum in processionibus solemnibus, et alias ducunt suas calamillas.

[1] Liber clavarie.

LXXXVII.

Pierre Garnier, sarralhier.

(Ann. 1478 [1].)

Petro Garnerii sarralherio summam trium librarum tur. et hoc pro eo quod dictus Garnier fecit quasdam barandas existentes in dicensu cappelle magni altaris eundo ad sacristiam ecclesie beate Marie de Tabulis, ponderantes unum quintale et decem novem libras ferri, ascendunt pro factura ad racionem quatuor den. tur. pro qualibet libra ferri ad unam libr. decem septem sol. et sex den. tur. Item pro faciendo unum trelhis existens in dicensu gradarii dicte capelle et respondet capelle beate Marie Magdalenes ponderans LXXXIIII. Item pro faciendo unum forquat ferri pro tenendo rotam resenqui cerei ponderans decem libras, etc.

Sen suit ce que je Pierre Garnier ay fait a la requeste de messeigneurs les consuls de la ville :

Premierement unes barandes dessendans du gran hostier pour aller a la segrestie, pesant ung quintal XIX. livres a IIII. den. par livre. XXX s

Item plus le trelhis qui respond a la Magdelene pesant LXXXIIII. liv. a raison de IIII. den. par livre. XXI s

Item plus pour ung forquat de fer pour tenir la rode poisant X. liv. II s VIII d

Plus pour la campane qui sonne la messe troys livres et demye de fer. I s

Plus pour larmaser une sarraillhe et deux gouffons vallant six gros.

Soma tot net rebatut le fer viex que monte III. livres.

[1] Liber clavarie.

LXXXVIII.

André du Roux, sarralhier.

(Ann. 1491 [1].)

Consules preceperunt clavario quod solvat Andrieu de Russo sarralherio xxv. lib. tur. pro precio facto in coadran manus de cupro ad demonstrandum horam in sole existente subtus relogium ac omnium rotarum et ferramenti factorum per dictum de Russo in dicto relogio.

C'est le marché et pris fait que baillent les seigneurs consuls de lan present mil quatre cens quatre vingts et unze a maistre Andrieu dou Roux serailhier de faire ce que sensuyt.

Premierement la mostre du reloge que sera mise de sur les armes du roy estant dessus le grand portal de l'eglise Nostre Dame des Tables laquelle mostre dudit reloge de leton ou de coyre, lequel y sera plus honneste et expedient.

Item sera tenu ledit maistre Andrieu pour faire tirer avant ladite mostre de faire descendre et par engins tout ce que y sera necessaire et jusques a lendroit ou sera mise ladite mostre.

Item sera tenu ledit maistre Andrieu de faire ladite mostre et main de la largeur et longueur que sera expedient de faire.

Item ledit maistre Andrieu sera tenu de faire bien et deuement ledit ouvrage au dire des maistres et gens expers, et sera achevé par tout le moys de fevrier prouchainement venant et le tout a ses propres cousts et despens.

Item aura ledit maistre Andrieu pour ses gages, paines, travaulx et despens la somme de vingt et cinq livres tournoys, laquelle luy sera payée par lesdits seigneurs consuls incontinent ledit ouvrage fait, et ou cas qu'il nayt achevé ledit ouvrage dedans ledit temps, ledit maistre Andrieu nen veult avoir aucune chose.

Et au moyen dudit pris fait et que ledit maistre Andrieu en fait meilheur marché de cinq livres tournoys, lesdits seigneurs consuls lui baillent a regir et gouverner ledit reloge estant sur la tour de ladite eglise Nostre Dame, et ce du premier jour du moys de mars prouchainement venant aux gaiges de huit livres pour chacun an ainsi et par la fourme et maniere que par cy devant le tenoit maistre Pierre Garnier serailler et se tant quant ledit maistre Andrieu gouvernera ledit reloge et que ausdits seigneurs consuls ou a leurs successeurs y plaira de faire.

Item et si le cas estoit quon levat audit maistre Andrieu le gouvernement dudit reloge, lesdits seigneurs consuls qui alors seront payeront audit maistre Andrieu les cinq livres tournoys dont il a fait meilheur marchié dudit ouvrage.

Fait en la claverye dudit consulat etc.

(Ann. 1495 [1].)

André du Rieu, sarralher de Montpellier, a passé quictance de la somme de XIIII livres II s. VI D. tourn. pour avoir garnies de ferrementes necessaires les huit campanes estans sur les tours et portaulx de la present ville de Montpellier, appelées vulgairement les campanes des gatz de nuyt.

LXXXIX.

Peyrolier, Batteur d'or, Potier.

(Ann. 1493 [2].)

Ymbert Jaume peyrolier a passé

[1] Liber notarum.

[1] Livre des quittances.

[2] Livre des quittances.

quittance de la somme de IX. liv. t. pour avoir couverte de cuyvre la croix de fer qui a esté faicte pour mectre au plus haut du clouchier Nostre Dame et tant pour le cuyvre que pour la façon, marché faict avec luy.

Item XX. liv. X. s. t. pour CXXXVII. liv. ung tiers de cuyvre a III. s. la livre, quil a mis tant en la pomme de cuyvre mise au plus haut du clouchier que pour la pale du penel de la croyx mise sur la dite pomme.

—

Colin Choart bateur dor et d'argent a passé quittance de la somme de quinze ducas dor pour quinze ecus dor fin batu quil a baillés pour dourer la pomme pour mectre sus au plus du clouchier Nostre Dame des Tables.

—

Pierre Ardier potier a passé quitance de la somme de neuf livres six sols six den. tourn. tant pour deux quintals et demy plom quil a bailhé pour mectre dedans la pomme de cuyvre mise au plus du clouchier Nostre Dame des Tables pour tenir la dite pomme ferme, que pour une petite caysse de plom mise dans la dite pomme en la quelle ont esté mises plusieurs reliques, comme aussi pour la saudure qui a esté mise tout le torn et au sieje de la dite pomme.

XC.

Reliques et Amulettes.

(ANN. 1495[1].)

Hec sunt reliquie que posite fuerunt in quadam parva capsia plumbi infra pomam cupri deauratam appositam in superiori loco sive puncta pignaculi templi seu ecclesie beate Marie de Tabulis.

Las reliquies meses dins la pome del cloquier de Nostre Done de Taules.

Et premierement las reliquies des Ignoscens.

Item del sainct Sepulcre.

Item del sepulcre de Ste Katherine.

Item de mont Olivet.

Item daqui ont Nostre Seigneur sudet sang et aygue.

Item de la porte daurade.

Item daqui ont Nostre Seigneur fes la karantene.

Item del mont Calvayre.

Item de la greche de Nostre Seigneur.

Item de la colompne.

Item de la sancte sponge.

Item daqui ont Nostre Seigneur se sezie en los appostols.

Item del sepulcre de Nostre Dame.

Item de la nativitat de Nostre Seigneur.

Item de linvencion de la Sancte Cros.

Item de la caysse de sainct Bernardin.

Item dos agnus Dey.

Item pater nostre qui a toquat belcop de reliquies.

Item de Jhesu.

Item del sainct cire pascal et de lemcens.

Item de laygue gregoriale.

Item ung agnus Dei de Rodes.

Et infra dictam pomam extra capsiam evangelium sancti Johannis in pergameno scriptum.

Item LXX. nomina Christi.

Item Christus rex et cum multis aliis verbis Christi.

[1] Liber notarum.

XCI.

Dessin de deux Anges.

(Ann. 1493[1].)

L'advis faict en quoy pourront estre employés les vc livres données a Nostre Dame de Tables par monsieur le general Me Pierre Briconnet.

Messieurs le gouverneur, le recteur de la part antique, les consuls, les ouvriers de ladite esglise et monsieur le prieur de ladite esglise, tous ont esté d'oppinion que on fera fere deux angels d'argent doré de xx marcz la piece, tenent en mains les chandeliers d'argent que de present sont a ladite esglise, que se puissent mectre et hoster desdites mains, auxquels angels seront mises en chacun angel en troys lieux les armes dudit monsieur le general, et feront fere lesdits sieurs consuls deux angels en peincture pour patron en papier, lesquels bailleront a Me Johan Prunier pour les envoyer au dit sieur general.

XCII.

Construction des Orgues de Notre Dame des Tables par Jehan Torrian, maistre organiste, et Jehan Chonart, menuisier.

(Ann. 1504[2].)

Pactes et prisfait faictz et passés entre les nobles et honorables srs les consulz de Montpellier d'une part et maistre Jehan Torrian, natif de Venisie, maistre d'orgues d'aultre, et ce des orgues que lesdits srs consuls baillent a fere fere et construire de noveau audit Torrian pour l'esglize de Nostre Dame des Tables dudit Montpellier.

Et premierement est de pacte convenu et accordé que lesdits srs consuls baillent audit maistre Jehan Torrian pour fere lesdits orgues la somme de cent vingt livres tournois seulement, moyenant laquelle somme de cent vingt livres tournois ledit maistre organiste doyt fere ses despens tant pour soy que pour ses gens.

Item est de pacte que oultre lesdits cent vingt livres tournois lesdits srs consuls doyvent bailler audit maistre organiste la matiere que sensuyt, cest assavoir estaing, plum, alude, cloux et colle tant seulement.

Item est de pacte que lesdits srs consuls doyvent bailler et fournir audit maistre organiste lieu et plasse tant pour fere lesdits orgues que manger, boyre et dormir pour soy et pour ses gens tant seulement, et il doibt pourveoir de lyt, de feu tant pour soy que pour fere lesdits orgues.

Item est de pacte que ledit organiste doyt fere lesdits orgues bons et souffizans et meilleurs sans comparaison que ceulx du covent des Cordeliers de la present ville de Montpellier.

Item est de pacte que ou cas que lesdits orgues ne fussent de telle bonté que dessus est dite, ledit organiste veult et consent que largent que luy serra deu a la fin et achevement desdits orgues que luy soyt perdu.

Item est de pacte que ledit organiste doibt fere les canons desdits orgues toustz prestz et les doibt pauser a ses despens sans aucun cost ausdits srs consulz.

Item est de pacte que ledit maistre organiste doibt fere lesdits orgues comme et en la forme du patron duquel a baillé devers lesdits messieurs consuls, et

[1] *Lib. not.* — Ce document doit être ajouté à ce qui a été dit des dessins sur lesquels travaillaient les artistes (pag. 88), et s'applique aux anges d'argent commandés à l'argentier *Mocher*, pag. 91.

[2] Liber notarum.

oultre ledit patron doibt metre deux petitz jeux d'orgues pardessus ledit jeu sil est advis a la ville et a messieurs les consuls.

Item est de pacte que ledit organiste doibt fere le premier canon gros desdits orgues de la bouche en sus de longueur de treze pans et plus si advis luy est, et de largeur d'ung pan simple ou d'ung patron rond lequel a baillé devers lesdits s[rs] consuls, et les autres a la raison de bon orgue de degré en degré en diminuant.

Item ledit maistre doibt fere audit orgue huyt registres autrement appellés jeuxs ou divers sons, et avec lesquels huyt registres se porront toucher lesdits orgues a trente sons.

Item est de pacte que ledit organiste promet de fere lesdits orgues et avoir faicts d'icy a Pasques prochaines, salvo justo impedimento ab utraque parte.

Item est de pacte qu'achevés lesdits orgues a volu et consenty que ladite ville ne luy baille la reste de l'argent, telle quelle y sera que premierement ne ayent par quinze jours faictes icelles orgues par organistes et gens expertes visiter si sont bons, et, ou cas que ne fussent ainsin que dessus est dit, s'est soumis ainsi que dessus.

Item est de pacte que d'icy a Tous Sainets prochain mesdits s[rs] consuls lui bailleront vingt cinq livres tournois et en apres de moys en moys d'icy a Pasques dix livres tournois, non obstant que si plus tost il a fayt et que lesdits orgues soient trouvés bons, que il sera payé de tout incontinent.

—

Autres pactes et prisfaict faictz et passez entre messieurs les consuls de la present ville de Montpellier d'une part, et maistre Jehan Chonart menusier de Montpellier d'aultre, et ce pour l'euvre de fusterie quil doyt fere aux orgues que lesdits sieurs consuls font fere a l'esglize de Nostre Dame de Tables de la present ville de Montpellier.

Et premierement doyt fere ledit Chonart l'ouvraige de boys pour lesdits orgues tant de sapyn que de noguier tout ainsi et cellon l'ouvraige pourtraict en ung molle ou patron lequel a baillé le susdit maistre Jehan Torrian organiste par devers lesdits sieurs consuls.

Item doyt bailler le boys de noguier pour le saumier et quant aux journées quil metra a fere le secret et saumier sera payé pour ses journées aux despens que dessus oultre la somme cy apres declarée.

Item doyt fere quatre soufletz de noguier de la grandeur que le maistre Torrian organiste plerra et les consuls fourniront la clavaison desdits soufflets.

Item doyt fere d'aulteur ledit boys pour lesdits orgues de quarante palms, et ou cas que soyt plus hault que desdits XL. palms lesdits sieurs consulz luy en estaront, et ou cas que soyt plus bas que desdits XL. palms que ledit Chonart en estera envers mesdits sieurs consuls, lequel boys que il y mectra, sera assayzoné bon et sayn sans point de maculle.

Item est de pacte que ledit Chonart adressera son boys avec les orgues dans l'esglize de Nostre Dame de Tables et la ou messieurs les consuls voudront ou a la dicte dudit Torrian maistre organiste a ses despens cest assavoir dudit Chonart excepté les journées des secretz et clavaison, et pour le tout fere luy a esté promis et accordé entre lesdits sieurs consuls et ledit Chonart que lesdits sieurs consuls luy bailleront et doivront povoir fere la somme de septante livres tournois lesquelles se payeront en troys payes cest assavoir de moys en moys, et a promis ledit Chonart de avoir achevé tout d'icy en troys moys prochains, et oultre luy donnent lesdits sieurs consuls le boys des corps des orgues vieilhes de ladite esglise de Nostre Dame de Tables, en condition quil n'ayt a fournir a aultre part que aux orgues et boys quil sagit a present de noveau pour ladite ecclesie.

Lesquels pactes et prisfaictz dessus dits et tout le contenu en iceulx par lesdites parties bien entendus lesdits messieurs consuls d'une part, lesdits maistres Jehan Torrian et Jehan Chonart chacun en son endroyt d'aultre ont promis observer, tenir et actendre de poinct en poinct cellon leur forme et teneur, etc., et juré sur les sainctz evangilles de Dieu, desquelles choses dessus dites lesdites parties en ont requis instrument en estre prins et receu par moy notaire soubsigné.

Fait dans la claverie de la maison du consolat de ladite ville de Montpellier, tesmoings a ce honorable et honeste hommes Jehan Columbier bourgeois, Jehan Achard habitans de la presente ville de Montpellier, et moy F. Auriacy notere.

XCIII.

Artistes étrangers reçus citoyens[1].

(Ann. 1425 à 1485.)

1425. *Peyre Amiel*, penheyre (pag. 74), oriundus sancti Supplicii prope Tholosam.

Jaquet lo Rey, veyrier, oriundus loci de Nivers.

Anthonius Guilhoni, peyrerius (pag. 44), oriundus loci de Colono Bicturicensis diocesis.

1424. *Johannes Viviani*, argenterius (pag. 89), de Claromonte in Belloviaco.

1427. Johannes de Raione, peyrerius, de Normandia.

Johannes Tradossa, faber. Affranquaverunt a talliis in quinque annos, attento quod dictus Johannes est bonus faber, faciens balistas, bombardas, orolotgia et multa alia operatgia que nullus est in Montepessulano qui talia faciat de presenti.

1428. Johannes Jaquot, peyrerius, diocesis d'Auzuerra.

Mattheus Karoli, peyrerius, diocesis Orilhanensis.

1429. *Stephanus Grassini*, peyrerius (pag. 44), civitatis du Mans in Angesio.

1430. *Thomas de Raione*, peyrerius (pag. 45), ville sancti Lo in Normandia.

1431. Gosbinus de Am, argenterius, de Alamania, comorans in Argentaria.

1432. Item quod dabit constructioni turris que fit in Montepessulano pro horolotgio unum mutonem auri quem ibidem realiter tradidit de voluntate dominorum consulum *Blasio Calmete* peyrerio (pag. 44) in deductionem illorum c. et xl. mutonum auri quos domini consules dant ipsi Calmete proprecio facto dicte turris.

[1] Voici quelques noms supplémentaires et quelques renseignements nouveaux sur des noms déjà enregistrés, que nous tirons de deux autres livres des archives communales (*Liber afranquimentorum*, A et B N° 59 du dessus du cabinet haut), où sont relatés les noms des ouvriers étrangers auxquels les consuls accordèrent l'affranchissement des tailles et le droit de citoyen. Les noms en petites capitales paraissent ici pour la première fois.

1452. Johannes Maynardi, peyrerius, ducatus Orilhianis.

1455. Durantus Cayroni, scriptor littere formate, diocesis Ruthenensis.

1456. *Christian Fredich* (pag. 74), veyrerius veyreriarum archiepiscopatus Colonie. Affranquaverunt in tres annos proviso quod solvet dictus dominis consulibus unam veyreriam vitri usque ad valorem quindecim solidorum turon., promisit dictam veyreriam solvere.

1456. Arnaudus Ruffat, casublerius, oriundus civitatis Tholose.

1440. Ricardus Boys, escarcellerius, patrie de Alamannia.

1470. Johan Recamer, fusterius, oriundus civitatis Remensis.

1477. Michael Leclerc, fusterius, civitatis de Trois en Champaigne.

1480. *Johannes Cormon*, lapicida (pag. 53), oriundus ville de Sens.

1485. *Magister Johannes Dupuy* (pag. 76), pictor, ville de Chartres. Affranquaverunt in octo annos.

GLOSSAIRE

DES TERMES D'ART ROMANS ET LATINS EMPLOYÉS DANS LES DOCUMENTS.

La plupart des mots qui suivent ne se trouvent ni dans le glossaire de Ducange ni dans le lexique de Raynouard; ils n'appartiennent pas au langage littéraire ou historique, et ne se rencontrent pas dans les chroniques et les poésies où ces savants philologues ont surtout puisé. Pris dans le vocabulaire tout spécial des arts et dans un idiome local, ces mots n'ont qu'une signification relative qui s'établit par la pratique de l'art qui les emploie, par la connaissance du patois languedocien qui en a conservé un bon nombre, et par le sens général de la charte où ils sont placés. Plusieurs, enfin, conservés dans le langage usuel, n'avaient pas besoin d'interprétation; si nous les avons mis ici, c'est pour compléter ce petit dictionnaire technique et pour en faire une table alphabétique de nos Documents.

ABVANPIEGS, AVANSPEIGS, parapet, pierres saillantes intérieures, servant de chemin de ronde le long de la courtine d'une enceinte fortifiée. (Doc. IV.—XXIII.)

AGNUS DEI, amulette faite de fragments du cierge pascal, envoyée de Rome et façonnée en agneau. (Doc. XC.)

AGULHA, aiguille, flèche, sommet octogone et allongé en pointe d'un clocher. (Doc. XXVI.—XXIX.—XXXIII *bis*.—XXXVII.—XL et suiv.)

AIGUIERIA, AYGUIEYRA, égout. (Doc. III.—XIII.)

AIRMAS, engins de construction. (Doc. XXIV.)

ALMATICES, aumusse, vêtement sacerdotal qui alors n'était pas propre seulement aux chanoines, et qui, dans le Midi, n'était pas de fourrures, comme dans les pays froids. *Voy.* FLOQUET. (Doc. LXXVIII.)

ALUDE, peau pour les soufflets et les soupapes des orgues. (Doc. XCII.)

ANCHORA, contrefort. En languedocien, on dit encore *encoula :* ce terme répond à *ancones*, de Vitruve. (Doc. XV.)

ANIVELATOR, niveleur, arpenteur. (Doc. XXVIII.)

ANELIER, fabricant d'anneaux, orfévre. (Doc. II.)

APEL, battant de cloche. (Doc. LXXXIV.)

APPRENDIS, apprenti, encore usité en Languedoc. (Doc. LXI.—LXII.)

ARC, HARC, arche, arc, *arcus voutis*, arche en plein cintre, en 1248. (Doc. XXIV.—XXXVI.—XLVIII.—XXXVIII.—XLIV.—LI.) *Arc am dos reprezas* (Doc. XIII.), arc à deux impostes, à deux consoles. Dans la langue d'oui, on traduit reprise par console. (Saint-Mémin, *compte des ouvrages des ducs de Bourgogne*, dans les *Mémoires de la commission des antiquités de la Côte-d'Or*.) Il ne serait pas impossible cependant qu'on eût voulu désigner par là l'arc en ogive, c'est-à-dire l'arc tracé par deux reprises du compas, deux courbes.

ARGENTIER, fabricant d'objets d'argent, orfévre; en catalan, *argenter*. (Doc. LXIX et suiv.)

ARMASIUM CORPORIS CHRISTI, armoire à renfermer le saint-sacrement; *tabernaculum* avait autrefois un autre sens. (Doc. LXXVIII.)

ARMERIUM, armature, bâton et garniture de bannière. (Doc. VII.)

ARQUERIA, ARQUIEYRIA, archière: c'est la meurtrière pratiquée dans une embrasure voûtée et garnie de bancs de pierre. (Doc. III. — XVIII.—XXIII.)

ARQUTUS, ARQUATA, arceau, arche. (Doc. XII.—XXXI et suiv.)

ARRESTIE, coin, angle de mur. (Doc. XXIII.)

ASSIS FERRI, crampons de fer liant les pierres (Doc. XXVI.)

AULA, salle principale de la maison consulaire, ouverte sur la rue et sans couverture. (Doc. XIII.)

AURUM FLORENCIE, or employé dans la peinture. (Doc. VII.)

AUZIDA, ouïe, fenêtre du clocher par où s'entendent les cloches; lobes de la balustrade du clocher. (Doc. XXVIII.—XXIX.)

AVALGUIEIRIA, cloaque. (Doc. III.)

AYGUEDETA, aiguière. (Doc. LXXX.)

AZURUM DE ACRO, azur d'Acre, près d'Alexandrie, employé dans la peinture. Il est cité dans de vieux poètes. A Alexandrie, selon Vitruve, *lib.* VII, *cap.* 2., avait été inventée la préparation du bleu. (Doc. VII.—LXIII.)

BADAM, baie, brèche. (Doc. XXXIV.)

BALAYS, rubis balais. (Doc. LXXV.—LXXVIII.)

BANCAL, BANCALE, en vieux français, *banchier*, tapis pour recouvrir un banc. (Pag. 69 et 74.)

BANCUM CONDUCTUS, aquéduc. (Doc. XVII.)

BANDIERA, bannière de la confrérie. (Doc. VI.—VII.)

Bandieyra de ferro, fer d'amortissement. (Doc. LIX.)

Baranda, **Barbanda**, **Barrabanda**, balustrade d'un clocher, grille d'un chœur, parapet d'un mur ou d'un pont ; barbacane. (Doc. IV.—XXXI.—XXXVII.—XXXVIII.—XL.—XLI.—XLV.—LIX.—LXXXVII.)

Bastardum, bàtarde, espèce de planche. (Doc. LII.)

Bastide, pierre précieuse employée dans les reliquaires (Doc. LXXVIII.)

Batut, mortier. (Doc. IX.—XXI.)

Baudoquin, étoffe employée dans les vêtements sacerdotaux. (Doc. LXXVIII.)

Baudronieyras, trous pratiqués dans un mur pour les poutres et les soliveaux. (Doc. XIII.)

Bauffroy, beffroi, partie du clocher où se place la charpente des cloches. (Doc. XXXVII.)

Benestie, bénitier de pierre garni de plomb et couvert en bois. (Doc. LXXIX.)

Bestioleti, animaux brodés sur les vêtements sacerdotaux. (Doc. LXXVIII.)

Bestious, animaux sculptés. Philibert Delorme se sert encore du mot *bestions*, liv. IV, chap. 10. (Doc. XI et pag. 78.)

Bestorre, **Bisturris**, tourelle, demi-tour, tour appliquée au mur, moins saillante et moins élevée que la tour ordinaire ; il paraît qu'elles étaient, comme les tours entières, fermées à l'intérieur. (Doc. III.—IV.—IX.—XLV.—LI.)

Bilonus, pièce de charpente, bille. (Doc. LI.)

Bodium, **Bogium**, **Bogetum**, **Böget**, blocage, moellon. (Doc. XII.—XX.—LI et suiv.)

Boiadis, triperie, quartier où l'on vend, où l'on prépare les tripes : il était situé près du portail de la Saunerie. (Doc. XLV.)

Boietum, cheneau. *Boia* en roman, chaîne (Raynouard, *Lexique roman*). *Boiæ*, dans Festus, *genus vinculorum*. (Doc. LII.)

Boquet, **Boquetus**, console ouverte en dessous, màchecoulis. En catalan, *boquero*, ouverture. En Bourgogne, *boceau* se prend simplement pour console. (Saint-Mémin, *Comptes des ducs de Bourgogne*.) (Doc. XI.—XVIII.—XIX.—XXIII.—LIX et suiv.)

Bordes, crochets ou crosses, feuilles recourbées à l'angle des flèches. (Doc. XXXVII.)

Borilh, **Borilho**, bouton d'essai des orfévres. (Doc. LXIX.—LXXI *bis*.)

Borladura, bordure, frange des pennons. *Borla* en espagnol, gland, houppe. (Doc. VII.)

Brodaria, art du brodeur. (Doc. lxii.)

Buada, souterrain voûté allant du mur au fossé où s'ouvrait la poterne. (Doc. xix.—li.)

Cabrions, pièces de charpente, chevrons; *capreoli* de Vitruve. (Doc. xlv.—lix.)

Cadasca, pierre posée à plat. (Doc. xi.—xviii.—xxxvii et suiv.)

Cadena, chaîne tendue en travers des rues. (Doc. iv.)

Calamilla, chalumeau, musique des processions et des cortéges. (Doc. lxxxvi.)

Candela, pièce de charpente, poinçon, pointal. (Doc. xlv.—liv.)

Cana, **Quana**, canne, mesure ancienne valant à Montpellier 1m,984. (Doc. iv.—xi.—xiii.—xviii et suiv.)

Canar, mesurer à la canne. (Doc. xi.—xviii et suiv.)

Cannete, burettes. (Doc. lxxviii.)

Cant (**de**), placé de champ; *canterius* dans Vitruve. (Doc. lii.)

Cantonier, contour, angle formé entre le mur et la tour. (Doc. xviii.)

Carayrié, paveur, piqueur pour la réparation des chemins.

Caritat, charité annuelle faite par les confréries d'ouvriers; et par extension, confrérie, corporation. (Doc. vi.—l.—lx et suiv.)

Caroles, chapelles entourant le chœur (pag. 57.)

Cartier, **Carterium**, carreau de pierre, pierre posée de champ; partie carrée du clocher sur laquelle s'élève la flèche. (Doc. xi.—xxi. xxvi.—xxix.—xxxvii et suiv.)

Casublier, **Casublerius**, chasublier, fabricant de chapes. (Doc. lxii.)

Cathedra cum marchepieds, stalles, formes. (Doc. lvii.)

Catheneta, chaîne, ouvrage d'orfévrerie. (Doc. lxxiii.—lxxviii.)

Cavalet, chevalet, affût. (Pag. 61.)

Cayratus, pièce de bois, poutre équarrie. (Doc. li.)

Cayro, **Cayronus**, cairon, pierre de moindre dimension que le cartier. (Doc. xii.—xiii.—xv et suiv.)

Celaressa, ciseau de maçon. (Doc. xviii.)

Cima, **Sima**, **Scimax**, cymaise, doucine, moulure convexe et concave, corniche. (Doc. xi.—xiii.—lxiii.)

Cirochitaria, gants épiscopaux. (Doc. lxxviii.)

Claravoye, claire-voie, lobes des balustrades gothiques. (Doc. xl.)

Clausura, Comuna clausura, droit des citoyens à clore la ville de murailles. (Doc. i et suiv.)

Clavari, trésorier du consulat, des corps de métier. (Doc. iii et suiv.)

Cledacum, grille; en languedocien, *clédas*. (Doc. lxxvii.)

Cloquearia, Cochlearia, Culhiers. M. Guenebault dit, par erreur, qu'on ne trouve citées les cuillères que sous Charles VII (*Dictionnaire iconographique des Monuments*). M. du Sommerard, qui dit Charles V et non Charles VII, ne parle que des fourchettes; l'usage des cuillères s'était certainement perpétué depuis les anciens. (Doc. lxix.—lxxi.)

Cloquier, Cloquarium, clocher. (Doc. xi.—xxvi.—xxviii.—xxix.—xxxvii.—xl.—liv.—lv.—lxxxix.—xc.)

Coadran, cadran d'horloge. (Doc. lxxxviii.)

Coblet, soliveau. *Cuplæ* dans Isidore de Séville. (Doc. lii.)

Coladis, porta coladissa, herse, porte coulisse; en vieux français, *porte colaise*. (Doc. xviii.—xlv.)

Colonas, piliers intérieurs d'une église. (Doc. xlviii.)

Copa, Cupa, coupe, hanap, ouvrage d'orfévrerie. (Doc. lxxi.—lxxx.)

Copela, coupelle, essai des ouvrages d'orfévrerie. (Doc. lxxi *bis*.)

Cornamusa, cornemuse, hautbois, instrument garni de pennons. (Doc. vii.)

Corratorium, corridor, buffet d'orgues. (Doc. lviii.)

Crina, faîte, comble, couverte de tuiles faîtières; en languedocien, *crin*. (Doc. lii.)

Cris, nervures des voûtes. (Doc. xxi.)

Croseria chamfranata, fenêtre à meneaux croisés et chamfrainés, à petits fûts polygones. (Doc. x.)

Crota, pièce voûtée, encore usité en languedocien. (Doc. xix.—xxv.)

Custos campanilis, garde sonnant les heures et le guet au haut du clocher. (Doc. lxxxiii.—lxxxiv.)

Daurador, orfévre, fabricant d'ouvrages d'or. (Doc. ii.)

Denier-Dieu, arrhes, étrennes données aux peintres par ceux qui commandent un ouvrage. (Doc. lxi.)

Dentelhs, Dentelhi, créneaux. (Pag. 13.)

Diamascum, damas, étoffe employée aux chasubles. (Doc. lxxviii.)

Discipulus, apprenti d'une corporation. (Doc. vi.)

Doga, chemin de ronde de l'autre côté du fossé. (Doc. iv.)

Dragies, drageoir, ouvrage d'orfévrerie. (Doc. lxxx.)

Embatumar, Enmortaira, recrépir, enduire de mortier. (Doc. xxiv.—xlv.)

Emperial, sorte d'étoffe employée dans les vêtements sacerdotaux. (Doc. lxxviii.)

Encabrionare, placer les chevrons, charpenter. (Doc. lii.)

Engins, outils et machines d'un atelier de maçonnerie, de serrurerie, etc. (Doc. xxi.—xxxvi.—liii.—lxxxviii.)

Enpaza, pièce de charpente, entrait. (Doc. liv.)

Enriostare, placer des riostes, planchéier. *Voy.* Riosta. (Doc. lii.)

Escala, compagnie, division des ouvriers par corps de métier et par jour de la semaine. (Doc. ii et suiv.)

Escama, Eschama, Scamma, talus du fossé, escarpe et contrescarpe. (Doc. iii.—iv et suiv.)

Esclafitorium, bassin d'un moulin, béal; en languedocien, on dit encore *esclafidou.* (Doc. xvi.)

Escriptori, bureau du consulat. (Doc. xlvi.)

Esmautum, émail, ouvrage de Limoges, d'où *esmalhatus*, *esmalhatura.* (Doc. lxxiii.—lxxviii et suiv.)

Esparsson, goupillon. (Doc. lxxix.)

Essaiayre, Assaiator, essayeur des ouvrages d'or et d'argent. (Doc. lxix.—lxxi *bis.*)

Estopaci, topaze ornant les reliquaires. (Doc. lxxviii.)

Fendura, lézarde. (Doc. xxxvii.)

Fenestra limina, fenêtre en embrasure, meurtrière. (Pag. 13.)

Fil, Filum, Filata, Filada, assise, appareil. (Doc. xi.—xix.—xxvi.—xxix.—xxxiii.—xlviii.) Les appareils employés à Montpellier étaient le petit appareil formé de cairons, le moyen de *perpezaus*, le grand de *cartiers*, le blocage *de bodio;* enfin, l'appareil alterné, le *pseudisodomum* de Vitruve qu'on rencontre le plus souvent dans nos murs gothiques : *1 fil de cartiers et autre de cadascas, — de dos en dos filadas ung jazen.* — *Voy.* aussi les mots Lazanherius, Ponchier.

Fil de eran, fil d'archal. (Doc. lxxix.)

Floquet, frochon ou rochet, vêtement sacerdotal, le même que l'aumusse, mais distinct de la manipule et de l'étole. (Doc. lxxviii.)

Foguasas, gâteaux distribués par les corporations le jour de leur fête. Plusieurs corps d'ouvriers suivent encore aujourd'hui cet usage. En languedocien, *fougassa*. (Doc. lxi.)

Folhadura, sculptures de feuillages. (Doc. xi.)

Foramina, meurtrières. (Doc. iii.)

Fregal (Peyra), pierre froide, silex ; en languedocien, *fregiaou*.

Fulhages, feuilles sculptées. (Pag. 78.)

Fulhat, **Fulhatum**, **Folhatum**, lambris de charpente, revêtement en planches. (Doc. lii.—lv.—lix.)

Fundenium, fonderie, fonte de cloches. (Doc. lxxxi.)

Fustaria, charpenterie, menuiserie. (Doc. l.)

Fustier, **Fusterius**, ouvrier travaillant le bois ; en catalan, *fuster*. (Doc. l.—li et suiv.)

Gabia, **Guabia**, cage au haut de l'aiguille d'un clocher, lanterne. (Doc. xxix.—xxxiii *bis*.—xxxvii.—xl.)

Gantal, jouée, épaisseur du mur dans l'ouverture d'une fenêtre, petite meurtrière. (Doc. xviii.)

Garda, garde-fou. (Doc. xxxviii.)

Gaschien, **Gaischier**, guérite, échauguette. (Doc. xxiii.—xxxiv.)

Geyssum, plâtre; *geysserius*, plâtrier. (Doc. xxvi.)

Gorges, gargouilles ; en languedocien, *gorgas*, gouttières. (Doc. xl.)

Granatum, grenat, pierre précieuse ornant les reliquaires. (Doc. lxxviii.)

Greguetum, collier, ouvrage d'orfévrerie. (Doc. lxxx.)

Griffo, jet d'une fontaine ; en languedocien, *griffou*. (Doc. xxiv.)

Gruat, grue pour monter les pièces de bois et les pierres. (Doc. lv.)

Guacha, **Gatz**, guet. (Doc. lxxxiii.—lxxxviii.)

Guarlanda, guirlande, fleur d'argent, ruban fleuri. (Doc. lxi.)

Guis, direction de l'ouvrage. *Voy. Guisansa* dans Raynouard. (Doc. xxiv.)

Hufizi, **Officium**, charge, métier, corps de métier. (Doc. iii.—vi et suiv.)

Intorticia, torches, flambeaux peints portés dans les cortéges consulaires. (Doc. lxv.—lxvii.)

Jacomart, homme de bois sculpté, frappant les heures aux horloges publiques. (Doc. LXXXIV.)

Jazen, lit de pierres, pierres à plat, assise, appareil. (Doc. XI.—XVIII.—XXIX.—XLVIII.)

Jazena, solive. (Doc. LI.)

Judimenta, **Juels**, joyaux. (Doc. LXXI *bis*.—LXXVIII.)

Juntas, joints des pierres. (Doc. XXI.)

Lambellus, lambel, ornement trapézoïde employé dans les dais. (Doc. LXXVIII.)

Lampezerius, ouvrier chargé d'entretenir à l'église la lampe de la confrérie. (Doc. VI.)

Lapicida, maçon. (Doc. VI et suiv.)

Lapideria, **Lapidissina**, carrière. (Doc. XXI et suiv.)

Lauza, dalle, pierre plate employée aux pavés, aux voûtes ; *enlauzar*, paver; en languedocien, *lauza*, grande pierre plate. (Doc. XIII.—XXI.—XL.—XLVIII.—XLIX.)

Lauzina, dallage, pavé. (Doc. IV.)

Lazanherius, **Layrenherius**, appareil de pierres posées en large, faisant liaison. *Voy. laya* dans Ducange. (Doc. XII.—XV.)

Leoneti, lions servant de pieds à des reliquaires. (Doc. LXXVIII.)

Lucales, ferrures des verrières. (Pag. 100.)

Lumda, **Lundare**, pierre barlongue, linteau. (Doc. XX.—XXVII.—LI.)

Machacols, mâchecoulis. *Machicoleri*, pratiquer des mâchecoulis; *machicolatura*, suite de mâchecoulis. (Doc. XVIII.—XIX.)

Macip, peintre garçon. On n'est maître que quand on est marié. (Doc. LXI.)

Magister operum regiorum, architecte préposé aux ouvrages du roi. (Doc. XXII.—XXIII.—XXXVI.—XXXIX.—XLIII—XLIV.)

Maistrague, **Magistragium**, maîtrise, direction d'un atelier de maçonnerie ou d'un autre art. (Doc. XV. — XVII. — XXIV. — XXVI. — XXIX.—LXXXII.)

Maistre-Mage, architecte. (Pag. 26.)

Maistre dobras, maître des œuvres, architecte, entrepreneur et conducteur des travaux. (Doc. XLV et suiv.)

Maistre de las orguenas, facteur d'orgues. (Doc. XCII et pag. 104.)

MAISTRE DE PEIRA, maître de pierre, maçon, architecte. (Doc. II.—LI et suiv.)

MAISTRE DE RELOTGE, fabricant d'horloges. (Doc. LXXXIV et suiv.)

MARTELLUM, taillant de maçon, signe des armoiries du corps des maçons. (Doc. VII.)

MAS, main-d'œuvre. (Doc. XIII.—XVIII.—XXIV.)

MASCHEROLÉ, MASCHOLÉ, garni de mâchecoulis. (Doc. XXIII.)

MEJANUM, MASSAPAN, bahuts à renfermer les ornements sacerdotaux. (Doc. LXXVIII et suiv.)

MELGRANA, grenades dorées sur le dais processional. (Doc. LXXVIII.)

MERLET, MERLETUS, merlon, créneau; c'est la partie pleine d'un mur crénelé, tandis que *dentelh* en est la partie vide; mais ils se prennent souvent l'un pour l'autre. (Doc. XVIII.—XIX.—XXIII.—XLV et suiv.)

MESSAGE, *nuncius*, messager des ouvriers. (Doc. III.)

MIMUS, musicien, ménétrier public. (Doc. LXXXVI.)

MOLLES, MOLLUS, patron, modèle, moule. On trouve dans l'inventaire des meubles de campagne de l'archevêque de Reims Pique : *un moule à faire arches* (*Inventaire après le décès de Richard Pique*, 1389, publ. par la Société des bibliophiles de Reims, 1842, pag. 50.) (Doc. LXXXI.—XCII et pag. 26.)

MORTAIRA, mortaise, entaille dans une pièce de bois pour recevoir le tenon. (Doc. LV.)

MURS, murailles de la ville. (Doc. III et suiv.)

NOMEN CHRISTI, amulette en parchemin ou en étoffe marquée du monogramme du Christ. (Doc. XC.)

OBRA, OBRA COMUNA, œuvre, corps de métiers. (Doc. II et suiv.)

OBRADOR, ouvroir, boutique. (Doc. IV.)

OBRADURA, ouvragerie, moulures. (Doc. XI.)

OBRIER, chef élu des métiers pour la commune clôture. (Doc. II et suiv.)

OFFRES, AFFRES; en vieux français, *orfres, orfrois*. (Doc. LXXVI.—LXXVIII.)

ORDINACIO, statut des corps de métier. (Doc. VI.—L.—LX et suiv.)

ORGANISTA, organiste. (Doc. XCII.)

ORGUENA, orgues. (Doc. LVIII.—XCII.—Pag. 99 et 104.)

ORLES, rebord supérieur d'une tour, ourlet. Le blason a conservé *orle*, le languedocien aussi. (Doc. IX.)

Pallium, ornement sacerdotal, poêle. (Doc. LXXVIII.)

Palm, mesure ancienne valant à Montpellier la 8e partie de la canne, ou 0,251,6. Les XII *palms* (douze pans) étaient un chemin de ronde au pied des remparts. (Doc. III.—IV.—XI.—XII et suiv.)

Papegays, oiseaux figurés sur les chasubles. (Doc. LXXVIII.)

Parafuelha soteyrana, revêtement de la saillie du toit, soffite. (Doc. XIII.)

Paraxides, écuelles, ouvrages d'orfévrerie. (Doc. LXXX.)

Paret, mur. (Doc XI.—XIII et suiv.)

Paridos, pariète, pierre précieuse ornant les reliquaires; en roman, *pari* (Raynouard). (Doc. LXXVIII.)

Pavilho, **Pavalho**, dais processionnal ordinairement orné de lambels, de clochettes, de grenades. (Doc. LXXVIII.)

Pedulus, **Pendulla**, fanons de la mitre épiscopale. (Doc. LXXVIII.)

Peincturaria, art du peintre. (Doc. LXII.)

Pelpra, pers, espèce de drap. *Voy.* Raynouard. (Doc. LXXVIII.)

Penel, **Penellum**, pennonceau placé au haut d'un clocher. (Doc. XXXIII.—LXXXIX.)

Penheyre, **Penhedor**, peintre. (Doc. LXI et suiv.)

Perga, barreau, rampe d'escalier, perche. (Doc. LI.—LIX.)

Perpezaus, parpains, espèce de pierres plus grandes que le cairon, plus petites que le *cartier*, et faisant l'épaisseur d'un mur ordinaire; emprunté probablement au nom de la pierre communément employée à Rome, *peperinus; piperinus* dans Isidore de Séville. (Doc. XXIX.)

Pertus, meurtrière, pertuis. (Doc. III.)

Pes drechs, jambages, pieds-droits. (Doc. XIII.)

Peyreria, maçonnerie, carrière. Les carrières citées dans nos documents sont celles de Pignan, Saint-Geniés, Vendargues, La Lauze et Fontmagne. (Doc. VI.—XII.—XXI.—XXVI.—XXXI.—XLVIII.)

Peyrier, maçon. Raynouard ne donne à ce mot que le sens de *pierrier*, machine à lancer des pierres. (Doc. IV.—VI.—XII.—XVIII et suiv.)

Peyssieyra, **Paxeria**, chaussée. (Doc. XVI et pag. 51.)

Pignaculum, flèche d'un clocher. (Doc. XXXIII.—XXXVII.—XL.—XC.)

Pilar, **Pilare**, pilier extérieur. (Doc. XI.—XII.—XIV.—XV.—XVIII.—XXXIV.—XLV.—XLVIII et suiv.)

Pinta ayguedena, pinte à eau, aiguière. (Doc. LXXX.)

Pitafles, inscriptions, armoiries. (Doc. LXVII.)

Plancat, Plancatum, plancher. (Doc. x.—xiii.—lv.)

Pom, Pomum, Pomellum, boule placée à la pointe de l'aiguille d'un clocher. (Doc. xxvi.—xl.—lix.—lxxxix.)

Ponchier, Poncherius. Ce terme qui se rencontre appliqué à un mur, à des cairons, et opposé à *lazanherius*, désigne sans doute un appareil de pierres posées en pointe, répondant à l'appareil maillé, *reticulatum*, des Romains. (Doc. xii.—xlviii.)

Ponchonus, Ponchor, poinçon des orfèvres. (Doc. lxix.—lxxi.)

Portals, Anportals, portes de la ville. (Doc. iii.—iv.—xlv.—li et suiv.)

Proshome, chef élu de la compagnie, consul de métier, prud'homme. (Doc. ii et suiv.)

Pedelargium, piédestal. (Doc. lxxviii.)

Quanos, Canones, tuyaux, conduits d'eau. (Doc. xxiv.— xxv.)

Ramages, Ramagii, rinceaux sculptés, ramages des vêtements sacrés. (Doc. lxxviii et pag. 78.)

Reble, pierrailles et tessons provenant des démolitions, usité encore dans le patois des maçons. (Doc. xxi.)

Reduts, redoutes, corps-de-garde à l'intérieur des portes de la ville. (Doc. iv.)

Regias, barreaux, grille; en espagnol, *reja*. (Pag. 100.)

Registres, jeux de l'orgue. (Doc. xcii.)

Reliar, relier un livre. (Doc. lxvi.)

Relycvaireys, reliquaires. (Doc. lxxi *bis*.—lxxv.—lxxviii.)

Relotge, Relotgium, horloge. (Doc. lxvii. – lxxxiv.— lxxxv et suiv.)

Repreza. *Voy*. Arc.

Resenquus cereus, bougie roulée autour d'une roue, *ex voto* en usage à Notre-Dame-des-Tables. (Doc. lxxxvii.)

Ressiere (Pierre), moellon. (Doc. viii.)

Retracha, retraite d'une pile de pont au-dessus de son empâtement. (Doc. xxxi.)

Riosta, planche recouvrant les soliveaux au bord du toit faisant saillie; en languedocien, *riosta*. (Doc. lix.)

Rovre, chêne-blanc, bois employé aux charpentes. (Doc. liv.—lv.)

Saumier, Saumenum, poutre, faistage; en italien, *asinello*, qui indique suffisamment l'étymologie du mot roman. (Doc. viii.—xxvi.—xxxvii.—xl.—lii.—liv.—lix.)

Scenidérium, sonnerie, assemblage de cloches. (Pag. 60.)

Scolaris, apprenti dans un métier. (Doc. iv.)

Scriptour de lettraf ormada, miniaturiste, écrivain de lettres ecclésiastiques, canoniques, etc. (Doc. lxiv.—xciii.)

Scutellus, Scuzellum, Escut, écusson. (Doc. lxvii.—lxviii.—lxxiii.)

Secret, secret du vent, laye du sommier, réservoir où le vent des soufflets va se rendre. (Doc. xcii.)

Sede magestatis. Ducange entend par-là le siége du chœur pour le prêtre célébrant; il semble que dans nos inventaires c'est l'ostensoir. (Doc. lxxix.)

Sementum, mortier. (Doc. xii.)

Senh, Seyms, Cens, cloche; *senhier*, *senherius*, fondeur de cloches. (Doc. xi.—xxvi.—xxix.—liv.—lxxxii.)

Senhal, Seignal, Signetum, marque des orfévres sur les ouvrages d'argent, armoiries, emblèmes du métier. (Doc. lxi.—lxix.—lxxi.—lxxi *bis*.)

Sepel, sebile. (Doc. lxxix.)

Serralhier, serrurier. (Doc. lxxxvii et suiv.)

Serratura clavibus pessulandis, serrure à vertevelles. (Doc. lxxvii.)

Sesteral, sétier de pierre, espèce de silo dans lequel se conservait le blé des greniers publics. (Doc. xxxii.)

Sindone, étoffe sur laquelle on peignait les bannières. (Doc. vii.)

Solas, soliveaux; en vieux français, *soles*, *solins*. (Doc. lix.)

Solier, étage, plancher. (Doc. xxxv.—xxxvii.—xl.—xlv.—lv.—lix.)

Soque, souche, partie inférieure du clocher sur laquelle s'élève l'aiguille. (Doc. xxxvii.—xl.)

Sotbarba, pièce de bois servant d'étage, terme encore usité parmi les maçons du pays. (Doc. lix.)

Statatga, Estagia, échafaudage, étages. (Doc. xviii.—xxxiii.)

Stellare, peindre des étoiles sur un meuble sacerdotal, ordinairement d'or sur fond bleu. (Doc. lxiii.)

Sutulum, rez-de-chaussée. (Doc. x.)

Tabernaculum, dais. (Doc. vii.—lxxviii.)

Tabula numularia, table de changeur. (Doc. xiv.)

Talhator ymaginum, sculpteur. (Doc. lxviii.)

Tapissaria, art du tapissier. (Doc. lxii.)

Tassea, tasse, gobelet, ouvrage d'orfévrerie. (Doc. lxxx.)

Techat, Techatum, toit. (Doc. xi.—xiii.—lii.)

Tenalha, pièce de charpente qui paraît répondre à l'arestier des charpentes du Nord. (Doc. xlv.—lii.—lix.)

Tenedor de torches, torchière. (Doc. lvii.)

Testa coha (pilare dictum), appareil de pierres en boutisse, ayant leur queue de chaque côté de l'angle d'un pilier faisant coin. (Doc. xii.)

Tiran, tirant, pièce de charpente; *tigna* de Vitruve. (Doc. lii.—lix.)

Toailhes, nappes en ouvrage de Venise. (Doc. lxxix.)

Tornum, tour de charpente pour faciliter la sonnerie des grosses cloches. (Doc. liii.)

Tradossa, dossier; en vieux français, *tresdos*. (Pag. 70.)

Travasens, Travesaus, travées, pièces de charpente; *transtra* de Vitruve. (Doc. xl.—lix.)

Trelhis, Trellers, grille de chapelle. (Doc. lxxxvii et pag. 100.)

Trioulissa, porte à barreaux de bois. (Doc. xlv.)

Tuba, trompette, instrument garni de pennons figurant dans les cortéges. (Doc. vii.)

Turguesa, turquoise, pierre précieuse ornant des reliquaires. (Doc. lxxviii.)

Val, Valat, fossé de l'enceinte. (Doc. iii.)

Vaylet, garçon peintre à gages. (Doc. lxi.)

Verquieyra, Verqueria, salaire de la journée du compagnon. (Doc. vi.—lxi.)

Veyraria, art du veyrier. (Doc. lx.—lxii.)

Veyrier, Veyrerius, Vitrerius, peintre sur verre et vitrier. (Doc. lx.—lxi.—lxii.—lxvii.—xciii.)

Vieyrial, reliquaire en verre. (Doc. lxxix.)

Vis, Vitis, escalier à vis. (Doc. xxxix.—xli.)

Vitrearia, Veyria, Verrina, verrière, fenêtres d'église à verres colorés ou blancs. (Doc. xlvii.—lviii.—lxvii.—xciii.)

VOYRIMENTA LAMPADARUM, culs-de-lampe. (Doc. XXVI.)

VOLSOS, VULSARIA, voussoirs. (Doc. XIII. — XXIX.)

VOLTA CROSHERIA, VOLTA EN CROSIEYRIA, voûte d'arête et d'ogive. (Doc. X. — XLVIII.)

YMAGE, statue, bas-relief, sculptures en général. (Doc. XXVI. — XL. — LXVIII. — LXXVII. — LXXVIII. — LXXIX.)

YMAIGIER, YMAGINATOR, sculpteur. Le plus ancien traducteur de Vitruve, Martin, traduit encore *sculptor* par *ymagier*. (Doc. VII. — Pag. 64 et 69.)

YSSENDRIAMENTA, agrets, engins de maçonnerie; en vieux français, *essarcies*, à ajouter aux mots *exarcia* et *eyssartia* de Carpentier. (Doc. XXV.)

ZONA, SCENTURA, ceinture, ouvrage d'orfévrerie à boucles et bouts pendants, d'un usage général au XIVe et au XVe siècle. (Doc. LXXI. — LXXX.)

FIN.

Fac-similé d'un dessin original tracé sur parchemin.

Mémoires de la Société archéologique de Montpellier, tome II.

A.D.

Cest icy dessing de la face dung portail des carcilles au dessous dau [illegible] et du pignon aux [illegible] ... faulte ... marqué B.C.

Boehm

www.ingramcontent.com/pod-product-compliance
Ingram Content Group UK Ltd.
Pitfield, Milton Keynes, MK11 3LW, UK
UKHW021136260726
13994UKWH00001B/164

9 782329 36661